国家社会科学基金青年项目
"第四代战争时期国际法的变革与我国话语权实现路径研究"
（项目号 15CFX068）

朱 路 / 著

论当代武装冲突对国际法和战争法的挑战

LUN DANGDAI WUZHUANG
CHONGTU DUI GUOJIFA
HE ZHANZHENGFA DE TIAOZHAN

人民日报出版社
北 京

图书在版编目（CIP）数据

论当代武装冲突对国际法和战争法的挑战 / 朱路著
. —北京：人民日报出版社，2022.1
ISBN 978-7-5115-6574-7

Ⅰ. ①论… Ⅱ. ①朱… Ⅲ. ①战争法－研究 Ⅳ.
①D995

中国版本图书馆CIP数据核字（2020）第185444号

书　　名：论当代武装冲突对国际法和战争法的挑战
作　　者：朱　路

出 版 人：刘华新
责任编辑：刘天一
封面设计：中尚图

出版发行：人民日报出版社
社　　址：北京金台西路2号
邮政编码：100733
发行热线：（010）65369527　65369512　65369509　65369510
邮购热线：（010）65369530
编辑热线：（010）65369844
网　　址：www.peopledailypress.com
经　　销：新华书店
印　　刷：天津中印联印务有限公司
法律顾问：北京科宇律师事务所 010-83622312

开　　本：710mm × 1000mm　1/16
字　　数：251千字
印　　张：17
印　　次：2022年1月第1版　2022年1月第1次印刷

书　　号：ISBN 978-7-5115-6574-7
定　　价：69.00元

目录

Contents

导 论

第一节 问题的提出和国内外研究现状

一、问题的提出

有人类社会就有战争，人类历史是一部暴力史和战争史，“战争和军队在社会生活中至关重要。尽管有利有弊，但它们充当了历史这座庞大机器的发动力、推动力，或者更确切地说，起到了齿轮的作用。它们与经济、阶级斗争、思想、情感、宗教以及许多其他机制相互关联，共同推动人类的发展，尽管我们无法确知是推动了人类的进步还是自我毁灭”[①]。战争永不停歇，来自人类社会却又似乎自成一体，像一个自我实现的预言，自我维持，永动永生。“你可能对战争不感兴趣，但战争对你感兴趣。”[②]尽管战争的历史和人类社会的历史一样悠久，但历史上的战争与今天的战争，在程序、主体、方法、手段等诸多方面存在重大区别。从程序上看，宗教对早期战争影响十分巨大，是否以及何时开战常常需要占卜问神，征得神明的许可、同意和保佑，进行战争时也往往需要进行繁复的宗教仪式。在早期战争中，每一个人，特别是成年男子，都可

---

① ［西］胡安·卡洛斯·洛萨达·马尔瓦莱斯：《从投石索到无人机：战争推动历史》，宓田译，中国社会科学出版社2019年版，引言第12页。

② Michael Walzer, *Just and Unjust Wars: A Moral Argument with Historical Illustrations*, Fourth Edition, New York, Basic Books, 2006, p. 29. 这句话常被归于托洛茨基，但托洛茨基只说过“你可能对辩证法不感兴趣，但辩证法对你感兴趣”，迈克尔·瓦瑟借用了托洛茨基的说法将战争描述为“暴政的形态”。

能有义务参战，妇女、儿童、老人并不由于不参战或因为年龄和性别而得到豁免，所有人都会被俘虏、被屠戮或被作为奴隶。作战方法主要是指战术，从突袭、游击、下毒到对垒、围城、坚壁清野等，有些历久弥新，有些则被淘汰。作战手段主要是指武器，从最初简单的石块、棍棒，到刀、矛、盾等冷兵器，再到火绳枪、步枪、大炮等热兵器，技术进步是始终如一的驱动力。

原子弹、氢弹等核武器的出现使得“工业化世界不得不直面它自己造成的这个噩梦的性质。短短500年内，人类战争发生了巨变。战争的危害起初只限于人和动物的肌肉所能造成的破坏，后来的一段时间内，化学能量取代了人力并增强了战争的破坏力，但并未在心理上超越战争原来的概念，现在忽然出现了一个始料不及的情况：即使战争的目的根据普遍的军事理论是正确的，战争结果也会毁灭整个地球”①。如果将时间范围拉近，从20世纪进行考察并将视角不仅限于武器，更能意识到战争在这短短的100年间发生的明显变化。例如，“一战”时，象征着农业文明的战马和骡子等畜力还在战场上，而毒气、坦克等代表工业文明的新科技、新武器刚刚亮相；“二战”时，除了武器更加先进、装备大部分已经机械化，空战和轰炸频繁进行，抵抗运动、流亡政府、集中营、战俘营比比皆是。“二战”行将结束时，人类进入核武器时代，但在冷战期间“核恐怖平衡”的大背景下，核武器没有得到使用，美苏之间也没有爆发直接冲突，但“代理人战争”“局部战争”则时有发生。冷战结束后，消失许久的雇佣军重新出现并肆虐于非洲大陆。2001年“9·11”恐怖袭击似乎开启了战争的全新时代：战场可能在某个街区，战士可能是妇女儿童，战斗可能并没有尽头。越来越多曾经只是科幻小说和电影里的武器开始出现，无人机以及半自主和自主武器系统使得军人根本不需要直接上战场与敌人近身厮杀，网络攻击和电脑病毒等能够让普通人有能力对国家造成前所未有的威胁和损害，私营军事安保公司的兴起以及越来越多的平民或主动或被动地卷入武装冲突，导致“战地”“前线”“后方”“荷枪实弹”“手无寸铁”“军人”“士兵”“战斗员”“百姓”“平民”等词语可能都无法完全再从传统意义上来理解。如今的战

① ［英］约翰·基根：《战争史》，林华译，中信出版股份有限公司2015年版，第409页。

争的确跟以往的战争不一样了，但如何来概括、总结这些令人困惑的变化，并对其进行研究呢。

诚如克劳塞维茨所言，“各个时代有各个时代的战争，各有其特有的限制条件和范围”①。军事学家对从古至今的战争做了细致具体的研究，并通过形形色色的术语描述不同类型的战争，尽管这些理论存在或多或少的瑕疵，但从整体上加深了人类对战争的了解和认识。在当代武装冲突中，战争与和平、军队与平民的界限逐渐模糊乃至消失，难于甚至无法断定战场或前线位于何处，一方也不特意追求击败敌方的军事力量、实现地缘政治或意识形态的战争目标，而是通过所有可得的政治、经济、社会、军事等手段，攻击敌方决策者的心智，摧毁其意志。从国际法的角度看，当代武装冲突具有主体平民化、手段非人化、遵约失衡化三大特征，对国际法挑战更大，同时也为之提供了更广阔的变革空间和更强大的推动力，但最有意义的是，作为新兴大国的中国，在这个时期可能拥有和实现更多的国际法话语权，从而更好地维护和增进国家利益。

二、国内外研究现状

国内外关于当代武装冲突的研究主要集中于军事学和国际法两个学科，在研究的角度、关注的问题、成果的体系性等方面，存在较大差异。

国外军事学有关当代武装冲突的研究大致以2001年美国打响“反恐战争”为节点分为两个阶段：此前研究重点是确立和发展有关概念，如“私有化战争”“后现代战争”等，此后研究重点转向案例分析，如“9·11”恐怖袭击、阿富汗战争和伊拉克战争等，同时关注新形式的武装冲突，如“全球叛乱”“全球游击战”“开源战争”等。我国军事学界对当代武装冲突的界定如“超限战”“新战争”等。目前，国内外军事学界开始关注网络空间和新科技对当代武装冲突的影响，提出了如“网络中心战”“非线性科技”“制生权”“制脑权”等新概念。

---

① ［德］克劳塞维茨：《战争论》（第3卷），中国人民解放军军事科学院译，商务印书馆1982年版，第877页。

2001年开始的美国“反恐战争”也是国内外国际法有关研究的转折点，国际法学界此前较少研究当代武装冲突，此后则展开持续讨论。国外国际法有关研究主要集中在两方面。第一，对当代武装冲突某些主体的研究，如恐怖组织、恐怖分子和私营军事安保公司及其人员等，具体问题包括塔利班、基地组织及其成员的法律地位、恐怖分子的责任、关押和杀害恐怖分子如本·拉登是否合法、私营军事安保公司人员的法律地位、私营军事安保公司及其人员的责任、规制私营军事安保公司等。第二，对当代武装冲突某些作战方法与手段的研究，如无人机、反卫星武器、半自主和自主武器系统、网络攻击等，具体问题包括美国进行无人机攻击合法与否，无人机攻击操作者的法律地位，进行无人机攻击的个人和国家的责任，反卫星武器及半自主和自主武器系统适用现有国际法存在的问题，网络攻击是否构成使用武力，网络攻击能否引发自卫权，国际法如何适用及应对网络攻击和网络战，网络攻击中的区分原则、比例原则和预防原则，网络攻击中的“民众抵抗”，指挥官责任和直接参加敌对行动等。

我国国际法学界在研究当代武装冲突时，主要关注使用武力的理由和恐怖主义，如美国发动伊拉克战争的合法性、北约对利比亚采取军事行动的合法性、恐怖主义对国际法的挑战、恐怖主义的界定等，很少讨论当代武装冲突的主体、方法和手段。近年来，我国国际法学界开始注意网络攻击、外层空间、私营军事安保公司及其人员、无人机等问题。具体来说，刘正、朱莉欣、朱雁新讨论了网络攻击是否构成使用武力，黄志雄分析了网络攻击在国际法上的归因、网络空间国际规则的现状和发展趋势，李伯军探讨了网络战适用战争法的问题，王孔祥研究了信息战中的中立原则、平民参与网络战的法律问题及规制；蒋圣力、李寿平讨论了外层空间军事化与国际法的规制，苏金远分析了外层空间军备控制与环境保护，杨宽研究了外层空间与国际人道法的适用；徐建平、王秀梅、汪保康讨论了私营军事安保公司的国际法规制、人员的法律地位和责任、参与维和的可能性；黄云松、蔡瑞艳、杨珍华、赵自成分析了无人机攻击对国际法的挑战。相比来说，我国国际法学界有关研究起步较晚，成果较少，时效性较弱，而且侧重于从“诉诸战争的权利”（*jus ad bellum*）方面进行研究，对“战时法”（*jus in bello*）关注不足。现在，国外国际法学界开始聚焦

“伊斯兰国”（Islamic State of Iraq and Syria，ISIS）组织及其人员、叙利亚内战、化学武器核查等问题，而国内国际法学界研究的重点可能继续停留在使用武力的理由是否合法以及网络攻击和网络战。

综上，国内外关于当代武装冲突的研究有如下三个特点。第一，军事学侧重从整体、宏观的角度抽象地构建当代武装冲突的理论，而国际法偏好从部分、微观的角度具体地考察当代武装冲突的细节。第二，军事学的研究成果体系性、关联性较强，而国际法的研究成果相对散乱、缺少主线。第三，两个学科几乎没有交流与借鉴，军事学很少关注法律问题，国际法在研究具体问题时也较少意识到当代武装冲突已经发生了不同以往的结构性变化，很少从整体上考察当代武装冲突与国际法的关系。

因此，怎样从国际法角度界定当代武装冲突及其特征，如何系统地按层次梳理当代武装冲突给国际法带来的挑战，怎样设计国际法在当代武装冲突中的调整路径，需要积极开拓和深入研究。

第二节　研究的价值、方法、创新和结构

一、研究价值

本课题的研究价值在于，抓住了新的时期国际法理论变革的迫切需求，在国际法的框架内，从人员、手段和遵守三方面研究当代武装冲突和国际法。战争和国际法的关系非常密切，古老的国际法可以说是从战争中发迹的，进入现代以来，从“一战”到“二战”，从殖民地半殖民地争取独立运动到科索沃战争，从伊拉克战争、阿富汗战争到叙利亚内战，战争在挑战和破坏国际法的同时，也推进了国际法的变革和发展。如今是当代武装冲突发生重大结构性变化的阶段，给形成于传统战争时期并调整传统战争的现有国际法带来前所未有的挑战，规则不明确的灰色地带需要澄清和修改，尚不存在规则的空白领域也要建构和发展，这些都是亟待研究的重大国际法理论问题。

本课题的应用价值在于，有助于扩大并实现我国在战争法[①]调整和发展过程中的话语权，促进对我国国家利益的法律维护。以习近平同志为核心的党中央高度重视使用法律手段维护国家利益：2014年4月15日，习近平总书记主持召开中央国家安全委员会第一次会议，强调要准确把握国家安全形势变化新特点新趋势；同年10月23日，中国共产党第十八届中央委员会第四次全体会议公报指出，加强涉外法律工作，运用法律手段维护我国主权、安全、发展利益。

二、研究方法

第一，跨学科研究法。当代武装冲突中出现了一些新科技，如自主武器系统、网络攻击和外空武器化等，涉及计算机、航天航空等领域，需要这些学科的基本知识储备。

第二，历史研究法。有关战争法概念和原则需要从历史角度展开讨论，当代武装冲突本身也经过了一些演变，这些都需要从历史的角度进行分析。

第三，案例研究法。本研究将结合案例讨论当代武装冲突的三个特征，如“定点清除”和“人盾”问题，以及日内瓦呼吁和联合国安理会行动计划等。

第四，比较研究法。本研究将对比当代武装冲突的三个特征对战争法的具体挑战，比较不同国家、不同学者对同一个问题的不同看法，并做出评析。

三、创新之处

本研究学术思想上的创新在于，将国际法的调整与发展置于当代武装冲突这一视角下进行考察，从更宏大的层面理解新的历史条件下战争和国际法的关系，试图改变现有的国际法研究拘泥于当代武装冲突细节之现状。

本研究学术观点上的创新在于，从国际法角度总结出当代武装冲突的三个特征，认为主体平民化将从根本上挑战作为战争法前提的区分原则，手段非人

① 本研究将交替使用“战争法”“武装冲突法”“国际人道法”等术语，在所涉问题上，这些术语并无实质区别。

化可能危及以人为着眼点的战争法，而遵约失衡化将严重危及战争法的效力，战争法必须进行相应的调整和发展。

四、研究结构

本研究分为五个部分。

导论在提出问题后，对国内外研究现状进行了综述，确定了本研究的切入点和研究框架。

第一章研究了当代武装冲突的主体平民化。进行战争历来是战斗员的特权，平民无权直接参加敌对行动，区分原则不仅是久已确立的国际习惯，也是战争法的首要原则。然而，当代武装冲突中平民与战斗员的界限逐渐模糊，私营军事安保公司人员、新武器操作者、恐怖分子和“人盾”越来越多地直接参加敌对行动，如果任由这种趋势发展，将从根本上危及战争法的逻辑前提。

第二章分析了当代武装冲突的手段非人化。历史上，进行战争意味着士兵在战场上厮杀，然而当代武装冲突中，使用致命武力的人与攻击实际发生的地方可能相隔千万里，敌人不再是作为人、以鲜活的个体而存在，相反，他们只是图像和数字。以自主武器系统和网络攻击为代表的作战手段给形成于传统战争时期并且调整传统战争的战争法带来严重挑战，区分原则、比例原则、指挥官责任、直接参加敌对行动等如何适用困难重重。

第三章考察了当代武装冲突的遵约失衡化。传统上，遵守国际法是本着互惠的信念完成利益交换，然而由于当代主体、性质和目的等方面的变化，一方违反国际法反而可能获得更多优势，而对方遵守国际法却没有相应的回报，还会使自己的行为受限。战争法的遵约失衡会导致交战方竞相不遵守，形成恶性循环，致使国际法效力大大减弱，严重危害国际法的发展。

结论认为，当代武装冲突主体平民化、手段非人化和遵约失衡化确实给战争法带来严峻挑战，但这并不意味着战争法已经过时或无力应对，正是战争法的模糊性保证了其持久生命力和普遍适用性，而当前最紧迫的是思考如何适用已有的战争法，可能时再去制定新的规则。

第一章　当代武装冲突的主体平民化

如今，进行战争和武装冲突已不再仅仅是军队和士兵的专有权利。20世纪末，雇佣军和私营军事安保公司人员在非洲大陆直接参战，新的世纪里，阿富汗和伊拉克的基地组织成员不断发动恐怖袭击，私营军事安保公司人员和中央情报局人员操作着无人机进行“定点清除”，巴以冲突和北约对利比亚空袭中平民主动充当“人盾”掩护军事人员和军事目标，强迫平民充当“人盾”也时有发生。一方面，越来越多的平民或主动或被动地卷入战争和武装冲突；另一方面，越来越多的军队和士兵专有的职能被主动外包出去，而这些“平民技师和承包商在‘战斗行动’中作为‘操作者’就有被界定为国际法中‘非法战斗员’的风险……这些‘代理战士’是否意识到其新地位或理解其后果十分令人怀疑”[①]。简而言之，当代武装冲突的一大特征就是主体平民化，战斗员和平民之间的界限越来越模糊，而区分原则作为国际人道法的逻辑基础和首要原则，越来越难以适用，这将从根本上动摇国际人道法存在的价值和意义。本章将从区分原则的历史发展着手，以“定点清除”和“人盾”为例，分析当代武装冲突的主体平民化问题，特别是适用区分原则和判断直接参加敌对行动等遇到的困境。

第一节　区分原则的历史考察与当代困境

战斗员和平民的概念对现代战争至关重要，但历史上大部分甚至绝大部分

---

① Charles J. Dunlap, Jr., *Technology and the 21st Century Battlefield: Recomplicating Moral Life for the Statesman and the Soldier*, Strategic Studies Institute, 1999, p.14.

战争都没有进行这种区分，原始社会、部落社会甚至封建社会中，战斗人员最根本的区别可能是性别（男性或女性）、年龄（成年或未成年）、种族、民族等。直到现代早期，当爆发战争特别是国家被攻击时，每一个能拿起武器的人都成为士兵参加战争。战争中避免伤害非战斗员，往往是出于宗教、道德、伦理等考虑，而不是法律。后来，源于基督教的正义战争理论经历了漫长的过程才逐渐发展出规制战争行为的规则体系，因为其要解决的首要问题是什么样的情况下发动战争是正义的、基督徒参加战争是合法的。例如，正义战争理论的奠基人、神学家奥古斯丁（St. Augustine，354—430）关注的是发动战争的理由是否正义，而不是战争中无辜的人应如何保护的问题，“奥古斯丁没有提供保护无辜者的清楚论据，特别是战时的无辜平民或非战斗员”[①]。同样被视为正义战争理论奠基人的阿奎那（Thomas Aquinas，1225—1274），在近千年后才提出“杀害无辜者绝不合法”。然而，阿奎那对于杀害无辜者是否合法的讨论是放在谋杀（murder）而不是战争的背景下进行的，其他讨论的问题包括杀害罪人（sinners）是否合法、私人杀害违反教规的人是否合法、教士杀害作恶的人（evildoers）是否合法等。[②]因此，阿奎那是否明确地区分了战斗员与非战斗员即无辜者，尚有争议。同时，基督教会10世纪到13世纪提出的“上帝停战”和“上帝和平”，尽管实际上并没有得到多少遵守，但神职人员、农民、商人、儿童、妇女等应免于战争暴力的理念，为后来的区分原则打下了基础。区分原则作为战争法的圭臬，实际上只是近200年的事情，常备军的出现和国际法学家的学说对于区分原则的产生起到了主要的推动作用。

一、常备军与国际法学家对区分原则的推动

从罗马帝国灭亡到中世纪晚期之间，欧洲的战争是由一系列不同的主体进

① Richard Shelly Hartigan, “Saint Augustine on War and Killing: The Problem of the Innocent”, *Journal of the History of Ideas* 27, 1966, p. 203.

② St. Thomas Aquinas, *Summa Theologica*, Question 64 Of Murder, Article 6 Whether it is lawful to kill the innocent?.

行的，“教会、封建男爵、野蛮人部落、城邦国家，每一个都有自己独特的军事编队”[①]。到了欧洲现代国家形成的早期阶段，君主依靠男爵组建军队作战，后来君主聘请雇佣军作战，一定程度上独立于男爵，但雇佣军不可靠，遣散和重新招募的代价往往高得令人望而却步，如果得不到满意的报酬，雇佣军往往还会“反客为主”，转而为害一方。15、16世纪欧洲国家出现税收持续稳定并成倍增长的局面，国家已经发展成为税收国家，有能力负担起常备军，为了特定战斗临时招募士兵或雇佣军的做法开始慢慢消失，“从间或招募士兵到建立常备军的过渡，以定期收入为目标的税收制度代替了一次性征收的特殊税，这两件事情是同时进行的”[②]。雇佣军逐渐被常备军代替，而常备军使得君主能够创建专门的、职业化的军队，15世纪中叶查理七世发明的“连队编制”（*compagnies d'ordonnance*）和后来“团”（regiments）的出现，成为“确保国家对军队保持控制的手段”[③]；16、17世纪对纪律、操练和锻炼（dirll and exercises）的强调成为现代第一次军事革命[④]，使得军队在没有仗打的时候也不闲着。士兵待在驻地，身着制服以区别于平民，统一制服的行动从外表上显示出国家对军事力量的直接控制。国家控制下的常备军的建立是合法暴力垄断过程必需的一部分，而合法暴力的垄断是现代国家的固有本质，一旦国家利益成为战争合法性的根本理由，那么非国家主体主张的正义理由就不能再通过暴力手段实现了。换言之，只有国家才能合法地进行战争，国家利益代替了正义的概念成为战争的合法理由，如同克劳塞维茨认为战争是追求国家利益的合理工具，“战争无非是政治通过另一种手段的继续”[⑤]。中世纪的战争遵从的是奥古斯丁的正义战争理论，实质上是基督教会的神学理念，而现代国家则需要一种世俗化的规则，国际法学家们对此进行了探索。

---

① Mary Kaldor, *New and Old Wars*, Second Edition, Standford, Standford University Press, 2007, p. 18.

② Herfried Münkler, *The New Wars*, trans. by Patrick Camiller, Cambridge, Polity, 2005, pp. 61~62.

③ ［英］约翰·基根：《战争史》，林华译，中信出版股份有限公司2015年版，第14页。

④ Michael Roberts, *The Military Revolution, 1560—1660*, Belfast, M. Boyd, 1956.

⑤ ［德］克劳塞维茨：《战争论》（第1卷），中国人民解放军军事科学院译，商务印书馆1982年版，第43页。

国际法先驱真提利（Alberico Gentili，1552—1608）反对杀害“远离战争的手无寸铁的人”，“甚至在战争中也不该杀害手无寸铁的人”[①]。之后，格劳秀斯（Hugo Grotius，1583—1645）更详细地论述了有关问题。格劳秀斯对于战争和战争所涉主体的论述之所以值得考察，不仅是因为其被称为近代国际法奠基人，也因为其生活的年代正值动荡不堪、残酷异常的“三十年战争”期间（1618—1648），而“三十年战争”的结束，宣告了主权国家和国际社会的存在以及近代国际法的产生。在1625年出版的《战争与和平法》第三卷关于战争法的论述中，格劳秀斯认为，战争中允许什么应当首先从自然法，然后从万国法中考虑。根据自然法，战争中为达到目的所需的任何事情都是合法的[②]，而万国法允许杀死或伤害任何在敌方领土上的人，不管有没有武装，宣战后进入敌国领土的外国人也“无疑”应当作敌人对待，战争爆发前到来的外国人如果没有在合理期限内离开同样如此。除非在中立国，敌国国民在任何其他地方均可被攻击。[③]可以合法地杀戮婴幼儿、妇女、俘虏、乞降和无条件投降的人、人质等。[④]也就是说，根据当时的国际法，战争中并没有区分原则可言，任何人，无论男女老幼均可被合法地屠戮。格劳秀斯在第三卷用了八章，即第2至9章来描述战争中万国法所允许的行为，即不加区分地杀戮与破坏、掠夺财产和奴役俘虏等，然后在第10章开篇宣称“我必须回溯我的步骤，而且必须剥夺那些发动战争的人几乎所有的权利，这些权利我看似承认但实际上并未承认……被说成正确或合法的许多事情是因为这样做没有受到惩罚”。第10至16章呼吁对战争的克制（moderation），推翻了许多他之前认可的做法，例如，儿童、老人应留活口，妇女如果没有犯罪或代替男性战斗的话也可留活口，生活方式完全反对

---

① Alberico Gentili, *De Jure Belli Lihri Tres*（1612）, trans. by John C. Rolfe, reprinted in *The Classics of International Law*, Oxford, Clarendon Press, 1933, p. 171.

② Hugo Grotius, *The Rights of War and Peace, Book III*, Indianapolis, Liberty Fund, 2005, Chapter I, I, p. 1185.

③ Hugo Grotius, *The Rights of War and Peace, Book III*, Indianapolis, Liberty Fund, 2005, Chapter IV, VI~VIII, pp. 1280~1281.

④ Hugo Grotius, *The Rights of War and Peace, Book III*, Indianapolis, Liberty Fund, 2005, Chapter IV, IX~XIV, pp. 1283~1289.

战争的人，如神父、僧侣、平信徒修士（lay-brothers）、研究对人类有益的科学艺术的人、农夫、商人、俘虏、按公平条件投降的人、之前没有犯下严重罪行的无条件投降的人、人质等也应被豁免。[①]尽管如此，这些克制“更多的是一种道德上的、审慎的思想，而不是严格的法律思想。事实上，除非假设要克制的是现有万国法不可缺少的组成部分，否则‘克制’这个概念几乎毫无意义”，也正因如此，格劳秀斯“这部著作的一个主要缺点是其中很重要的一部分，也就是第三卷关于战争法的论述，由于抛弃了作者最初提出的主要目的即战争法的人性化，而大打折扣”[②]。同样，由于格劳秀斯“背离了各国同意这个严格的证据标准而采用陈述各种规则但并不提供做出选择的确定标准……导致什么是国际法和什么不是国际法之间的界限模糊”[③]。

和格劳秀斯认为万国法允许在战争中肆意杀戮和破坏但又建议出于荣誉和良心而进行克制不一样，百余年后，作为历史上最著名的国际法学家之一，瓦特尔（Emer de Vattel，1714—1767）在其1758年出版的《万国公法》一书中，对战争和战争所涉主体进行了明确的限定，现代的人道精神初现。瓦特尔认为，战争是用武力执行（prosecute）权利的一种状态，只有在自卫和维护权利的时候才可以使用武力，而如果让每一位居民都有权对外国人执行其权利的话就“太危险了”，因为这样的话一国所有国民都将涉及战争，国与国之间的和平也将无法维持。因此，只有君主才有权利进行战争。战争是仅属于君主的事项，“君主是战争真正的发起者，战争也由君主的命令、以君主之名进行。部队、军官、士兵以及所有君主借以进行战争的人，只是君主手上的工具”[④]。国

① Hugo Grotius, *The Rights of War and Peace, Book III*, Indianapolis, Liberty Fund, 2005, Chapter XI, IX~XVII, pp. 1439~1456.

② G. I. A. D. Draper, “Grotius’s Place in the Development of Legal Ideas about War”, in Hedley Bull, Benedict Kingsbury and Adam Roberts, eds., *Hugo Grotius and International Relations*, Oxford, Clarendon Press, 1990, pp. 197~198.

③ Hedley Bull, “The Importance of Grotius in the Study of International Relations”, in Hedley Bull, Benedict Kingsbury and Adam Roberts, eds., *Hugo Grotius and International Relations*, Oxford, Clarendon Press, 1990, p. 80.

④ Emer de Vattel, *The Law of Nations; Or, Principles of the Law of Nature, Applied to the Conduct and Affairs of Nations and Sovereigns*, Sixth American Edition, Book III, T. & J.W. Johnson, 1844, pp. 291~293.

民自身既不能进行任何有关战争的事项，也不能在没有其君主命令的情况下进行任何敌对行动，自卫除外。[①]一旦宣战，交战国的所有国民，包括妇女儿童，便成为对方的敌人，但对待妇女儿童不能像对待“拿起武器或有能力拿起武器的人”那样，对不同类别的敌人并不拥有同样的权利。[②]妇女、儿童、老人、病人这样的敌人并不进行抵抗，因此无权对其虐待或使用任何暴力，更无权剥夺其生命，瓦特尔认为这是每一个国家，即使是最不文明的国家，也默认的“一个简单的正义和人性的格言”。战争由常规军队进行，民众、农民和居民不参与，只要臣服于敌人，特别是“克制所有敌对行动”，便可以“如同朋友一样绝对安全地生活”，而这么一种“值得称赞的惯例”，对交战双方都可能是有利的。而一旦敌人放下武器投降，就不再有权夺其性命，除非因之前或后来的某些行为而应处死。[③]总之，在瓦特尔看来，战争完全是君主垄断、军队进行的事项，普通民众无权参与战争，尤其不得进行任何敌对行动，否则性命堪忧。这时的战争中，所有敌国国民都是敌人，从这个角度看并没有区分，但没有能力拿起武器的人群，如妇女、儿童、老人和病人，则区分于有能力拿起武器的人群，不受虐待或任何暴力侵害。

二、现代战争法编纂过程中区分原则的出现

到了19世纪，战争法进入飞速发展的阶段，惯例和学说开始通过条约的方式成为实在国际法，1856年《巴黎宣言》拉开了战争法编纂的序幕，战争中什么行为是合法的，使用武力的限度在哪儿，逐渐地清晰起来。

1863年，适用于美国内战中北方军队的《利伯守则》（*Lieber Code*）首次使用了“非战斗员”（noncombatants）一词，并清楚地表达了区分原则，即

---

① Emer de Vattel, *The Law of Nations; Or, Principles of the Law of Nature, Applied to the Conduct and Affairs of Nations and Sovereigns*, Sixth American Edition, Book III, T. & J.W. Johnson, 1844, p. 398.

② Emer de Vattel, *The Law of Nations; Or, Principles of the Law of Nature, Applied to the Conduct and Affairs of Nations and Sovereigns*, Sixth American Edition, Book III, T. & J.W. Johnson, 1844, pp. 320~321.

③ Emer de Vattel, *The Law of Nations; Or, Principles of the Law of Nature, Applied to the Conduct and Affairs of Nations and Sovereigns*, Sixth American Edition, Book III, T. & J.W. Johnson, 1844, pp. 351~353.

“常规战争中的所有敌人分两大类，即战斗员和非战斗员，或者是敌对政府的未武装（unarmed）公民”[①]。但是，《利伯守则》中没有非战斗员也没有战斗员的定义，从“游击队员”（partisans）、“不属于敌对军队的武装敌人”（armed enemies not belonging to the hostile army）、“武装徘徊者”（armed prowlers）、“战争叛乱者”（war-rebels）对“武装”的强调以及“未武装”一词来看，可以说区分的标准在于有没有武器。尽管《利伯守则》在战争法的发展过程中十分重要，以至于常被认为是编纂战争法的第一次尝试，但它只是一份国内文件，国际条约中出现区分原则，要等到5年后的1868年《圣彼得堡宣言》第一次宣布“各国在战争中应尽力实施的唯一合法目标是削弱敌人的军事力量（military forces）”。《圣彼得堡宣言》没有界定什么叫作“军事力量”，这是因为在当时，“军事力量”是国家的武装部队这一点几乎不证自明。1907年海牙《陆战法规惯例公约》首次界定了“交战者的资格”，军队、满足四个条件而能被视为军队的民兵和志愿军[②]以及只需满足两个条件的“民众抵抗”[③]成员都是“交战者”。但是，公约关注的重点是交战者的战俘待遇，因为在介绍完两类能够成为交战者的主体后，紧接着就宣布：“交战各方的武装部队可由战斗员和非战斗员组成。被敌人俘获时，两者均有权享受战俘的待遇。”公约仅在这一处使用了“非战斗员”一词，但并不与当代战争法中的“平民”同义，而是指武装部队中不实际参加战斗的人员，如厨师、随军牧师等。这种说法也暗示，不是武装部队所有成员都是攻击的目标，只有战斗员，也就是携带武器、负责战斗的人员才能够成为目标，即使是武装部队的成员，如果不携带武器、不负责战斗，也不能成为目标。如果这种推断正确的话，可以说，公约采用的是基于功能的角度来界定战斗员。公约中，与当代战争法中“平民”含义相近的是“居

---

① Art. 155, Instructions for the Government of Armies of the United States in the Field（Lieber Code）, 24 April 1863.

② “一、由一个对部下负责的人指挥；二、有可从一定距离加以识别的固定明显的标志；三、公开携带武器；四、在作战中遵守战争法规和惯例。”

③ 第2条“未占领地的居民在敌人迫近时，自动拿起武器以抵抗入侵部队而无时间按照第1条组织起来，只要他们公开携带武器并尊重战争法规和惯例，应被视为交战者”。

民”（inhabitants），公约给“居民”提供的保护，包括禁止交战者强迫被占领地居民提供有关交战另一方军队及其防卫手段的情报、禁止强迫被占领地居民向敌国宣誓效忠、不得因为个人行为而对居民给以任何罚款和其他的一般性惩罚等。[①]在序言中，还声明在没有相应战争法规的情况下，“居民和交战者仍应受国际法原则的保护和管辖”。因此，严格说起来，1907年海牙《陆战法规惯例公约》并没有明确表述区分原则，只是通过形式要件基于功能确定了战争法中战斗员的判断标准。

现代战争法始于19世纪末和20世纪的海牙公约体系，其主要成就在于确立了“交战者在损害敌人的手段方面，并不拥有无限制的权利”[②]这个原则。当时，“战争仍然是治国之道（statecraft）的一个常规工具（regular tool），也是在国际体系中解决冲突的合法手段”[③]，“为区别战争和纯粹的犯罪，战争被界定为由主权国家而且只能由其发起的一种事情。士兵被界定为代表国家特许进行武装暴力的人员……为了得到并维持许可，必须小心地注册、标记和控制士兵，以排除私掠。他们应当只有在穿制服、公开携带武器并遵从为其行为负责的指挥官时才能战斗。他们不应该诉诸‘懦弱的’手段，诸如违背停战协议、成为战俘后又拿起武器等。在‘军事必要’允许的情况下，应不予理睬平民人口。反过来，平民应该让士兵在他们自己之间战斗，违反这些规则的平民，诉诸武装暴力而没有得到许可，将自负风险，而且在被抓获时可被报复”[④]。总之，在战争法的现代编纂和发展过程中，工具性的考量和实用主义影响明显，要谨记的是不能“过度地限制军事自由裁量权或者削减赢得胜利的能力”[⑤]。

现代战争法的第二次大规模发展与“二战”后在国际关系中禁止使用武力同时发生。1949年日内瓦四公约的通过标志着战争法朝着更强调人道目标的转

① 1907年《陆战法规惯例公约》附件第44、45、50条。

② 1899年《陆战法规惯例公约》附件第22条。

③ Janina Dill, *Legitimate Targets? Social Construction, International Law and US Bombing*, Cambridge, Cambridge University Press, 2014, p. 68.

④ Martin van Creveld, *The Transformation of War*, New York, The Free Press, 1991, pp. 40~41.

⑤ Theodor Meron, *The Humanization of the Law of War*, Leiden and Boston, Martinus Nijhoff Publishers, 2006, p. 61.

向，如其名称所显示，日内瓦四公约确定了四类不直接参与战斗的人，即战地武装部队的伤病员、海上武装部队的病员和遇船难者、战俘和平民，通过比较具体细致的规则，保障国家间武装冲突期间这些人能够得到人道待遇，一定程度上使其免于战争伤害，又不至于复杂或苛刻到使战争无法进行。尽管提及的次数十分有限，但日内瓦四公约明确使用了“战斗员”和“平民”一词，对战斗员的界定方式也继承了1907年海牙《陆战法规惯例公约》将战斗员与战俘待遇挂钩的做法，只是界定的方式更加晦涩和曲折，甚至可以说是某种程度上的倒退：完全通过界定战俘包括的人群有哪些来界定战斗员，而且依然是基于形式要件的列举式定义。虽然这其中暗含的逻辑是正确的，即战斗员一旦落入敌方手中就会变成战俘，但通过界定战俘来界定战斗员可能混淆了二者的含义，而且再次说明，在国家看来，战俘待遇是战斗员概念中最关键的事项，反映出其逻辑前提仍然是在国家间战争中尽量最大化对战斗员的保护。具体说来，无论是《关于改善战地武装部队伤者病者境遇之日内瓦公约》（以下简称《日内瓦第一公约》），还是《关于改善海上武装部队伤者病者及遇船难者境遇之日内瓦公约》（以下简称《日内瓦第二公约》），都强调适用人群“落于敌方手中者，应为战俘”①，《关于战俘待遇之日内瓦公约》（以下简称《日内瓦第三公约》）对于战俘的界定，其人员类别中前6类与《日内瓦第一公约》和《日内瓦第二公约》完全一致，一方面扩展了1907年海牙《陆战法规惯例公约》中的战斗员类别，如已占领领土上的有组织抵抗运动人员、自称效忠于未经拘留国承认之政府或当局之正规武装部队人员等都成为战斗员；另一方面，“冲突之一方之武装部队人员及构成此种武装部队一部之民兵与志愿部队人员”“冲突之一方所属之其他民兵及其他志愿部队人员”等用词②和“医务人员及随军牧师不得视为战俘”③的规定，说明武装部队的其他所有成员，哪怕只是炊事兵，也都将被作为战斗员，因为这将使其得到战俘保护。这意味着，日内瓦四公约采用的是

① 《日内瓦第一公约》第14条、《日内瓦第二公约》第16条。
② 《日内瓦第三公约》第4条（子）款。
③ 《日内瓦第三公约》第33条。

以身份为基础界定战斗员的方式，1907年海牙《陆战法规惯例公约》暗含的以功能为基础的方式被取代了。

日内瓦四公约相当曲折隐晦地界定了战斗员，但并没有明确提及区分原则。20世纪六七十年代民族解放战争和游击战的兴起，促成了日内瓦四公约《第一附加议定书》(以下简称《第一附加议定书》)的问世，战斗员的认定标准被放宽，区分原则得到明确表述。不仅如此，与日内瓦四公约鲜有提及战斗员和平民不同，战斗员和平民在整个议定书的六部中各占一部，即第三部“作战方法和手段，战斗员和战俘的地位”和第四部“平民居民”，第二部“伤者、病者和遇船难者”也涉及战斗员和平民，共计72条，占整个议定书102条的70%。可以说，战斗员和平民贯穿整个《第一附加议定书》的始终，是《第一附加议定书》的核心。关于战斗员，《第一附加议定书》仍然将战俘地位作为战斗员的首要事项，第二编的名称“战斗员和战俘的地位”就是最直观的反映，而且《第一附加议定书》明确肯定了身份而不是功能对于界定战斗员的决定作用，即冲突一方的武装部队人员，除医务人员和随军牧师外，都是战斗员，有权直接参加敌对行动。[①]更值得注意的是，战斗员的标准从之前的四个降低至两个，只要求“为其部下的行为向该方负责的司令部统率下”和“遵守适用于武装冲突的国际法规则”，只要满足这两个条件，“有组织的武装部队、团体和单位”就都是冲突一方的武装部队，“即使该方是以敌方所未承认的政府或当局为代表”[②]，不再像之前的公约还分成武装部队、志愿部队、民兵和民众抵抗等。《第一附加议定书》删除之前条约中对战斗员身着制服和公开携带武器的要求，尝试从实质要件即负责任统帅来定义战斗员，是一种进步，是对殖民地争取独立运动的法律回应，也是对第三世界国家要求与殖民国家作战合法性的承认。[③]

《第一附加议定书》也首次明确阐述了区分原则。第四部“平民居民”中名为“基本原则”的第48条规定，“冲突各方无论何时均应在平民居民和战斗

① 《第一附加议定书》第43条第2款。

② 《第一附加议定书》第43条第1款。

③ 朱路：《论国际人道法中的战斗员概念及其当代挑战》，载《广西大学学报》(哲学社会科学版)2015年第4期，第111页。

员之间和在民用物体和军事目标之间加以区别，因此，冲突一方的军事行动仅应以军事目标为对象”。为此，《第一附加议定书》紧接着界定了平民，并规定了对平民和民用物体的保护，特别是禁止攻击平民本身以及并未直接参加敌对行动的平民个人，禁止不分皂白的攻击，禁止报复平民，禁止将平民作为人盾等[①]，禁止攻击或报复民用物体，保护文物和礼拜场所，保护对平民居民生存不可缺少的物体等[②]，以及攻击时采取预防措施注意不损害平民居民、平民个人和民用物体等。[③]就物体而言，军事目标是“由于其性质、位置、目的或用途对军事行动有实际贡献，而且在当时情况下其全部或部分毁坏、缴获或失去效用提供明确的军事利益的物体”[④]。至于人员，国际性武装冲突中存在两类人，即战斗员和平民/非战斗员。这种区分一是尽可能保护非战斗员，二是决定了谁可以战斗而不必担心被起诉。战斗员有权合法地杀戮，被俘时享有战俘地位的保护，不具有战斗员特权的人如果参与战斗，不能享有战俘地位，而且可能因参战行为受国内追诉。

三、区分原则与当代武装冲突

表面上看，区分原则简单明了，但在当代武装冲突中，区分原则至少会遇到以下三个问题。

第一，战场上的任何个人，或是战斗员或是平民，当地位存疑时，应被视为平民，直到有相反情形。[⑤]绝对不能故意攻击平民，但当且仅当平民在直接参加敌对行动期间，可以对其进行攻击。[⑥]并非故意造成的平民伤亡，即平民的附带伤亡，如符合比例原则即属合法。[⑦]这就是国际人道法中的“两分法”和“旋

① 《第一附加议定书》第50、51条。

② 《第一附加议定书》第52、53、54条。

③ 《第一附加议定书》第57、58条。

④ 《第一附加议定书》第52条第2款。

⑤ 《第一附加议定书》第50条第1款。

⑥ 《第一附加议定书》第48、51条。

⑦ 《第一附加议定书》第51条第5款第2项、第57条第2款第1项第3目、第57条第2款第2项。

转门”，前者是指战斗员和平民是互相排除、非黑即白的对立，后者是指平民可以反复、自由在进行和不进行直接参加敌对行动之间切换，这都引发了某些国家的强烈质疑和坚决反对。[①]存疑时推定具有平民地位，如果在传统战争年代，即国家间通过各自的正规武装部队进行战斗而平民几乎不参加战争的年代，国家接受起来不会有太大的问题。然而，当代武装冲突中活跃的往往是各种非国家主体，如游击队员和恐怖分子，这些主体首先就因为不穿制服和不公开携带武器即不区分自己与平民而相对国家军队具有了巨大优势，现在又要求士兵在战场上遭遇不穿制服、不公开携带武器并因此表面上看起来是平民的人员时，首先假定该人具有平民的身份，然后根据相关情况如地点、行为和情报核实对方身份，而这个过程显然需要一定时间，如果对方实际上并非平民，在此期间完全有机会进行突袭或偷袭。换句话说，当代战争法要求常规军队的士兵“宁可放过，不可错杀”，法律上的限制较多，而对非国家主体则没有同样的限制，不仅可以不穿制服，不公开携带武器，而且由于其面对的是外在特征十分明显，即身着制服和公开携带武器的士兵，所以人员地位存疑时推定具有平民身份对非国家主体而言几乎没有什么意义。简而言之，人员地位存疑时推定具有平民地位更有利于非国家主体，同时加重了对正规军队士兵的要求。“旋转门”则涉及当代战争法最困难的两个问题，一是如何理解直接参加敌对行动的定义，二是如何判定比例，这将在接下来的章节中具体讨论。

第二，武装部队成员除随军牧师和医务人员外，全都是战斗员，不管其实际职能或对战争努力的贡献是否直接[②]，因此，攻击战斗员是合法的，除非他们已经投降或失去战斗力。[③]世界各国军队的形式各种各样，一些国家的军队还越来越依赖私营军事安保公司，从军事角度来看，负责分析和传送从卫星获取的实时情报给战地指挥官的平民，比部队里的炊事兵军事贡献要大。然而，根据战争法，前者会被归为平民，而后者会被归为战斗员。同理，当今世界各地没

① 朱路：《论国际人道法中的平民概念——兼评红十字国际委员会〈解释性指南〉》，载《暨南学报》（哲学社会科学版）2013年第6期，第106~107页。

② 《第一附加议定书》第43条第2款。

③ 《第一附加议定书》第41条。

有满足“有组织武装部队”要求的武装团体，尽管看起来在行为和能力上都与常规武装部队一样，其成员也仍视为平民。战争中，这些人将只在直接参加敌对行动期间构成合法目标。当代武装冲突中，由于军事活动外包以及非国家主体成为战场上最活跃的群体之一，以身份为基础的战斗员和平民的区分似乎过于简单，不能很好地适应当前的现实。

第三，被俘获的战斗员一般享有战俘地位[①]，并可以关押到冲突结束[②]。被俘获的平民不具有战俘地位[③]，对其拘禁只有在有绝对需要时才可进行[④]。以往的国家间战争中，当交战方通过和约或其他协议或以实际行动（如投降）表示同意战争结束，战争就结束了。当代武装冲突中，交战方常常是国家与非国家主体，或者非国家主体彼此之间，要确定冲突何时结束非常困难。这就意味着对国家一方而言，其武装部队成员可以一直被关押到冲突结束，但冲突何时结束未知，而非国家主体一方的成员由于常常具有平民地位，即使被俘，国家对其拘禁也受较大限制。简而言之，国家面对非国家主体时有两种选择，或是将非国家主体一方人员视为战斗员，在战斗时就可以将其作为合法目标，但该方成员一旦被俘，就会自动具有战俘地位；或是将非国家主体一方人员界定为直接参加敌对行动的平民，但这样的话将其作为合法目标限制巨大，不过可以避免给予其战俘地位。很明显，国家陷于两难处境中，没有一个选择是理想的。

第二节　暗杀、定点清除与平民问题

暗杀（assassination），按照《现代汉语词典》，是指“乘人不备，进行杀害”[⑤]，而英文词典的解释是“通过突然或秘密攻击的方式谋杀，往往出于政治

① 《第一附加议定书》第44条。

② 《日内瓦第三公约》第118条。

③ 《日内瓦第三公约》第4条。

④ 《日内瓦第四公约》第42条。

⑤ 《现代汉语词典》（第七版），商务印书馆2019年版，第11页。

原因”[①]，或“谋杀（统治者，政治家，或其他重要的人）”[②]，《元照英美法词典》中的解释是“谋划等候在某人经过之处，然后出其不意将其杀害的一种谋杀。其犯罪对象往往是那些公众人物”[③]。可见，中英文语境中，暗杀的特征都是在受害者没有防备的情况下突然对其进行攻击，但英文强调此种行为的政治动机。近年来，新闻报道和学术讨论中开始频繁出现“定点清除”（targeted killing）这一术语，而且常常和“暗杀”一词混用，即使在更为严谨的学术论著中，将二者等同的也不在少数。[④]暗杀和定点清除的相似之处在于，都是通过秘密或乘人不备的方式杀害某人，但从国际法的角度来看，有必要在进一步研究开始前，确定二者是否属于同一概念。

暗杀的历史十分悠久，例如，中国先秦时期著名的“荆轲刺秦王”发生于公元前227年，而罗马的恺撒大帝在公元前44年被暗杀身亡。“暗杀”一词的英文词源是11、12世纪的穆斯林阿萨辛教派（Order of Assassins），该教派以暗杀高官增进自己的政治利益而闻名，英文单词本身则是从阿拉伯语的“宗教激进主义者”（*assassiyun*/fundamentalist）和“基础”（*assass*/foundation）演化而来[⑤]，并由返回欧洲的东征十字军引入西方世界。[⑥]

“自16世纪伊始，（欧洲）政治暴力的意图和方式已经发生了变化，暗杀日渐成为异见分子或团体公开的、表演性的和象征性的行为，他们有时冒着自己的生命危险，通过‘自杀袭击’统治者或使用诸如炸弹之类的‘恐怖主义’手

① “Assassination”, https://www.merriam-webster.com/dictionary/assassination, 18 March, 2020.

② 《朗文当代高级英语辞典》，商务印书馆1998年版，第70页。

③ 《元照英美法词典》（缩印版），北京大学出版社2013年版，第104页。

④ 例如，John Yoo、Joshua Raines和Louis Rene Beres等都认为暗杀和定点清除是同义词，参见John Yoo, “Assassination or Targeted Killings after 9/11”, *New York Law School Law Review* 56, 2011—2012, pp. 57~80; Joshua Raines, “Osama, Augustine, and Assassination: The Just War Doctrine and Targeted Killings”, *Transnational Law & Contemporary Problems* 12, 2002, pp. 217~244; Louis Rene Beres, “After Osama Bin Laden: Assassination, Terrorism, War, and International Law”, *Case Western Reserve Journal of International Law* 44, 2011, pp. 93~148.

⑤ Linda Laucella, *Assassination: The Politics of Murder*, Los Angeles, Lowell House, 1998, ix.

⑥ William J. Crotty, “Assassinations and their Interpretation within the American Context”, in William J. Crotty, ed., *Assassinations and the Political Order*, New York, Harper & Row, 1972, p. 4.

段，以谴责或改变‘暴虐的’‘专治的’‘不正义的’或‘不合法的’政治或宗教秩序”，由于针对的是政权、统治体系及其代表，在16、17世纪的欧洲，暗杀被官方视为“对国家的根本威胁”。[①]同理，发生于一国之内的暗杀往往与弑君（regicide）有关，刺客如果不是被当场击毙，也会被公开处以极刑，以儆效尤。然而，跟国内以政治和法律等手段严禁、严惩暗杀不一样，暗杀在国际政治中是另一种情形。好比外交和战争一样，政治家、哲学家甚至天主教会都认可暗杀是国家追求利益的一种手段，同时也限制给无辜者带来的伤害。[②]17世纪中叶以前，国际政治完全被视为维持和获得权力的技巧，不具有道德上的意义，使用暗杀这样的方法没有道德上的顾虑，是一种当然。[③]例如，英国思想家托马斯·莫尔（Thomas More，1478—1535）在其1516年出版的《乌托邦》一书中，就从人道和功利角度为暗杀辩护，认为像“在敌人境内主要地区秘密张贴无数布告”悬赏杀死敌国国王等敌人这样的暗杀手段虽然“被谴责为不道德的残忍行径”，但“可以兵不血刃地结束凶恶的战祸，又说明……人道主义及仁慈为怀，死少数有罪之人可以使敌我双方大批无辜人民不至于陈尸疆场”，是“既同情本国人民，也同情敌方的人民”的博爱做法。[④]

一、暗杀与国际法

（一）近代国际法学家关于暗杀的讨论

国际政治对暗杀的接受和习以为常并未持续很久。“自17世纪初，对暗杀的态度开始发生剧烈变化……这既见于当时政治和军事领导人的说辞，也反映

① Karl Harter, “Political Crime in Early Modern Europe: Assassination, Legal Responses and Popular Print Media”, *European Journal of Criminology* 11, 2014, pp. 147~148.

② Ward Thomas, *The Ethics of Destruction: Norms and Force in International Relations*, Ithaca and London, Cornell University Press, 2001, p. 56.

③ Hans J. Morgenthau, *Politics among Nations: The Struggle for Power and Peace*, 4th Edition, New York, McGraw-Hill, 1967, p. 225.

④ ［英］托马斯·莫尔：《乌托邦》，戴镏龄译，商务印书馆1982年版，第97页。

在行动上，导致暗杀数量显著下降，对暗杀的厌恶也近乎蔑视。”[①]究其原因，不仅有道德层面，也有大国的利益考量。17世纪以前当然存在对暗杀的道德质疑，但只要暗杀能够服务于主要国家的利益，这些道德关切就无法强大到能够产生禁止暗杀的规范。然而，17世纪中期民族国家和大规模军队的兴起，改变了国际政治中可以接受暗杀的想法，通过将“合法的”冲突限定于大型军队力量之间的较量，大国的领导人确立了游戏规则，将自己的优势最大化，同时将没有大规模军队的较弱国家排除在核心之外。同样，反对暗杀的规范因为剥夺了较弱国家本可以用来直接威胁大国领导人而在较量中旗鼓相当的工具，从而保护了大国的领导人。只要一般同意通过传统战争来解决暴力冲突并且不接受暗杀，国际体系的等级制度和大国领导人的利益就可以维持。[②]

例如，国际法先驱真提利在其1598年出版的专著《战争法》（*De Jure Belli Libri Tres/Three Books on the Law of War*）中，就强烈质疑托马斯·莫尔竟然以“使无辜者免于战祸和死亡，使惩罚仅仅降于对战争负责之人身上”为由，“赞成暗杀这样可耻的（shameful）行径”，这是“用功利（utility）作为衡量所有事情的标准，而不是用正义或荣誉”[③]。在真提利看来，“雇佣刺客的人，和那些出卖自己卑劣行为（baseness）的人一样可耻”[④]，“历史上受到普遍谴责的就是那些让自己声名狼藉的刺客，他们以为无论以何种方式杀害一名公敌（public enemy）都是绝对合法的”，这样的话，“公开敌对行动就因为（暗杀）这种方式来谋人性命而成为私人之间的事情”[⑤]。因此，尽管在战争中“可以杀人，但不能以背信弃义的方式”，因为背信弃义“违背了上帝律法（law of God）和自

---

① Ward Thomas, *The Ethics of Destruction: Norms and Force in International Relations*, Ithaca and London, Cornell University Press, 2001, p. 57.

② Ward Thomas, *The Ethics of Destruction: Norms and Force in International Relations*, Ithaca and London, Cornell University Press, 2001, pp. 60~62.

③ Alberico Gentili, *De Jure Belli Lihri Tres*（1612）, trans. by John C. Rolfe, reprinted in *The Classics of International Law*, Oxford, Clarendon Press, 1933, p. 167.

④ Alberico Gentili, *De Jure Belli Lihri Tres*（1612）, trans. by John C. Rolfe, reprinted in *The Classics of International Law*, Oxford, Clarendon Press, 1933, p. 167.

⑤ Alberico Gentili, *De Jure Belli Lihri Tres*（1612）, trans. by John C. Rolfe, reprinted in *The Classics of International Law*, Oxford, Clarendon Press, 1933, p. 170.

然法”[①]。真提利也无法认同“在任何地方杀死敌人都是正当的”这种说法，恰恰相反，“当然不能说在任何地方杀死敌人都是正当的，就如同当然不能说以任何方式杀死敌人都是正当的……

同样，杀死敌人也不是任何时候都是正当的，也不是杀死每一个敌人都是正当的”[②]。然而，真提利没有明确界定什么叫作暗杀，只是将其与背信弃义密切联系，认为背信弃义带来的只有“困惑和混淆”，因此是“普遍的恶，恐惧的普遍缘由，普遍的危险”，他对暗杀的质疑主要是从道德上进行的，基本逻辑是“己所不欲，勿施于人”。[③]总之，战争不应该靠金钱、靠悬赏、靠暗杀这样“可耻的”“邪恶的”（wicked）方式获胜，而是靠“勇武”（valour）。[④]

关于“在任何地方杀死敌人都是正当的”这个问题，比真提利稍晚一些的格劳秀斯与真提利的观点截然相反，他断言，“不仅根据自然法……

根据万国法，都事实上允许在任何地方杀害敌人”，因为“根据万国法，可以对敌人做任何事”[⑤]。格劳秀斯主要是从万国法而不是道德的角度讨论暗杀，认为首先必须区分刺客是否违反了“明示或默示的善意义务”，“背信弃义的刺客，不仅自己行事的方式不符合万国法，雇佣他们的人也是如此”，而“根据万国法，不仅如此行事（没有背信弃义地暗杀）的人，而且教唆他们的人，都应被视为免于责备”[⑥]。也就是说，在格劳秀斯看来，战争中的暗杀是合法的，只要不是采用背信弃义的方式进行，而背信弃义的判断标准在于是否存在“明

① Alberico Gentili, *De Jure Belli Lihri Tres*（1612）, trans. by John C. Rolfe, reprinted in *The Classics of International Law*, Oxford, Clarendon Press, 1933, p. 168.

② Alberico Gentili, *De Jure Belli Lihri Tres*（1612）, trans. by John C. Rolfe, reprinted in *The Classics of International Law*, Oxford, Clarendon Press, 1933, p. 171.

③ Alberico Gentili, *De Jure Belli Lihri Tres*（1612）, trans. by John C. Rolfe, reprinted in *The Classics of International Law*, Oxford, Clarendon Press, 1933, p. 169.

④ Alberico Gentili, *De Jure Belli Lihri Tres*（1612）, trans. by John C. Rolfe, reprinted in *The Classics of International Law*, Oxford, Clarendon Press, 1933, p. 170.

⑤ Hugo Grotius, *De Jure Belli ac Pacis Libri Tres*, rev. ed.（1646）, reprinted in *The Classics of International Law*, trans. by Francis W. Kelsey, Oxford, Clarendon, 1925, p. 654.

⑥ Hugo Grotius, *De Jure Belli ac Pacis Libri Tres*, rev. ed.（1646）, reprinted in *The Classics of International Law*, trans. by Francis W. Kelsey, Oxford, Clarendon, 1925, p. 655.

示或默示的善意义务”。他举例说，臣民对国王、封臣对领主、士兵对其所服务的人、“恳求者”（suppliants）、“陌生人”（strangers）和“逃兵”（deserters）与招待他的人（those who have received them）之间，就存在这样的“明示或默示的善意义务”①。简而言之，暗杀是否合乎万国法，取决于刺客与受害者之间的关系。

瓦特尔更进一步从战争法的角度批判暗杀，他将暗杀界定为“背信弃义的谋杀”②，并举例说像是君主的臣民或将自己介绍（introduce）成恳求者（supplicant）、逃难者或陌生人的密使（emissary）就是典型的刺客。瓦特尔认为暗杀“与战争法相悖”，也为“自然法和所有文明国家所谴责”，“诉诸如此恶劣（execrable）手段的君主，应被视为人类这个种族的敌人，而人类的普遍安全号召所有国家团结起来反抗此人，会合军队惩罚此人。他使用如此可憎的手段攻击敌人的此种行为，使敌人特别有理由对他不予以任何怜悯”③。乍看之下，瓦特尔似乎比格劳秀斯更进一步，谴责所有暗杀，而格劳秀斯仅仅反对以背信弃义的方式进行的暗杀。然而，瓦特尔暗杀的定义中必不可少的就是“背信弃义”，因此，瓦特尔和格劳秀斯反对暗杀的理由实质上是一样的，都关注是否背信弃义。不过，也有学者认为，瓦特尔对背信弃义的理解比格劳秀斯宽泛一些，因为在论及“恳求者”“陌生人”和“逃兵”进行的暗杀时，格劳秀斯说的是这些人得到了受害者的“招待”，而瓦特尔仅仅要求这些人“介绍”自己具有此种身份。④这么看来，仍可以说，瓦特尔禁止的暗杀比格劳秀斯的范围要广。

早期国际法学者关于暗杀的共识是，在战争时，一般允许攻击包括敌方领导人在内的敌人，只要攻击没有采取背信弃义的方式，这是源于对什么构成体

① Hugo Grotius, *De Jure Belli ac Pacis Libri Tres*, rev. ed.（1646）, reprinted in *The Classics of International Law*, trans. by Francis W. Kelsey, Oxford, Clarendon, 1925, pp. 653~654.

② Emer de Vattel, *The Law of Nations: or, Principles of the Law of Nature, Applied to the Conduct and Affairs of Nations and Sovereigns*, Philadelphia, T. & J. W. Johnson, 1844, p. 359.

③ Emer de Vattel, *The Law of Nations: or, Principles of the Law of Nature, Applied to the Conduct and Affairs of Nations and Sovereigns*, Philadelphia, T. & J. W. Johnson, 1844, p. 360.

④ Patricia Zengel, “Assassination and the Law of Armed Conflict”, *Military Law Review* 134, 1991, p. 129.

面战争（honorable warfare）的理解，以及保护国王和将军这种最常被选作目标的人员的愿望，使其免于难以防范的、无法预计的攻击。后者暗含的前提是，进行战争是君主正当的活动，不该要求他们为此牺牲个人的安全。①

（二）现代国际法关于暗杀的规定

近代国际法从背信弃义的角度讨论暗杀这个传统延续到了现代。1863年美国内战时期北方军队的《利伯守则》规定，“普通战争法对于企图以秘密或背信弃义的方式伤害敌人的行为，甚至允许处以死刑，因为它们十分危险且难以防范”②，“文明国家惊骇地将对暗杀敌人的邀约或悬赏视为回归野蛮”③。1874年《布鲁塞尔宣言》禁止“背信弃义地谋杀属于敌国或敌军的人员”④，1880年国际法研究院（Institute of International Law）编纂的《牛津手册》⑤也禁止“企图背信弃义地谋害敌人生命”，并举例说“通过支付报酬进行暗杀”即属此列⑥，不过这两份文件并不具有法律效力。1899年《陆战法规惯例公约》附件第23条第2款特别禁止“以背信弃义的方式杀、伤属于敌国或敌军的人员”，但没有界定“背信弃义”，不过“背信弃义”和诈术存在实质区别，“采用战争诈术和使用必要的取得有关敌人和地形的情报的手段应视为许可的”⑦。从《利伯守则》到《布鲁塞尔宣言》到《牛津手册》，再到《陆战法规惯例公约》，除了明确或实际上将暗杀和背信弃义紧密相连，另一个值得注意的特点就是，禁止以背信弃义的方式杀伤的人员不仅包括敌军人员，还包括敌国人员。这个规定已经成为习惯国际法的一部分，例如，在1946年纽伦堡审判中，针对辩方声称《陆战法

① Patricia Zengel, “Assassination and the Law of Armed Conflict”, *Military Law Review* 134, 1991, p. 130.

② Art. 101, Instructions for the Government of Armies of the United States in the Field（Lieber Code）, 24 April 1863.

③ Art. 148, Instructions for the Government of Armies of the United States in the Field（Lieber Code）, 24 April 1863.

④ Art. 13（b）, Project of an International Declaration concerning the Laws and Customs of War. Brussels, 27 August 1874.

⑤ 其原名为《陆战法》（The Laws of War on Land）。

⑥ Art. 8（b）, The Laws of War on Land, Oxford, 9 September 1880.

⑦ 1899年《陆战法规惯例公约》附件第24条。

规惯例公约》由于普遍参加条款而不适用于德国的说法，纽伦堡国际军事法庭裁定，《陆战法规惯例公约》中所规定的规则，“在1939年之前被所有文明国家承认，因此被视为对战争法规和惯例的宣示”①。

以背信弃义为标准规制暗杀实际上有内在缺陷，因为一方面强调背信弃义是暗杀必不可少的构成要件，但另一方面又没有背信弃义的定义，“二战”时期一个典型的例子就反映出这种困境。1942年位于伦敦的捷克斯洛伐克流亡政府为暗杀时任波西米亚和摩拉维亚代理总督莱因哈特·海德里希（Reinhard Heydrich），在英国皇家空军的协助下，派遣两名捷克斯洛伐克军人跳伞入境并谋划暗杀事宜，最终成功，但德国随即对捷克斯洛伐克平民进行了疯狂报复。然而，由于国际法禁止暗杀，德国有权对暗杀采取合乎比例的报复，可问题在于，“如果暗杀是背信弃义的谋杀，而背信弃义要求背叛，那么遭到背叛的义务的本质难以捉摸。显然，杀害海德里希的二人无论是对海德里希本人还是对德国都没有职责或效忠上的义务……也不存在此二人进行了虚假陈述，也没有取得对此二人的信任或信赖，或此二人背叛了这种信任或信赖。这二人最糟糕的部分只是一直到攻击时都乔装为平民……假如这二人事先藏匿在海德里希要经过的路线旁边停放的车里，或是像经典卡通那样，假扮为路边的两棵树，那就完全是在国际法规则内行事”。捷克斯洛伐克政府和英国政府也都没有利用这二人的背信弃义实现海德里希的死亡，因为捷克斯洛伐克和德国当时没有协定规定只有穿制服的战斗员才能进行敌对行动。这说明，国际法中传统对待暗杀的方式是“不合逻辑”和“不一致的”。②

既然国际条约和习惯国际法禁止以背信弃义的方式杀伤敌方战斗员，也禁止以背信弃义的方式杀伤平民，背信弃义显然是一个非常重要的概念，长期没有得到界定必然不符合现实。不仅如此，“二战”后殖民地半殖民地争取独立运动开始兴起，其采用的主要方式就是游击战，而游击队员几乎不可能满足1907

① International Military Tribunal, *Trial of the Major War Criminals before the International Military Tribunal, Nuremberg, 14 November 1945-1 October 1946*, Nuremberg, International Military Tribunal, 1947, p. 254.

② Patricia Zengel, “Assassination and the Law of Armed Conflict”, *Military Law Review* 134, 1991, pp. 137~138.

年《陆战法规惯例公约》所规定的武装部队的构成要件[①]，即不能被视为国际法意义上的战斗员[②]。1977年日内瓦四公约《第一附加议定书》是第一个界定背信弃义[③]的国际条约，"背信弃义行为"是指"以背弃敌人的信任为目的而诱取敌人的信任，使敌人相信其有权享受或有义务给予适用于武装冲突的国际法规则所规定的保护的行为"。除了重申禁止诉诸背信弃义行为以杀死和伤害敌人，《第一附加议定书》还将禁止背信弃义的范围扩大到了"俘获敌人"[④]，并且同样不禁止战争诈术，即"旨在迷惑敌人或诱使敌人做出轻率行为，但不违反任何适用于武装冲突的国际法规则，而且由于并不诱取敌人在该法所规定的保护方面的信任而不构成背信弃义行为的行为"[⑤]。

《第一附加议定书》还特意处理了未穿制服而攻击敌人是否构成背信弃义的问题。首先，《第一附加议定书》确认了制服并不是具有战斗员地位的要件。第43条减少了1907年《陆战法规惯例公约》规定的武装部队的构成要件，只要求"由一个为其部下的行为向该方负责的司令部统率下的有组织的武装部队、团体和单位组成，即使该方是以敌方所未承认的政府或当局为代表。该武装部队应受内部纪律制度的约束，该制度除其他外应强制遵守适用于武装冲突的国

---

① 1907 年《陆战法规惯例公约》附件第1条规定，"法律、权利和战争义务不仅适用军队，也适用满足下列条件的民兵和志愿部队：1.有一为其部下负责之人统率；2.备有可从远处识别之固定的特殊标志；3.公开携带武器；4.遵守战争法规及惯例进行战斗。在民兵或志愿部队构成军队或是其组成部分的国家，'军队'一词包括这两者"。

② 关于战斗员概念的历史发展和当代挑战，参见朱路：《论国际人道法中的战斗员概念及其当代挑战》，载《广西大学学报》（哲学社会科学版）2015年第4期，第109~115页。

③《第一附加议定书》中使用的是"perfidy"一词，而之前条约和论著中用的是"treachery"一词。

④《第一附加议定书》第37条第1款。

⑤《第一附加议定书》第37条第2款。尽管《第一附加议定书》对背信弃义和战争诈术做出了界定，但一般说来，背信弃义是非法的欺骗行为，战争诈术是合法的欺骗行为，两者实际上很难准确区分，国际条约和国内军事手册中的定义也不完全一致。有学者认为，像《第一附加议定书》中对背信弃义和战争诈术的定义方式实际上起源于传统战争，"战斗员之间的荣誉是首要关切事项"，"举白旗投降只是为了引诱敌人靠近然后杀死他是背信弃义，但同样举白旗是为了趁敌人停止射击而逃跑就可能是合法的诈术。以这种方式杀死敌人是不光彩的，却是用来逃跑的狡猾策略。这种细微的区别已不通用，而且不切实际"。因此，应根据新的战争现实，制定背信弃义和战争诈术新的定义，"以更好地保护非战斗员，减少无谓的混乱和破坏"。Matthew J. Greer, "Redefining Perfidy", *Georgetown Journal of International Law* 47, 2015, pp. 242~243.

际法规则”。也就是说，只需要处于一个负责任之统帅结构中，并且遵守战争法规惯例，即可成为战斗员，这是对殖民地半殖民地争取独立运动的法律回应，也是承认第三世界国家与殖民国家作战的合法性。其次，不穿制服时，必须“在从事攻击或攻击前军事准备行动时”公开携带武器，以使自己与平民相区别，否则，将构成背信弃义的行为。[①]尽管国际法承认民族解放运动成员，比如，游击队员，的确可以不穿制服而成为战斗员，即第44条第3款所说的“认识到在武装冲突中有一些情况使武装战斗员因敌对行动的性质而不能与平民居民相区别，因而该战斗员应保留其作为战斗员的身份”，但如果在攻击敌人的时候秘密携带武器就会构成背信弃义的行为，并因此失去成为战俘的权利[②]，又因为战斗员“均应成为战俘”[③]，这就意味着此人还失去了战斗员地位[④]。

此外，1998年《国际刑事法院罗马规约》（以下简称《罗马规约》）也禁止在国际性武装冲突中“以背信弃义的方式杀、伤属于敌国或敌军的人员”，禁止在非国际性武装冲突中“以背信弃义的方式杀、伤属敌对方战斗员”，并将其列为战争罪。[⑤]值得注意的是，作为现代战争法最重要进展之一的《第一附加议定书》，其中关于背信弃义的条款，包括四个用来说明什么叫“背信弃义”的例子，并未提及暗杀。[⑥]同样，《罗马规约》也没有关于暗杀的战争罪。这么看的话，在当代战争法中，暗杀似乎没有得到以往曾经受到的关注。不过，另一方面，以往国际法对暗杀的规制全部集中于战争法领域，而现代国际法对暗杀的关注，已经扩展到适用于和平时期的国际法。可以说，国际法对暗杀的关注程度整体上提高了，而恐怖主义是其中一个重要动因。

---

① 《第一附加议定书》第44条第3款。

② 不过，虽然该人因此失去了成为战俘的权利，“但其所享受的保护应在各方面与……所给予战俘的保护相等”。《第一附加议定书》第44条第4款。

③ 《第一附加议定书》第44条第1款。

④ Patricia Zengel, “Assassination and the Law of Armed Conflict”, *Military Law Review* 134, 1991, p. 140.

⑤ 《罗马规约》第8（2）（b）（xi）条和第8（2）（e）（ix）条。

⑥ 《第一附加议定书》第37条第1款：“（一）假装有在休战旗下谈判或投降的意图；（二）假装因伤或因病而无能力；（三）假装具有平民、非战斗员的身份；（四）使用联合国或中立国家或其他非冲突各方的国家的记号、标志或制服而假装享有被保护的地位。”

1934年10月9日，南斯拉夫国王亚历山大一世（Alexander I of Yugoslavia）在法国国事访问期间，和陪同他的法国外长巴尔都（Louis Barthou）一道在马赛被“马其顿内部革命组织”成员、保加利亚人维拉多·切诺泽米希奇（Vlado Chernozemski）开枪暗杀，二人均死亡。事件发生后，法国政府向国联提议制定一个打击恐怖主义的国际公约。1937年11月1日至16日，国联在日内瓦总部召开压制恐怖主义会议，起草了名为《防止和惩治恐怖主义国际公约》的文本。16日会议结束时，24个国联会员国通过了公约草案，根据第一条，恐怖主义是指“针对一个国家的犯罪行为，意图或计划在特定的个人或群体或一般大众心中制造恐怖的状态”。尽管公约没有使用“暗杀”一词，但在对恐怖主义的五种表现进行列举时，首先提及的就是针对一国首脑、行使一国首脑特权的人、其世袭或指定的继承人、这些人的丈夫或妻子、政府官员“有意造成死亡、严重身体伤害或丧失自由的任何行为”①，这些行为正是典型的暗杀。不过，由于有关国家对公约某些条款特别是关于引渡的条款存在异议，公约始终未能生效。

另一个禁止暗杀的国际条约则具有普遍的约束力。1973年联大通过《关于防止和惩处侵害应受国际保护人员包括外交代表的罪行的公约》（以下简称《纽约公约》），1977年生效，截至2016年，共有180个国家批准或加入了该公约。②《纽约公约》规定，每一缔约国都应将故意“对应受国际保护人员进行谋杀、绑架或其他侵害其人身或自由的行为”“对应受国际保护人员的公用馆舍、私人寓所或交通工具进行暴力攻击，因而可能危及其人身或自由”“威胁进行任何这类攻击”以及“进行任何这类攻击未遂”定为其国内法上的罪行，并“应按照这类罪行的严重性处以适当的惩罚”③，而“应受国际保护人员”是

① Art. 2（1）, Convention for the Prevention and Punishment of Terrorism.

② 赞比亚于2016年10月17日加入该公约，成为公约最新的缔约国。参见联合国条约数据库中该公约的状态，“Convention on the Prevention and Punishment of Crimes against Internationally Protected Persons, including Diplomatic Agents”, https://treaties.un.org/pages/ViewDetails.aspx?src=TREATY&mtdsg_no=XVIII-7&chapter=18&clang=_en, 11 March, 2020。

③ 《纽约公约》第2条第1款、第2款。

指“一国元首、包括依关系国宪法行使国家元首职责的一个集体机构的任何成员、或政府首长、或外交部部长，当他在外国境内时，以及他的随行家属”以及“在侵害其本人或其办公用馆舍、私人寓所或其交通工具的罪行发生的时间或地点，按照国际法应受特别保护，以免其人身、自由或尊严受到任何攻击的一国的任何代表或官员或政府间性质的国际组织的任何官员或其他代理人，以及与其构成同一户口的家属”[①]。《纽约公约》所禁止的行为包括典型的暗杀，不过，其主要问题在于只有当暗杀的目标在国外时，即“当他在外国境内时”，才能受到公约的保护。当被保护人在其本国领土被谋杀时，公约不能适用，适用的是其本国国内法。所以，实际上《纽约公约》没有规定反对暗杀的国际规范，也没有将谋杀应受国际保护人员的行为“作为国际法上的暗杀”[②]。

（三）暗杀的定义

如上所述，国际法虽然关注暗杀，但国际法中没有暗杀的定义。不过，许多国家的国内军事法手册界定和禁止了暗杀。例如，英国的《军事手册》中“暗杀”一条规定，“暗杀，敌方特工或游击队员在后方杀死或伤害选定的人，以及通过背信弃义的方式杀死或伤害属于敌国或敌军的个人，不是合法的战争行为”，还禁止了暗杀和悬赏敌人的行为。[③]有学者认为，“不清楚这是否涉及三个独立的活动：暗杀，游击队员进行的杀害和以背信弃义的方式进行的杀害，还是说提及游击队员进行的杀害和以背信弃义的方式进行的杀害是尝试界定暗杀”[④]。的确，通过列举的方式界定暗杀，而且在“暗杀”的条目下将暗杀和其他两类杀害并列，只能让人更加迷惑。相比之下，某些国家的军事法手册对暗杀的规定直截了当。例如，根据澳大利亚的《国防军手册》，“暗杀是指一个不是战斗员的人，以有预谋攻击的方式，通过背信弃义的方式忽然或秘密杀害，

---

① 《纽约公约》第1条第1款。

② Michael N. Schmitt, “State-Sponsored Assassination in International and Domestic Law” , *Yale Journal of International Law* 17, 1992, p. 619.

③ UK, *Military Manual* (*1958*) , § 115 and § 116.

④ APV Rogers and Dominic McGoldrick, “Assassination and Targeted Killing—The Killing of Osama Bin Laden” , *International and Comparative Law Quarterly* 60, 2011, p.780.

暗杀是非法的。此外，禁止悬赏敌人人头以及‘是死是活’”[①]。《新西兰军事手册》将暗杀界定为“由敌方特务或非法战斗员在后方杀死或伤害选定的人”[②]。加拿大的《武装冲突法手册》认为，“暗杀是被禁止的，它是指出于政治或宗教动机杀害或伤害一个选定的非战斗员”[③]。美国陆军的《陆战法》手册规定，禁止“暗杀、放逐、剥夺敌人的合法权利或悬赏敌人人头，以及无论捕获的敌人‘是死是活’均给予奖赏。但是，不排除不管是在敌对行动区域、被占领领土还是其他地方内外，对敌方士兵或军官的攻击”[④]。美国的《空军手册》也有类似规定，不过措辞稍有区别，认为《陆战法规惯例公约》附件第23条第2款对暗杀等行为的禁止“并不妨碍合法战斗员对敌方士兵或军官的合法攻击”[⑤]。然而，美国军事法“从未界定过‘暗杀’这一术语，‘悬赏敌人人头’以及无论捕获的敌人‘是死是活’均给予奖赏涵盖的战时活动广度也不够”[⑥]。

可见，有关国家国内军事手册对暗杀的界定存在重大差别，虽然多强调主体不具有战斗员身份，即所谓“非法战斗员”，也有要求受害者不具有战斗员身份的。因此，有必要考察国际法学界如何界定暗杀，可以看到，1977年《第一附加议定书》是有关讨论的分水岭。比如，1965年，有学者认为暗杀“绝大部分情况下是指不穿制服的人选择性杀害敌人”，禁止暗杀只保护穿制服的人免于被不穿制服的人挑出来杀死，而这正是背信弃义的核心之所在。[⑦]当《第一附加议定书》宣布不穿制服的人在攻击前和攻击时只要公开携带武器就具有战斗员地位后，这个定义也就失去了价值，但是，国际法学界对暗杀的界定中，背信弃义仍然是关键，而且通常是置于战争和武装冲突的背景下，例如，有学

---

① Australia, *Defence Force Manual*（*1994*），§ 724 and § 725.

② New Zealand, *Military Manual*（*1992*），§ 507.

③ Canada, *LOAC Manual*（*1999*），p. 6~3, § 25~27.

④ Art. 31, *Department of the Army Field Manual 27~10, The Law of Land Warfare*（*Jul. 18, 1956 with Change 1, Jul. 15, 1976*）.

⑤ *Air Force Pamphlet 110-31, International Law—The Conduct of Armed Conflict and Air Operations*（*1976*），para. 8~6（d）.

⑥ Boyd M. III Johnson, “Executive Order 12,333: The Permissibility of an American Assassination of a Foreign Leader”, *Cornell International Law Journal* 25, 1992, p. 419.

⑦ Joseph B. Kelly, “Assassination in War Time”, *Military Law Review* 30, 1965, pp. 101~102.

者认为，“根据习惯国际法，暗杀看来是指以背信弃义的方式杀害挑选出来的单个敌人”[①]。

由于暗杀在现代国际法中不仅受关于战争和武装冲突的国际法调整，还受和平时期的国际法规制，因此，在一些学者看来，在国际法中，根据所处的情境不同，暗杀可分为和平时期的暗杀和战争时期的暗杀两类，这种做法可追溯至1989年的一篇文章，作者认为，和平时期的暗杀是指“出于政治原因谋杀私人或公共人物，有时……也要求该行为构成秘密行动，特别是当该人是普通百姓（private citizen）时”；而战争时期的暗杀没有明确定义，只是提及“当暗杀适用于战时对敌方战斗员或军事目标的军事活动时，不排除涉及突袭（surprise）的暴力行为”，因为“不管战斗员在受攻击时职责或活动为何，战斗员始终是合法目标”[②]。之后，另一位学者也认为，和平时期的暗杀是指“有政治寓意的杀害，尽管如何判定仍不确定”[③]，而战争时期的暗杀需要满足两个条件：一是挑选出来具体的个人作为目标，二是使用背信弃义的手段杀害此人。二者必须同时满足，至于是否有政治动机在所不问。[④]因为，如果武装冲突期间基于政治动机的杀害构成暗杀，那么所有战斗导致的死亡都会成为暗杀。[⑤]还有学者将和平时期的暗杀分为国家进行的暗杀和个人进行的暗杀，前者包括对恐怖袭击采取的预防性措施和对大规模侵犯人权的回应即人道干涉，后者涉及国家对个人进行的暗杀所负担之国家责任。[⑥]尽管定义可能不尽相同，但如果将暗杀分为和平时期和战争时期两类区别对待，一般都认为，前者是指“对具体挑

---

① Patricia Zengel, “Assassination and the Law of Armed Conflict”, *Military Law Review* 134, 1991, p. 131.

② W. Hays Parks, “Memorandum of Law: Executive Order 12333 and Assassination”, *Army Lawyer* 1989, 1989, pp. 4~5.

③ Michael N. Schmitt, “State-Sponsored Assassination in International and Domestic Law”, *Yale Journal of International Law* 17, 1992, p. 627.

④ Michael N. Schmitt, “State-Sponsored Assassination in International and Domestic Law”, *Yale Journal of International Law* 17, 1992, p. 632.

⑤ Michael N. Schmitt, “State-Sponsored Assassination in International and Domestic Law”, *Yale Journal of International Law* 17, 1992, p. 639.

⑥ Bert Brandenburg, “The Legality of Assassination as an Aspect of Foreign Policy”, *Virginia Journal of International Law* 27, 1987, pp. 694~695.

选人物的政治谋杀”，而后者是指“以背信弃义的方式将某人作为目标”[①]。

但问题在于，这种暗杀定义的“两分法”，逻辑不能自洽。和平时期和战争时期的暗杀各自构成要件为何差别如此之大，没有合理依据。同样是挑选特定的人作为目标，和平时期的暗杀只需要是出于政治目的将其杀害，手段并无特别要求，不需要隐秘或突然，而战争时期的暗杀就只要求杀害的方式必须是背信弃义。一个要求动机，一个要求手段，这完全可能造成同一种行为，在和平时期是暗杀，在战争时期不是暗杀，反之亦然。例如，和平时期的某国公民，因对该国执政党施政理念存在不满，站在街角意图在某政客经过时将其杀害，这种行为构成暗杀。但是，同样的行为，同样的受害者，如果发生在战争时期，就不会构成暗杀，因为缺少了背信弃义这个要件。

有学者干脆背离国际法对暗杀的关注，长期以来集中于战争法的传统，认为“暗杀”一词只适用于和平时期，不适用于战争时期，但其依据不是暗杀“两分法”的逻辑问题，而是声称战争时适用何种方式杀害目标不重要，重要的是目标该不该被杀害，“区分秘密的杀害和不是背信弃义的杀害是徒劳的”，如果目标在战时构成明确的军事威胁，就不可能有对这种敌人的“暗杀”。[②]很遗憾，这个说法站不住脚，如果这样的话，战争法就根本不应该调整和限制进行战争的方法和手段。还有学者质疑战争时期的暗杀，认为“不存在背信弃义的时候，战时禁止（暗杀）就不起作用了”，然而举的例子中将收买敌方官邸护卫通过其谋杀敌方领导人视为背信弃义和暗杀[③]，显然是根据传统战争法，如果根据现代战争法，这种行为并不能视为背信弃义。因此，这个质疑不能说是十分有力。更有说服力的则是从暗杀与战争法的潜在冲突进行讨论，认为“暗杀”一词是蔑称，既不能告知有关行为的合法性，也无法告知其非法性。而

① Tyler J. Harder, “Time to Repeal the Assassination Ban of Executive Order 12,333: A Small Step in Clarifying Current Law” , *Military Law Review* 172, 2002, p.6.

② Om M. Jahagirdar, “Targeted Killing, not Assassination: The Legal Case for the United States to Kill Terrorist Leaders” , *Journal of Islamic Law & Culture* 10, 2008, p. 234.

③ W. Michael Reisman, “Some Reflections on International Law and Assassination under the Schmitt Formula” , *Yale Journal of International Law* 17, 1992, p.689.

且，在国际性武装冲突期间的军事行动中，如果攻击者和受攻击者都是各自国家武装部队的成员，“暗杀”一词就不合适，除了该词与政治目的有密切联系，也因为战争法禁止绝不纳降，禁止攻击明确表示要投降的人[①]，这与“暗杀”一词意味着杀害是矛盾的。

综上，一方面，国际条约没有界定暗杀，现代国际条约甚至没有使用“暗杀”一词，暗杀不构成单独的国际罪行或战争罪；另一方面，无论是有关国家国内军事法手册，还是国际法学者，对暗杀的定义路径，即是否要区分和平时期和战争时期，以及定义本身，都众说纷纭，甚至存在重大分歧。实际上，暗杀在国际法中已经是一个过时的术语，不仅要根据行为所处的环境和所针对的人员等，适用不同的法律规则，而且所涉行为都有相应的、更广泛的概念和更多的国际法规范予以规制和调整。和平时期，如果受害者是“应受国际保护人员”，就会引发《纽约公约》的适用，并可能构成干涉内政、侵略和侵犯有关国家主权。如果发生在战争和武装冲突时，就受战争法有关原则和规则调整，特别是背信弃义。战争和武装冲突中构成暗杀的行为，必然因为背信弃义而被禁止，暗杀“仅仅是一个已经被禁止的行为的例子而已”，因此，不仅有关国家的战争法手册将暗杀作为一个特殊的类别对待是“多余的，也造成毫无必要的混淆”[②]，而且国际法也无须将暗杀特殊对待。“国际法中关于暗杀的习惯处理方式，在绝大部分情况下与当代对武装冲突中使用武力的关切没有联系，或与之相矛盾。这种处理方式源自发动战争被视为国家和君主固有权利的年代，彼时对个人荣誉的尊重和对一国君主的效忠是最重要的。”[③]然而，时代背景和国际法的价值取向已经发生了重大转变，现代国际法的“人本化”趋势整体上强调对人和人权的尊重和保护，因此，国际法不再拘泥于暗杀这个含义历来模糊的概念本身，而将其置于更广泛的体系中，反映出一种必然的进步。

---

① Peter Rowe, “The Use of Special Forces and the Laws of War - Wearing the Uniform of the Enemy or Civilian Clothes and of Spying and Assassination”, *Military Law and Law of War Review* 33, 1994, p. 223.

② Michael N. Schmitt, “State-Sponsored Assassination in International and Domestic Law”, *Yale Journal of International Law* 17, 1992, p. 683.

③ Patricia Zengel, “Assassination and the Law of Armed Conflict”, *Military Law Review* 134, 1991, p. 154.

（四）暗杀是否合乎国际法

20世纪60年代开始，美国对外国领导人有多次暗杀行动和暗杀图谋，如中央情报局（Central Intelligence Agency，CIA）1961年对多米尼加共和国总统拉斐尔·特鲁希略（Rafael Trujillo）的暗杀、1960—1965年间对古巴领导人卡斯特罗的多次暗杀图谋、1986年美国空军对利比亚领导人卡扎菲的暗杀图谋等。[①]1976年，时任美国总统福特颁布11905号行政令，禁止“政治”暗杀[②]，其后的卡特总统、里根总统都确认了这个规定，但1981年里根总统颁布的12333号行政令禁止的是“暗杀”，去掉了“政治”一词，规定：“美国政府雇佣或代表美国政府行事的任何人，不得从事或密谋从事暗杀。”[③]但是，这些行政令中的暗杀究竟是什么，没有定义。因此，有关研究几乎全部是以美国的视角展开，讨论美国暗杀外国领导人产生的法律、道德和政治问题，可大致分为以下三种思路。

第一种思路是试图从根本上解决问题，否认美国暗杀外国领导人构成国际法中的暗杀，这种思路政策考量过多，法律分析不足。例如，“如果部署美军对抗另一国的战斗力量、游击队或恐怖分子，或其他行为构成对美国安全威胁的组织，那么秘密的、低能见度或公开的军事力量不会构成暗杀”[④]。或者以萨达姆为例，认为“迫切需要”把“将侵略者（aggressor）政权精英故意当作目标”与“暗杀”区分开来，暗杀萨达姆这样一个“具有长久侵略行为历史而且反复威胁以色列”的伊拉克领导人，不是国际法上的暗杀。[⑤]还有人声称，“国际法禁止暗杀最初是为了保护国家首脑”，如果目标不是国家首脑，如本·拉

① Seymour M. Hersh, “Target Qaddafi” , New York Times, Feb. 22, 1987, at 17.

② *Exec. Order No. 11,905, 41 Fed. Reg. 7703（Feb. 18, 1976）*.

③ *Exec. Order No. 12,333, 46 Fed. Reg. 59,941, 59,952（Dec. 4, 1981）*.

④ W. Hays Parks, “Memorandum of Law: Executive Order 12333 and Assassination” , *Army Lawyer* 1989, 1989, p. 8.

⑤ Robert F. Turner, “It’s Not Really Assassination: Legal and Moral Implications of Intentionally Targeting Terrorists and Aggressor-State Regime Elites” , *University of Richmond Law Review* 37, 2003, pp. 807~808.

登，这种行为就不与有关规范不一致。[①]遗憾的是，国际法对暗杀的禁止从来没有局限于受害者的身份尊贵与否，而是关注采用的手段是否背信弃义。

第二种思路是将暗杀和自卫联系起来，从预防性自卫或先发制人的自卫角度为暗杀的合法性辩护，这种思路十分依赖对自卫权的扩大解释。例如，将美国暗杀萨达姆的合法性完全置于自卫权的行使[②]，或者认为，暗杀在另一国的个人，如果满足自卫权的一般要求，可以构成合法的预防性自卫。[③]复杂一点的则主张，尽管和平时期的暗杀可能会违反国际法，成为侵略或恐怖主义，而战争时期的暗杀一般是一种战争罪，但暗杀可以至少在有限的情况下构成预防性自卫，是对侵略和恐怖主义的"最佳救济"。[④]

第三种思路是从结果的正当性来反推暗杀的合法性，这种思路找不到确切的国际条约或习惯国际法的依据，也缺乏广泛的法理支持。例如，认为战争时期的暗杀会减少战祸，"如果'二战'期间盟军成功暗杀了希特勒或墨索里尼，或者海湾战争期间联军暗杀了萨达姆·侯赛因，这些努力将会构成合法的执法措施"[⑤]；或者认为即使是和平时期，例如，'二战'开始之前，如果除去希特勒的话，很难不被视为"制止大屠杀的合理缘由"[⑥]；或者声称"暗杀必须是对恐

---

① Seumas Miller, "The Ethics of Assassination and Targeted Killing", *Jahrbuch fur Recht und Ethik* 19, 2011, p. 311.

② Robert F. Teplitz, "Taking Assassination Attempts Seriously: Did the United States Violate International Law in Forcefully Responding to the Iraq Plot to Kill George Bush", *Cornell International Law Journal* 28, 1995, pp. 569~617.

③ Louis Rend Beres, "On International Law and Nuclear Terrorism", *Georgia Journal of International and Comparative Law* 24, 1994, pp. 29~34.

④ Louis R. Beres, "The Permissibility of State-Sponsored Assassination during Peace and War", *Temple International and Comparative Law Journal* 5, 1991, pp. 233~249.

⑤ Louis R. Beres, "The Permissibility of State-Sponsored Assassination during Peace and War", *Temple International and Comparative Law Journal* 5, 1991, p. 238.

⑥ Bert Brandenburg, "The Legality of Assassination as an Aspect of Foreign Policy", *Virginia Journal of International Law* 27, 1987, p. 695.

怖主义瘟疫的一个可以接受的解决办法”①；或者从人权的角度出发，认为暗杀会减少对人权的侵犯，特别是如果涉及种族灭绝和反人类罪，那么暗杀将构成人道干涉，“暗杀希特勒或者波尔布特可以拯救成千上万甚至数百万无辜人民免于酷刑和谋杀，（对这些人）不尝试暗杀比实际进行暗杀要构成更大的犯罪”②。

可见，为暗杀在国际法上的合法性进行辩护的理由和标准，“是如此放任，以至于允许杀害许许多多其他人”，而且恰好与其所声称的保护人权相悖，“可能使广泛侵犯人权的行为合理化，而且危害世界秩序”，“当然会提高对暴力的一般期待，而且本身损害人权和最低限度的秩序”③。

二、定点清除与国际法

既然“暗杀”这一术语已经不符合当代国际法的语境和现实，而且暗杀在国际法中的合法性往往令人存疑，接下来的问题就是“定点清除”一词是否是更合适的替代称呼，以及定点清除在国际法中的性质。和暗杀一样，定点清除也没有一个广为接受的定义。有人认为，“定点清除声名显赫的人”④或“一国官方代理人对另一个人的定点清除，无论战争状态是否存在”⑤就是暗杀，即暗杀和定点清除是一回事。也有人声称“定点清除是暗杀的一种（species），即为了政治目的杀害政治人物。但是，定点清除是发生在武装冲突情景中的暗杀，

---

① Jami Melissa Jackson, “The Legality of Assassination of Independent Terrorist Leaders: An Examination of National and International Implications”, *North Carolina Journal of International Law and Commercial Regulation* 24, 1999, p. 697.

② Louis Rene Beres, “Assassinating Saddam: A Post-War View from International Law”, *Denver Journal of International Law and Policy* 19, 1991, p. 621.

③ W. Michael Reisman, “Some Reflections on International Law and Assassination under the Schmitt Formula”, *Yale Journal of International Law* 17, 1992, p.690.

④ Stephen Knoepfler, “Dead or Alive: The Future of U.S. Assassination Policy under a Just War Tradition”, *New York University Journal of Law & Liberty* 5, 2010, p. 477.

⑤ Daniel B. Pickard, “Legalizing Assassination? Terrorism, the Central Intelligence Agency, and International Law”, *Georgia Journal of International and Comparative Law* 30, 2001, p. 9.

被杀的是处于进行武装冲突的组织指挥链中的政治人物”①。这不仅无谓地将目标的政治人物身份作为定点清除的必要条件，而且是其唯一条件，不符合定点清除也常常针对的是特定的武装分子或平民等现实。照此标准的话，许多已经发生的定点清除，根本不能称为定点清除。还有人的观点正好相反，认为定点清除与政治动机无关，定点清除不是针对政治首脑、不是要产生政治上的改变，而是为了实现诸如停止恐怖袭击这样的军事目标，是指在政府明确许可下，在针对特定个人或团体的武装斗争中故意杀害该个人或群体。②

实际上，暗杀和定点清除首先在词义上存在差别。暗杀在通俗语境中长期以来都意味着不道德，在国际法语境下又总是与背信弃义这种既不道德又不合法的行为联系在一起，因此，即使“暗杀”这个词不必然表明非法，也很大程度上是贬义词。定点清除则不预设任何价值、道德或法律判断，是中性词，“是否合法要根据具体情形和可适用的法律予以判定”③。由于美国频繁使用定点清除这个战术，有人认为“定点清除”一词“仅仅适用于和美国处于战争中的恐怖分子”，而战争的范围十分宽泛，包括“（美国）国会正式宣战、国会通过决议或拨款正式或非正式批准或其他类似战时的情况”④，这种定义方式显然不具有普遍意义，也缺乏可靠的学理依据。比较简洁的界定如“在明确的政府授权下故意杀害特定的个人或团体”⑤，相比而言，更为普遍接受的观点是，定点清除是指“使用致命武力意图、预谋和故意杀害单独地挑选出来的、不在将其作为目标的人实际扣押中的人，且该行为可归于某一国际法主体”⑥。联合国人权

① Seumas Miller, “The Ethics of Assassination and Targeted Killing”, *Jahrbuch fur Recht und Ethik* 19, 2011, p. 316.

② Steven R. David, “Targeted Killing: The Israel Experience”, in Christopher Ford and Amichai Cohen, eds., *Rethinking the Law of Armed Conflict in an Age of Terrorism*, Lanham, Lexington Books, 2011, pp. 73~74.

③ Mark V. Vlasic, “Assassination & Targeted Killing – A Historical and Post-Bin Laden Legal Analysis”, *Georgetown Journal of International Law* 43, 2012, p. 268.

④ Om M. Jahagirdar, “Targeted Killing, not Assassination: The Legal Case for the United States to Kill Terrorist Leaders”, *Journal of Islamic Law & Culture* 10, 2008, pp. 234~235.

⑤ Steven R. David, “Israel’s Policy of Targeted Killing”, *Ethics & International Affairs* 17, 2003, p. 112.

⑥ Nils Melzer, *Targeted Killing in International Law*, Oxford, Oxford University Press, 2008, p.5.

理事会特别报告员关于定点清除的定义也是基于此，但删除了“实际扣押中”，认为定点清除是“对被实施犯罪的人（perpetrator）事先具体确定的某人或某些人，一定程度上预先策划有意和故意使用致命武力”[①]。实际上，被清除的人员不在实施清除行为的主体实际控制中应当是定点清除的一个固有特征，因此，本文采用前一种定点清除的定义。

在进一步讨论之前，有必要区分定点清除与“诉诸战争的权利”和“战时法”之间的关系，并将讨论的焦点仅仅放在定点清除在战争和武装冲突中的合法性上。即使定点清除可以作为预防性自卫、先发制人的自卫的理由，那也只能说明发动战争和武装冲突这个行为是合法的，而在战争和武装冲突期间，定点清除作为进行敌对行动的一种方式，其合法性要受战争法规惯例的检验。鉴于此，本研究不讨论《联合国宪章》第51条以及相关的“加洛林号原则”等，也不讨论和平时期的定点清除问题，因为在本国的恐怖分子如果当时没有构成立即的威胁就不能被杀害，同理，未经正当法律程序，该人也不能因为过去的行为被杀害。[②]如果恐怖分子位于另一国，未经领土国同意而定点清除该恐怖分子就违反了领土国的领土主权以及政治独立，违反了《联合国宪章》第2条第4款中“不得使用威胁或武力”的规定。为了说明什么叫“使用威胁或武力”，联大1974年通过决议试图界定侵略。根据该决议第1条，“侵略是指一个国家使用武力侵犯另一个国家的主权、领土完整或政治独立，或以本定义所宣示的与联合国宪章不符的任何其他方式使用武力”。决议第3条还列举了若干构成侵略的行为，其中包括“一个国家或以其名义派遣武装小队、武装团体非正规军或雇佣兵，对另一国家进行武力行为，其严重性相当于上述所列各项罪行，或该国实际卷入了这些行动”[③]。很明显，和平时期的定点清除很可能会违反《联合国宪章》禁止使用武力的规定以及有关习惯国际法，代表一国进行的定点清除还可能构成侵略。

---

① A/HRC/14/24/Add.6（28 May 2010）, para. 9.

② James P. Rowles, “Military Responses to Terrorism: Substantive and Procedural Constraints in International Law”, *American Society of International Law Proceedings* 81, 1987, p. 312.

③ General Assembly resolution 3314（XXIX）.

（一）武装冲突的存在及定性

2001年“9·11”恐怖袭击发生后，有学者沿用以往论证暗杀在国际法中合法性的思路，认为“对谋划大规模或非常规大规模杀伤性进攻美国人和其他人的恐怖分子采取先发制人的暗杀，将最终挽救许多人免于成为恐怖分子的受害者……但此类定点清除当然需要遵守长久以来的战争惯例和编纂过的（codified）规则，以及如区分、比例和军事必要等限制性规定。从逻辑上说，没有理由将（定点清除恐怖分子）这样的预期视为不合理”[①]。然而，更多学者摈弃了这种比较传统、粗放的讨论方式，从其他重要环节更精细地讨论定点清除的合法性。

美国定点清除恐怖分子最著名的例子，当数2011年5月2日，美军特种部队海豹突击队在巴基斯坦阿伯塔巴德（Abbottabad）将本·拉登击毙，而这些军人是乘坐直升机从邻国阿富汗飞抵当地的。实际上，定点清除是否符合国际法，取决于此种行为是受国际人道法还是国际人权法规制。如果国际人道法适用，就应该首先存在武装冲突，其次是断定武装冲突的性质，即是国际性还是非国际性，因为国际性武装冲突和非国际性武装冲突适用的国际人道法存在重大差别，国际性武装冲突中国际人道法所给予的保护要远超出非国际性武装冲突中国际人道法所给予的保护。绝大部分研究以色列和美国定点清除政策的学者都会考虑以巴冲突和美国“反恐战争”是否可以被视为国际人道法中的国际或非国际性武装冲突，但是，什么时候敌对行动构成“武装冲突”，以及什么时候武装冲突成为“国际性”，常常十分难以判断。

“一战”和“二战”都是典型的国家间战争，因此，“二战”后通过的日内瓦四公约自然主要是调整国际性武装冲突，但非国际性武装冲突并未被遗忘，不过只有日内瓦四公约共同第三条来调整，给予最低限度的保护。国际法对非国际性武装冲突不重视，也是由于国家不愿意通过关于非国际性武装冲突的全面法律框架，而更愿意将这种冲突视为国内管辖权处理的事项，并且将叛军视

---

① Louis Rene Beres, “After Osama Bin Laden: Assassination, Terrorism, War, and International Law”, *Case Western Reserve Journal of International Law* 44, 2011, pp. 98~99.

为罪犯。如果叛军能够获得国际法中的地位和保护，很可能会损害主权以及政府在其领土内平息叛乱的能力，甚至可能招致外国干涉。在这种背景下，虽然1977年通过了适用于非国际性武装冲突的日内瓦四公约《第二附加议定书》（以下简称《第二附加议定书》），但相比适用于国际性武装冲突的《第一附加议定书》，其中适用的规则数量少很多，而且门槛也比较高。

前南斯拉夫问题国际刑事法庭（以下简称“前南刑庭”）对国际性和非国际性武装冲突的两分法有过权威的表述：“当国家间诉诸武力时，或者在一国之内政府和有组织武装团体以及此等团体彼此之间存在延长的武装暴力的时候，就存在武装冲突。”①要判定国际性武装冲突的存在相对简单，即“两个或两个以上缔约国间所发生之一切经过宣战的战争或任何其他武装冲突，即使其中一国不承认有战争状态”②，以及“对殖民统治和外国占领以及对种族主义政权作战的武装冲突”③。适用于国际性武装冲突的国际法，“凡在一缔约国的领土一部或全部被占领之场合，即使此项占领未遇武装抵抗”，也应适用。④也就是说，国际性武装冲突对于烈度和持续时间没有要求，打一枪都可能构成国际性武装冲突，甚至这种冲突都不需要是“武装”的，比如，一国未经领土国抵抗而占领其领土，或者国家彼此宣战但没有任何战斗。非国际性武装冲突的判定则没有那么容易，非国际性武装冲突也可能有多种形态，这也是为什么联合国人权理事会特别报告员将武装冲突分为四种性质：一是国际性武装冲突，二是满足日内瓦四公约共同第三条要求的非国际性武装冲突⑤，三是既满足日内瓦四公约共同第三条又满足日内瓦四公约《第二附加议定书》要求的非国际性武装冲突⑥，

① *Prosecutor v Tadić*, No IT-94-1-AR72 (Decision on the Defence Motion for Interlocutory Appeal on Jurisdiction)(2 October 1995) , para 70.

② 日内瓦四公约共同第二条。

③ 《第一附加议定书》第一条第四款。

④ 日内瓦四公约共同第二条。

⑤ 根据该条，“在一缔约国之领土内发生非国际性的武装冲突之场合”，应遵守某些最低限度的规定。

⑥ 《第二附加议定书》第一条规定，该议定书适用于《第一附加议定书》“未包括、而在缔约一方领土内发生的该方武装部队和在负责统率下对该方一部分领土行使控制权，从而使其能进行持久而协调的军事行动并执行本议定书的持不同政见的武装部队或其他有组织的武装集团之间的一切武装冲突”。

四是未达到武装冲突层次而是孤立的和零星的暴力，此种情况下使用武力合法与否由人权法来决定。[①]然而，这种说法本身并不严谨，最明显的是“未达到武装冲突层次而是孤立的和零星的暴力”不能构成武装冲突，当然不能成为武装冲突的一类。“满足日内瓦四公约共同第三条要求的非国际性武装冲突”这个说法也令人存疑，因为日内瓦四公约共同第三条十分模糊，它仅仅规定该条适用于“在一缔约国之领土内发生非国际性的武装冲突”，没有提及什么构成非国际性武装冲突，因此，关键在于如何区分非国际性武装冲突与不属此列的“内部动乱”“紧张局势”或有组织的暴力犯罪。

一般而言，非国际性武装冲突有一些基本要件，例如，“基于客观的和可以验证的标准，非国家武装团体是可以识别的”；武装冲突“有最低限度的烈度和持续时间要求，对暴力下限的要求高于判定国际性武装冲突存在的标准”；武装冲突的领土限制“可以限于一国之内”，也可以是“跨国冲突”，但“这并非意味着没有领土联系的要求”[②]。按照前南刑庭的观点，“在一国之内政府和有组织武装团体以及此等团体彼此之间存在延长的武装暴力的时候”，就存在非国际性武装冲突。跟国际性武装冲突对于暴力烈度没有要求不一样，非国际性武装冲突首先需要满足最低限度的烈度，其次要求冲突方应有一定的组织程度。[③]根据前南刑庭的司法实践，判定暴力的烈度，可以参考事件的数量、暴力的层次、长度和持续时间、暴力的地理分布、暴力导致的死伤和损害、动员个人和武器分发、使用的武器等，虽然并不要求所有这些因素都得具备，但必须综合评估所有有关因素，如果缺乏某些因素，可以由其他确定存在的因素代替。同样，武装团体的组织程度可参考是否存在正式的命令结构和司令部、身着制服、不同实体的不同角色和责任、通信模式、军事训练等，但也不要求具备所有这些方面，只要此类因素足够多，就可以认为武装团体已经具备了最低

① A/HRC/14/24/Add.6（28 May 2010）, para. 50.

② A/HRC/14/24/Add.6（28 May 2010）, para. 52.

③ *Prosecutor v. Tadić*, Case No. IT-94-1-T, Judgment（Trial Chamber）, 7 May 1997, paras. 561~568.

的组织程度。[①]

《第二附加议定书》所界定的非国际性武装冲突只包括政府军和一个或数个叛乱团体之间的武装冲突，不包括在一国领土之内的叛乱团体之间或不同的武装团体之间的武装冲突。也就是说，《第二附加议定书》中的非国际性武装冲突必须有一方是政府军。不仅如此，《第二附加议定书》对武装团体的组织程度要求也很高，要求叛军对一国一定数量的领土行使控制来使其有能力执行持久的和协调的军事行动，“持久的”一词是指行动持续或者不断地维持，强调的是持续性和持久性（persistence），而且暴力的烈度会比“延长的”武装暴力要高。“协调”一词是指商定的、计划好的和人为的行动，是根据一个计划而执行的。《第二附加议定书》还要求武装团体实施该议定书，而议定书所包含的国际人道法规则显然要比日内瓦四公约共同第三条的规定丰富和详细。一方面，国际刑事法院的案例法在一般界定非国际性武装冲突的时候已经提及持久的和协调的军事行动的概念，表明持久的和协调的军事行动和有组织武装团体的延长的武装暴力是一样的；另一方面，国际刑事法院仍然区分了《第二附加议定书》中的非国际性武装冲突和其他类型的非国际性武装冲突，因为前者要求控制领土以进行持久和协调的军事行动。[②]因此，《第二附加议定书》中的非国际性武装冲突除了对武装团体的组织程度要求高，必不可少的就是最低限度的控制领土。

也就是说，武装冲突只有两种情形：一是国家间使用武力；二是在一国之内该国政府和有组织武装团体之间的武装暴力，或一国之内此等团体之间的武装暴力。不过，当代武装冲突越来越呈现出一种混合特性，即根据当事方的不同，国际性和非国际性武装冲突同时但独立存在，可适用的国际人道法由特定的敌对行动的当事方的本质决定。“国家或其中央政府被其领土内外的敌人

① Sten Verhoeven, “International and Non-International Armed Conflicts”, in Jan Wouters, Philip De Man and Nele Verlinden, eds., *Armed Conflicts and the Law*, Cambridge, Intersentia, 2016, pp. 165~167.

② Sten Verhoeven, “International and Non-International Armed Conflicts”, in Jan Wouters, Philip De Man and Nele Verlinden, eds., *Armed Conflicts and the Law*, Cambridge, Intersentia, 2016, p. 170.

困扰这个事实不意味着国际性和内部武装冲突必然融合。”[①]这就可能导致“在战斗的一个地区，可能有三个或更多方肩并肩彼此作战，每一个两方的结合都根据不同的一套规则战斗”[②]。实际上，早在1986年，国际法院在尼加拉瓜案（*Nicaragua v. United States of America*）中就裁定，案中的情形包含两种类型的敌对行动的要素，“反政府武装和尼加拉瓜政府军之间的冲突是‘非国际性之武装冲突’。反政府武装对尼加拉瓜政府的行为因此被适用于该种性质的冲突的法律规制，而美国在尼加拉瓜和针对尼加拉瓜的行动受有关国际冲突的法律规则调整”[③]。前南刑庭也注意到涉及两个以上当事方的武装冲突性质可能既是非国际性也是国际性，如同1993年前南境内发生的武装冲突可被定性为“既是国内的也是国际的，或者说是国内冲突伴随着国际冲突，或者说是由于外部支持而使得国内冲突国际化，或者说是国际冲突被随后的一个或多个国内冲突代替，或者说是某种结合”[④]。

国际性武装冲突伴随着非国际性武装冲突发生并不是问题，关键是非国际性武装冲突是否只能发生在一国之内，因为《第二附加议定书》所界定的非国际性武装冲突和日内瓦四公约共同第三条一样，要求发生于“缔约一方领土内”，这个地理范围的限定是否意味着非国际性武装冲突只能发生在一国领土内，并排除了发生在两个或多个国家领土内的武装冲突成为非国际性武装冲突的可能性，仍有很大争议。有学者认为，共同第三条和《第二附加议定书》都提及缔约国领土“仅仅意在确保适用相关规则与已经批准有关条约的国家管辖权相联系……即使敌对行动超出了一国边界，也没什么可以阻止这个（非国际性武装冲突）法律制度适用……而且，考虑到日内瓦四公约现已得到普遍批

---

① Yoram Dinstein, *The Conduct of Hostilities under the Law of International Armed Conflict*, Cambridge, Cambridge University Press, 2004, p. 14.

② Noam Lubell, *Extraterritorial Use of Force against Non-State Actors*, Oxford, Oxford University Press, 2010, p. 93.

③ *Case Concerning Military and Paramilitary Operations in and against Nicaragua*（*Nicaragua v. United States of America*）, Judgment, 27 June 1986, para. 219.

④ *Prosecutor v Tadić,* No IT-94-1-AR72（Decision on the Defence Motion for Interlocutory Appeal on Jurisdiction）（2 October 1995）, para. 72.

准……实践中，共同第三条的领土标准已经失去了重要性”[①]。可这只是各种观点中的一个而已，如果坚持严格的武装冲突性质两分法，就会排除一国与另一个非国家主体在一个或多个第三国发生的暴力活动成为无论是哪种性质的武装冲突的可能性。

“9·11”恐怖袭击后，很快就有学者提出美国和基地组织之间发生的是一场“全球内战”（global civil war），主要理由是基地组织的活动和美国对其的回应都是全球性的。[②]最初，布什政府并不确定如何将美国与基地组织之间的武装冲突定性，但确定的是要避免《日内瓦第三公约》对战俘权利的保证和施加的其他限制。因此，在2002年1月9日司法部备忘录和2002年2月7日布什签署的备忘录中，声称《日内瓦第三公约》适用于“缔约国”，而且前提是代表国家的“常规”（regular）武装部队存在，但是基地组织不符合这些要求。所以，“反恐战争”虽然是武装冲突，但既不是国际性也不是非国际性武装冲突：它不是在“缔约国”之间发生的，所以不是国际性武装冲突；它又跨越了国境，所以也不是非国际性武装冲突。总之，“没有日内瓦（第三公约）规定适用于我们（美国）和阿富汗或世界任何其他地方的基地组织的冲突”[③]。不仅如此，时任美国司法部部长还断言日内瓦四公约是“古怪的”和“过时的”。[④]此时，国际法学者或是认为美国和基地组织之间“存在武装冲突”但不讨论冲突属于何种性质[⑤]，或是认为这种冲突“既不符合现代国际人道法中公认的国家间的国际性武

① Sylvain Vite, “Typology of Armed Conflicts in International Humanitarian Law: Legal Concepts and Actual Situations”, *International Review of the Red Cross* 91, 2009, pp. 89~90.

② Stein Tonneson, “A Global Civil War?”, *Security Dialogue* 33, 2002, p. 389.

③ “Memorandum, Feb. 7, 2002, signed by President Bush”, https://nsarchive2.gwu.edu/NSAEBB/NSAEBB127/02.02.07.pdf, April 3, 2020.

④ Alberto R. Gonzales, “Decision re Application of the Geneva Convention on Prisoners of War to the Conflict with Al Qaeda and the Taliban, 25 January 2002”, https://nsarchive2.gwu.edu/NSAEBB/NSAEBB127/02.01.25.pdf, April 3, 2020.

⑤ John C. Yoo and James C. Ho, “The Status of Terrorists”, *Virginia Journal of International Law* 44, 2003, pp. 207~228.

装冲突，也不是一国之内的内部武装冲突”[①]。

美国政府对“反恐战争”性质的界定后来发生了变化。2006年哈姆丹诉拉姆斯菲尔德案（*Hamdan v Rumsfeld*）中，哈姆丹是也门公民，在阿富汗被捕并被指控为基地成员，美国最高法院判定其待遇受日内瓦四公约共同第三条调整，对该条中“非国际性之武装冲突”的含义，美国最高法院将其理解为和“国际性武装冲突”即国家间武装冲突相反。之后，奥巴马政府将美国与基地组织的冲突界定为非国际性武装冲突，因为日内瓦四公约使用的是“国家间冲突”（interstate）一词，而基地组织不是国家。自此以往，美国自认为“与基地组织和塔利班及其相关部队处于武装冲突中”[②]“美国和基地组织及其盟友处于战争中”，而这场冲突没有领土限制，“美国有法律上的权利通过攻击无论发现于何处的敌人来保卫自己”[③]。这实质上是国际法学者提出的“全球非国际性武装冲突”（global non-international armed conflict）、“跨国武装冲突”（transnational armed conflict）[④]或“额外国家武装冲突”（extra-state armed conflicts）[⑤]，此类冲突据称不属于国际人道法中已经确立的国际性武装冲突和非国际性武装冲突，而是自成一类。不像国际性武装冲突，跨国武装冲突是在国

---

① Gerald L. Neuman, “Counter-terrorist Operations and the Rule of Law”, *European Journal of International Law* 15, 2004, pp. 1019~1020.

② Harold Hongju Koh, “The Obama Administration and International Law”, https://2009-2017.state.gov/s/l/releases/remarks/139119.htm, March 11, 2020.

③ Scott Shane, “Election Spurred a Move to Codify U.S. Drone Policy”, https://www.nytimes.com/2012/11/25/world/white-house-presses-for-drone-rule-book.html, March 11, 2020.

④ Geoffrey Corn and Eric Talbot Jensen, “Transnational Armed Conflict: A Principled Approach to the Regulation of Counter-Terror Combat Operations”, *Israel Law Review* 42, 2009, pp. 46~79; Claus Kress, “Some Reflections on the International Legal Framework Governing Transnational Armed Conflicts”, *Journal of Conflict and Security Law* 15, 2010, pp. 245~274; Michael W. Lewis, “Drones and Transnational Armed Conflicts”, *St. John's Journal of International & Comparative Law* 3, 2012, pp. 1~18; Djemilia Carron, “Transnational Armed Conflicts”, *Journal of International Humanitarian Legal Studies* 7, 2016, pp. 5~31.

⑤ Roy S. Schondorf, “Extra-State Armed Conflicts: Is There a Need for a New Legal Regime?”, *New York University Journal of International Law and Politics* 37, 2004, pp. 1~78. 作者对“额外国家武装冲突”一说的界定是“一个国家和一个非国家主体之间进行的、至少部分在该国领土之外的敌对行动”，这和其他学者界定的“跨国武装冲突”本质是一样的。

家和非国家主体之间进行的，它也不像非国际性武装冲突，跨国武装冲突发生于不同国家或全球范围。换句话说，跨国武装冲突在地理上意味着国际性武装冲突，而涉及的主体又意味着非国际性武装冲突。

从理论角度来说，由于基地组织不代表任何一个国家，因此美国和基地组织之间的情形如果能成为武装冲突，也只能成为非国际性武装冲突，但这至少会产生两个问题。

第一，非国际性武装冲突要求作为冲突一方的基地组织表现出足够的组织程度，而且美国和基地组织之间的暴力必须具有一定的烈度。然而，满足这两个条件都存在问题。一是基地组织相当松散。“基地组织和宣称自己与基地组织有联系的恐怖分子团体如果不是完全没有联系，也常常只是松散地联系起来，有时甚至都不是团体，而是从基地组织获取‘灵感’的一些个人”，这种非国家主体是不能被视为国际人道法中的冲突一方的。[①]实际上，基地组织“已经变得更像是一个想法或一个概念，而不是一个组织；是一个由松散的网络精细地连接在一起而形成的无定型的运动，而不是一个有着确定的或者可识别的命令指挥体系的单独的、国际性的恐怖组织”[②]，即使美国政府也不认为基地组织是一个统一的组织，而是将其分为三类。二是美国与基地组织之间的暴力，恰恰就可能是“孤立的、零星的”暴力，无法达到非国际性武装冲突所必需的程度[③]，或者说，只有在阿富汗进行的才是以基地组织为一方、美国为另一方的武装冲突，而“基地组织或其他恐怖团体在阿富汗战区之外进行的恐怖袭击不构成武装冲突”[④]。但也有学者通过无人机定点清除行动的次数和杀害的人数，认为美国对也门、巴基斯坦和阿富汗的基地组织进行的特征攻击，构成非国际

① A/HRC/14/24/Add.6（28 May 2010）, para. 55.

② Bruce Hoffman, “The Changing Face of Al Qaeda and the Global War on Terrorism”, *Studies in Conflict and Terrorism* 27, 2004, p. 552.

③ Kevin Jon Heller, “‘One Hell of a Killing Machine’: Signature Strikes and International Law”, *Journal of International Criminal Justice* 11, 2013, pp. 110~111.

④ Kelisianna Tynne, “Targeting the Terrorist Enemy: The Boundaries of an Armed Conflict against Transnational Terrorists”, *Australian International Law Journal* 16, 2009, p. 171.

性武装冲突。[①]这种论证方式只顾及暴力的烈度，没有充分考虑对主体的组织程度要求，很明显是将基地组织当作一个具有严密的、自上而下的命令指挥体系的组织来看待的，因此，可能存在逻辑瑕疵。

第二，武装冲突的地理范围问题。由于国际性武装冲突是在“缔约国”之间进行的，跨国武装冲突虽然是在国家和武装团体之间、在另一国领土上进行的，但如果武装冲突一方的缔约国和领土国之间没有武装冲突，这场冲突就不是国际性的。不过，针对另一国领土上的武装团体的武力可能会构成对该国使用武力，从而形成国际性武装冲突。国际法院在刚果案（*Democratic Republic of the Congo v. Uganda*）中裁定乌干达军队针对刚果民主共和国使用武力违反了《联合国宪章》第2条第4款，即使乌干达并不是将推翻刚果政府作为目标。[②]因此，国际法院在该案中适用了调整国际性武装冲突的国际人道法。具体到美国的“反恐战争”，如果美国与基地组织的战斗发生于巴基斯坦或也门的领土上，而巴基斯坦和也门表示同意，那么这场武装冲突就是非国际性的，因为美国和巴基斯坦或也门之间没有发生冲突。如果没有敌对行动发生的领土所在国的同意，美国与基地组织之间的武装冲突将很可能成为国际性武装冲突，即使没有涉及领土国的武装部队。绝大部分学者认为，在美国为一方、基地组织或其他恐怖组织为另一方的武装冲突中，“只要美国的参与获得了（领土国）政府的同意”，美国在阿富汗、也门等地就处于非国际性武装冲突中。[③]

恐怖袭击一般达不到武装冲突所要求的烈度，武装冲突特别是非国际性武装冲突也一般有领土限制。然而，美国认为其所进行的“反恐战争”是一种新型战争，“战场是全球性的，因此，非国家恐怖分子在哪儿，这战场就跑到哪儿，本质上任何地方都是战场，而且是（非国际性）武装冲突的地点，因为它

① Kristina Benson, “Kill’em and Sort it out Later: Signature Drone Strikes and International Humanitarian Law”, *Pacific McGeorge Global Business & Development Law Journal* 27, 2014, pp. 23~27.

② *Case Concerning Armed Activities on the Territory of the Congo*（*Democratic Republic of the Congo v. Uganda*）, Judgment of 19 December 2005, para. 163.

③ Kevin Jon Heller, “‘One Hell of a Killing Machine’: Signature Strikes and International Law”, *Journal of International Criminal Justice* 11, 2013, p. 111.

没有发生于民族国家之间”。这意味着在美国看来，如果一个国家没有能力或意愿将恐怖主义活动“拦截”在其边界之内，就会因此失去主权，而另一种意义上的“保护的责任”就会适用，即受威胁的国家如美国，就可以采用“先发制人的定点清除”来保卫自己的安全。[①]按照这种“跨国武装冲突”理论，不仅一个人或者一群人能够成为武装冲突的一方，而且不受武装冲突的地理范围限制，这种所谓的第三类武装冲突标准实在是过于随意了。“跨国武装冲突”一说只是在适用于国际性武装冲突和非国际性武装冲突的规则中“各取所需”，明显是以便利和服务美国政府的政策为目标的，“目的不是增加（国际人道法带来的）保护，而是扩大武装部队使用致命武力的权力”[②]。但更大的问题在于，这种理论缺乏坚实的法律基础，也会产生巨大的现实风险：世界上任何一座宁静的城市仅仅因为有一位敌方战士正在喝咖啡，敌对的国家就可能合法地扔下炸弹，而造成的附带平民伤亡和民用物体毁损也可能合法。“全球非国际性武装冲突”将使战争无处不在，无时不在，这种理论的存在，“不可能不违反国际法”[③]。

尽管如此，“跨国武装冲突”一说有现实中的合理性，无论是否接受，国际人道法都不完全适应当代武装冲突，严格的武装冲突性质两分法不完全适合用来打击当代恐怖主义和恐怖组织，已是不争的事实。有学者提出的解决办法是，聚焦于基地组织和受害国之间的敌对关系对国际人道法进行“功能性类比”适用，但问题是难以决定国际人道法何时开始和停止适用，“将国际人道法的适用与威胁的本质或者敌对关系的数量联系起来固有的问题就是不存在限制这种‘例外’情形的时间和空间标志，而且国家使用这种‘权宜’法律框架的

---

① James DeShaw Rae, *Analyzing the Drone Debates: Targeted Killing, Remote Warfare, and Military Technology*, New York, Palgrave Macmillan, 2014, p. 56.

② Charles Garraway, “Armed Conflict and Terrorist Organizations”, in Larissa van den Herik and Nico Schrijver, eds., *Counter-Terrorism Strategies in a Fragmented International Legal Order: Meeting the Challenges*, Cambridge, Cambridge University Press, 2013, p. 443.

③ Jonathan Horowitz, “Ending the Global War: The Power of Human Rights in a Time of Unrestrained Armed Conflict”, in Jens David Ohlin, ed., *Theoretical Boundaries of Armed Conflict and Human Rights*, Cambridge, Cambridge University Press, 2016, pp. 157~191.

自由裁量权扩大了”[①]。可见，这种“功能性类比”思路和“跨国武装冲突”本质上是一样的，遇到的问题也是一样的。还有学者更激进地提出，“武装冲突法的现代化将遗弃‘国际性’和‘非国际性’武装冲突之间及其所产生的适用规则的古老区别……将适用于所有武装冲突”，而武装冲突这个概念也应“明确扩展到像基地组织这样的有组织恐怖团体可以进行的那种攻击”[②]。实际上，尽管“一国和一个活动不限于该国的有组织武装团体之间的冲突能否构成非国际性武装冲突有异议，但大部分观点认为这种冲突符合非国际性武装冲突存在的标准，其超出一国边界这个事实不应该意味着不能被归类于非国际性武装冲突”[③]。所以，“没有必要调整国际人道法中的传统武装冲突的分类，它仍然完全适合使用。明确的是国际性和非国际性武装冲突可以，而且应该，‘通过涉及的当事方而不是冲突的领土范围……来区别’。发生于一个国家和一个独立的非国家实体之间的跨界敌对行动因此在特征上是非国际性的”[④]，关键在于对这种非国际性武装冲突的地理范围进行严格限制，并“更清楚地说明在什么层级的威胁或情况下，国家能以作战部队进行敌对行动作为回应。某些恐怖威胁足以达到武装冲突的水平。（但）不是所有对国家及其公民的威胁，包括恐怖分子造成的威胁，都发生在（武装冲突）那种场合中”[⑤]。

如果武装冲突不存在，那么定点清除主要涉及的将是《联合国宪章》第

---

① Nehal Bhuta, “States of Exception: Regulating Targeted Killing in a ‘Global Civil War’”, in Philip Alston and Euan Macdonald, eds., *Human Rights, Intervention, and the Use of Force*, Oxford, Oxford University Press, 2008, pp. 262~263.

② Rosa Ehrenreich Brooks, “War Everywhere: Rights, National Security Law, and the Law of Armed Conflict in the Age of Terror”, *University of Pennsylvania Law Review* 153, 2004, pp. 755~756.

③ David Kretzmer, “The Legal Regime Governing the Use of Lethal Force in the Fight against Terrorism”, in Larissa van den Herik and Nico Schrijver, eds., *Counter-Terrorism Strategies in a Fragmented International Legal Order: Meeting the Challenges*, Cambridge, Cambridge University Press, 2013, p. 571.

④ Lindsay Moir, “‘It's A Bird! It's A Plane! It's A Non-International Armed Conflict!’: Cross-border Hostilities between States and Non-state Actors”, in Caroline Harvey, James Summers and Nigel D. White, eds., *Contemporary Challenges to the Laws of War: Essays in Honour of Professor Peter Rowe*, Cambridge, Cambridge University Press, 2014, p. 90.

⑤ Kenneth Watkin, *Fighting at the Legal Boundaries: Controlling the Use of Force in Contemporary Conflict*, New York, Oxford University Press, 2016, p. 355.

2条第4款所规定的禁止“使用威胁或武力”和保护国家“领土完整和政治独立”，以及国际人权法有关规范，特别是“固有的生命权”以及“不得任意剥夺任何人的生命”[①]。假如构成《联合国宪章》第51条中的合法自卫，定点清除的合法性要根据其所发生的情景进行判断：发生于武装冲突中的，要受国际人道法调整；发生于武装冲突之外的，要受国际人权法规制。联合国国际法委员会在其《国家对国际不法行为的责任》的草案评论中就清楚地指出，“并不是说自卫排除了所有情况下行为的非法性或者所有义务……至于根据国际人道法和涉及不可减损的人权规定的义务，自卫不排除行为的非法性”[②]。根据国际人权法，如果一国使用武力杀害某人，只要是为了保护生命，而且不存在像抓获之类的其他手段可以防止其对生命造成的威胁，即满足了相称性和必要性的要求，那么这种杀害就是合法的。[③]国际人权法中的相称性和必要性与国际人道法中的相称性和必要性有较大的差别。国际人权法中的相称性涉及的是可以允许使用多大武力的问题，“更精确地说，使用武力和使用武力的合法目标之间的相称标准要求在嫌疑犯使用更大武力造成的后果会‘超越’目标的价值时，停止武力的升级。可以说相称性规定了可用他人生命和福祉证明使用武力对付嫌疑犯的正当理由的限度，过了这个限度，使用武力就没有道理了，鉴于它会造成死亡，那就是侵犯生命权”[④]。国际人权法中的必要性则是指“不论相称的武力水平如何，都要最大限度地降低使用的武力水平”[⑤]。照此标准，如果某嫌疑犯造成对生命的威胁，但可以通过逮捕或其他非致命手段消除威胁，那么对其使用致命武力将不能被视为必要。此外，国际人道法的比例原则允许对平民和民用物体造成的附带伤害，只要没有超出预期的、具体的军事利益，但国际人权法中并不允许这样的附带伤害，“通过无人机杀害除目标以外的任何其他人，

① 《公民权利及政治权利国际公约》第六条。

② Draft articles on Responsibility of States for Internationally Wrongful Acts, with commentaries, A/56/10, 2001, p. 74.

③ A/HRC/14/24/Add.6（28 May 2010）, para. 32.

④ 《法外处决、即决处决或任意处决：秘书长的说明》，2006年9月5日，A/61/311，第42段。

⑤ 《法外处决、即决处决或任意处决：秘书长的说明》，2006年9月5日，A/61/311，第41段。

例如，家庭成员或附近的人，都将成为人权法中的任意剥夺生命，并可能产生国家责任和个人刑事责任”①。也正是这样，定点清除如果发生于武装冲突情境之外，根据国际人权法将不可能是合法的，因为“不像在武装冲突中，人权法中决不允许杀戮成为一次行动的唯一目标”②。尽管有学者认为这个判断过于绝对，“至少某些特征攻击符合国际人权法关于相称性和必要性的要点，但的确，根据国际人权法为特征攻击辩护要比根据国际人道法困难得多”③。

数十年来，国家都很不情愿承认在其领土上存在非国际性武装冲突，并将叛乱视为不等于武装冲突的“内部动乱和紧张局势”，因此，国际人道法不能适用。最典型的例子就是北爱尔兰，至少可以说，在“麻烦”的顶点时期事实上已经达到了武装冲突的要求。然而，英国政府从来没有承认过武装冲突的存在，部署的数千名军事人员是“对民政当局的军事帮助”④，而各方的准军事团体都被视为犯罪分子并做相应处理。现在的情况恰恰相反，美国和以色列都认为其与恐怖分子、恐怖团体或恐怖组织这样的非国家主体之间存在武装冲突，这是因为国际人道法中关于杀戮的规则要比国际人权法或者一国国内法更宽松，杀人一般不受禁止，国家承担的法律义务和要满足的法律规定相对较少。这种扩大国际人道法适用范围的方式明显存在滥用的可能，如果国家单方面将其与非国家主体之间的暴力界定为武装冲突，并因此将国际人道法作为特别法代替国际人权法适用，那么国际人权法对于人的生命权的根本保护就被完全绕开了。“国际人道法不应该被过度延伸。将国际人道法扩展到其所应涵盖的情形之外，就会发出错误的指示。这对打击国际恐怖主义来说尤其具有实际价值，尽管其中有许多类似战争的方面，但并不必然构成当前战争法意义中的

① A/HRC/14/24/Add.6（28 May 2010）, para. 86.

② A/HRC/14/24/Add.6（28 May 2010）, para. 33.

③ Kevin Jon Heller, “‘One Hell of a Killing Machine’: Signature Strikes and International Law”, *Journal of International Criminal Justice* 11, 2013, p. 114.

④ House of Commons Defence Committee, *Statement on the Defence Estimates 1996*, 7th Report, HMSO, 1996, paras. 205~213.

‘武装冲突’。”①

（二）特征攻击和个性攻击

2001年9月17日，即“9·11”事件发生后第六天，时任美国总统布什在回答记者提问“是否想要本·拉登死亡”时，回答说，“我记得西部有张旧海报，上面写着‘无论死活都要’”。当天，布什签署两份密件，授权在世界范围内以“致命的、秘密的行动”打击基地组织和相关恐怖组织，而承担此项职责的是中央情报局。②卫星图像、实时监视，加上无人机和精确制导导弹，使得美国能够在任何时候、对几乎世界上任何地方的敌人进行打击。自此以后，通过无人机定点清除成为美国打击基地组织和其他恐怖组织的一个主要政策。与布什政府相比，奥巴马政府使用无人机攻击的区域从伊拉克和阿富汗战区扩展到巴基斯坦和也门等非战区，使用无人机定点清除的数量大幅增加，无人机攻击的频率也越来越高，例如，在奥巴马执政的头一年，进行无人机攻击的次数就超过了布什执政八年期间的总和。③据新美国基金会（New America Foundation）估计，布什执政期间在巴基斯坦进行过48次无人机攻击，而奥巴马整个任期内进行了353次。④在2010年无人机攻击的巅峰时期，中央情报局每周在巴基斯坦都要进行两次无人机攻击行动。无人机定点清除在美国反恐政策中具有极为重要的地位，如奥巴马自己所承认的，“正是无人机攻击的精确性和必要的隐秘性，使得我们（美国）政府不像在部署地面部队那样，招致公众监督，这也导致总统和他的团队将无人机攻击视为对付恐怖主义的万灵丹（cure-all）”⑤。由于中央情报局的无人机攻击造成了包括儿童在内的大量平民伤亡，后来迫于国际国

① Toni Pfanner, “Asymmetrical Warfare from the Perspective of Humanitarian Law and Humanitarian Action”, *International Review of the Red Cross* 87, 2005, p. 173.

② Bob Woodward, *Bush at War*, London, Simon & Schuster, 2002, pp. 87~88.

③ Scott Shane, “C.I.A. to Expand Use of Drones in Pakistan”, https://www.nytimes.com/2009/12/04/world/asia/04drones.html, March 11, 2020.

④ Peter Bergen et al., “Drone Strikes: Pakistan”, https://www.newamerica.org/in-depth/americas-counterterrorism-wars/pakistan/, March 11, 2020.

⑤ “Remarks by the President at the National Defense University”, https://obamawhitehouse.archives.gov/the-press-office/2013/05/23/remarks-president-national-defense-university, March 11, 2020.

内压力，奥巴马政府减少了中央情报局无人机定点清除行动，而将此职能更多地转移至美军。不过，特朗普执政伊始，就明确表态希望中央情报局在无人机定点清除方面“采取更咄咄逼人的姿态”，并考虑改变政策“进一步扩大中央情报局在战区内外一系列国家进行无人攻击的权力”[①]。2019年3月6日，特朗普签署行政令，取消了奥巴马政府时期制定的要求中央情报局每年公布在战区外进行无人机攻击造成的平民和武装分子伤亡数字的规定[②]，中央情报局在无人机定点清除上的作用有望加强，决策自由度有望增加，而无人机定点清除将继续保持为美国反恐的重要手段和工具。

中央情报局使用两种标准对武装分子及其同情者（militants and their sympathisers）进行无人机定点清除，即“特征攻击”（signature strikes）和“个性攻击”（personal strikes）[③]，前者是指将符合某些标准的但身份不确定的人作为目标，后者是指将身份已知的恐怖分子头子作为目标，其中特征攻击在中央情报局的无人机定点清除行动中占绝大部分。[④]或者说，个性攻击又叫“高价值个人攻击”（high-value individual strikes），其目标是“发射导弹前就已经有把握地确认了身份的恐怖分子头子”，而特征攻击又叫“人群杀戮”（crowd killing），针对的是“有某些特征，或者有与恐怖活动相关的基本（defining）特点的人群，但其身份未知”[⑤]。也有消息指出，特征攻击是指“完全基于其行

---

① “Trump Administration Wants to Increase CIA Drone Strikes”, https://www.nbcnews.com/news/military/trump-admin-wants-increase-cia-drone-strikes-n802311, March 11, 2020.

② “Trump scraps requirement to report some air strikes”, https://www.politico.com/story/2019/03/06/trump-civilian-deaths-drone-strikes-1207409, March 11, 2020.

③ 将“personal”翻译为“个性”并不是误译，尽管“个性”对应的通常是“personality”。之所以如此，是因为“personal”的诸多中文含义，如“个人的，私人的；私生活的；人身攻击的，针对个人的；亲自的；身体的，容貌的”，都不太适合本研究的语境：翻成“个人攻击”，可能不知所云；翻成“针对个人的攻击”固然准确，但不够精练。因此，将其意译成“个性攻击”似乎更合适。

④ Adam Entous, Siobhan Gorman and Julian E. Barnes, “U.S. Tightens Drone Rules”, https://www.wsj.com/articles/SB10001424052970204621904577013982672973836, March 11, 2020.

⑤ Daniel Klaidman, *Kill or Capture: The War on Terror and the Soul of the Obama Presidency*, Boston, Houghton Mifflin Harcourt, 2012, p. 41.

为模式（patterns of behavior）而攻击武装分子”[①]。尽管可以对特征攻击和个性攻击有一些大致认识，但几乎所有的细节都仍然保密，关于谁能够选择目标、确定目标的具体标准等信息，绝大部分都来自美国官员模棱两可的陈述。可以确定的是，特征攻击比个性攻击的目标要多得多，因为个性攻击是对有名有姓的具体个人的攻击，而特征攻击是按照特定的行为模式对所有符合条件的人进行攻击，按照特征攻击被界定为战斗员的人数远超出按照个性攻击确定的人数。据称，“特征攻击是对非国际性武装冲突中特别挑选目标需求的一种回应，即当缺乏明确界定的战斗员身份如制服、标志等时，瞄准目标必须基于所收集的信息和根据适用的战争法进行处理。要想合法，特征攻击必须基于对区分原则的合理解释，只瞄准被清楚地确定为有组织武装团体成员的人（基于‘持续作战职责’）或直接参加敌对行动的平民。什么叫直接参加敌对行动以及需要什么信息来决定就成了问题”[②]。

国际人道法最重要的原则是区分原则，而区分原则基于这样一种假设，即平民、武装部队中的医疗和宗教人员以及失去战斗力的人员不构成军事威胁，并因此得到免受直接攻击的保护。受到如此保护的人员如果进行敌对行动，那就与这个假设相悖，并且根据情况的需要，可能引发对方的军事回应。如果是国际性武装冲突，冲突一方的武装部队人员除医务人员和随军牧师外，都是战斗员，而“冲突一方的武装部队是由一个为其部下的行为向该方负责的司令部统率下的有组织的武装部队、团体和单位组成，即使该方是以敌方所未承认的政府或当局为代表。该武装部队应受内部纪律制度的约束，该制度除其他外应强制遵守适用于武装冲突的国际法规则”[③]。区分原则要求“冲突各方无论何时

① Greg Miller, “At CIA, a convert to Islam leads the terrorism hunt”, https://www.washingtonpost.com/world/national-security/at-cia-a-convert-to-islam-leads-the-terrorism-hunt/2012/03/23/gIQA2mSqYS_story.html, March 11, 2020.

② Daniel Rothenberg, “Drones and the Emergence of Data-Driven Warfare”, in Peter L. Bergen and Daniel Rothenberg, eds., *Drone Wars: Transforming Conflict, Law, and Policy*, New York, Cambridge University Press, 2015, p. 451.

③ 《第一附加议定书》第43条第1款、第2款。

均应在平民居民和战斗员之间和在民用物体和军事目标之间加以区别”[①]，“平民居民本身以及平民个人，不应成为攻击的对象”[②]，计划或决定攻击的人应“尽可能查明将予攻击的目标既非平民也非民用物体”，“在选择攻击手段和方法时，采取一切可能的预防措施，以期避免，并无论如何，减少平民生命附带受损失、平民受伤害和民用物体受损害”[③]，而且，“遇有对任何人是否平民的问题有怀疑时，这样的人应视为平民”[④]。但是，平民如果直接参加敌对行动并在如此行事之时，失去国际人道法给予的免受直接攻击之一般保护[⑤]。换句话说，在直接参加敌对行动期间，平民可被直接攻击，好像战斗员一样。然而，如果其行为不再构成直接参加敌对行动，平民将立即重获免受直接攻击的保护。而对武装部队成员的攻击可以在几乎任何时候[⑥]，即使没有直接参加敌对行动。

非国际性武装冲突中，区分原则虽然仍适用，但要复杂许多。除了直接参加敌对行动的平民，持不同政见的武装部队和有组织武装团体成员也是攻击的合法目标，但不像武装部队成员身份在条约中有界定标准，有组织武装团体成员身份如何界定，没有条约规定。根据红十字国际委员会2009年发布的《国际人道法中直接参加敌对行动定义的解释性指南》（以下简称《解释性指南》），持不同政见的武装部队成员身份与正规国家武装部队成员身份判断标准一样，即“只要他们还有组织地处在其以前所属的国家武装部队的结构内，这些结构就应继续决定个人在持不同政见的武装部队中的成员身份”，但其他有组织武装团体的成员身份取决于是否承担“持续作战职责”，即“是否为该团体承担了涉及直接参加敌对行动的持续职责”，而“自发、零星或无组织地直接参加

---

① 《第一附加议定书》第48条。

② 《第一附加议定书》第51条第2款。

③ 《第一附加议定书》第57条第2款第1项第1目、第2目。

④ 《第一附加议定书》第50条第1款。

⑤ 《第一附加议定书》第51条第3款。

⑥ 之所以说是几乎任何时候都可以对武装部队成员进行攻击，是因为当他们失去战斗力时，是不允许攻击的，例如，在敌方权力下、明示投降、因伤或病而失去知觉或发生其他无能力的情形等，参见《第一附加议定书》第41条。

敌对行动”不构成持续作战职责。[①]且不论持续作战职责只是《解释性指南》创造的术语，并不具有法律约束力，也不论这个概念存在的其他瑕疵，最关键的问题就是有关行为何时可以超出“自发、零星或无组织地直接参加敌对行动”的限度从而构成持续作战职责，而《解释性指南》没有提供标准，也无法自圆其说。[②]

就特征攻击和个性攻击而言，无论其发生于哪种类型的武装冲突中，区分原则都是首先必须适用的，其次才涉及比例原则，即“附带使平民生命受损失、平民受伤害、民用物体受损害或三种情形均有而且与预期的具体和直接军事利益相比损害过分的攻击”是非法的。[③]定点清除的主要对象，即恐怖分子，由于其所处的常常是松散的、非正式的、流动的结构，在国际性武装冲突中，几乎不可能满足武装部队的构成要件，比如，在负责任统率之下、有内部纪律要求和遵守战争法规惯例等。在非国际性武装冲突中，也几乎不可能成为持不同政见的武装部队成员，而有组织武装团体成员身份又难以判定。因此，无论是国际性武装冲突还是非国际性武装冲突，恐怖分子更可能被视为平民，如此的话，定点清除恐怖分子要想合法，首先就得证明他们正在直接参加敌对行动。

美国政府认为，至少有14种“特征”是足以保证区分原则的，即计划攻击、运输武器、处理炸药、基地组织营地、基地组织训练营、已知的恐怖分子活动地区中达到参军年龄的男性、和已知的武装分子勾结、在基地组织控制的阿拉伯半岛乘坐卡车的武装男性、基地组织控制地区的“可疑”营地、前往冲突地区的武装男性团体、运作基地组织营地、训练以加入基地组织、“促进者”（facilitators）、休息区。然而，细致分析的话，会发现，这14种“特征”，可以分为三类，即合乎国际人道法、绝不合乎国际人道法以及可能合乎也可能不合乎国际人道法。例如，计划攻击、运输武器、处理炸药、基地组织营地、基地

① 红十字国际委员会:《解释性指南》，红十字国际委员会2009年版，第31~32页。

② 朱路:《论国际人道法中的平民概念——兼评红十字国际委员会〈解释性指南〉》，载《暨南学报》（哲学社会科学版）2013年第6期，第109~110页。

③《第一附加议定书》第57条第2款第1项第3目。

组织训练营这五种属于合乎国际人道法的“特征”；已知的恐怖分子活动地区中达到参军年龄的男性、和已知的武装分子勾结、在基地组织控制的阿拉伯半岛乘坐卡车的武装男性、基地组织控制地区的“可疑”营地这四种属于绝不合乎国际人道法的“特征”；而前往冲突地区的武装男性团体、运作基地组织营地、训练以加入基地组织、“促进者”、休息区这五种“特征”是否合乎国际人道法，取决于具体情况，取决于美国政府如何解释这些“特征”。①

不论具体的“特征”是否能归入某个特定的类别，即是否符合国际人道法或者取决于具体情况，但可以确定的是，美国提出的所谓特征攻击和个性攻击，是想代替国际人道法中的有关规范。个性攻击不是定点清除独有的特点，攻击一个已知身份的目标古已有之，美国也不是目前唯一如此行事的国家。相比之下，特征攻击的目标高度保密，几乎没有任何公开的信息，不合乎国际人道法的可能性更大，瑕疵也更多，因为攻击不是针对被确定为威胁美国国家安全的具体个人，而是基于一套经过观察的、被认为足够重大以至于可以满足授权进行致命行动的行为和指标。美国政府没有披露什么行为使得特征攻击正当化，也没有就此问题提供任何指引。

即使有无人机提供的海量监视情报，美国能否准确区分有组织武装团体成员和直接参加敌对行动的平民也令人存疑，甚至能不能断定一个人是恐怖分子都成问题。不可否认的是，操作者的应对能力已经无法跟上无人机的速度，无人机强大的视频监控能力意味着操作者无法准确、及时地分析源源不断进来的数据，导致选择的目标有风险，并可能最终增加平民伤亡。信息过剩（information overload）在美国军队的各个层面，从将军到士兵，均普遍存在。②2012年4月，美国空军部长迈克尔·唐利（Michael Donley）说还得“数年”美国空军人员才能筛选和分析其无人机收集的“无法承受的”海量视频和静态

---

① Kevin Jon Heller, “‘One Hell of a Killing Machine’: Signature Strikes and International Law”, *Journal of International Criminal Justice* 11, 2013, pp. 94~103.

② Thom Shanker and Matt Richtel, “In New Military, Data Overload Can Be Deadly”, https://www.nytimes.com/2011/01/17/technology/17brain.html, March 23, 2020.

图片。[①]不仅如此，美军内部信息流通不畅的现象也长期存在。例如，海湾战争期间，尽管美军监视和通信能力非常强，却不能一直给地面部队提供关于友军和敌军位置这样的关键信息，由于沙漠环境引起的装备故障导致常常无法实现“信息的无缝流动”，高级指挥官对战场态势有较充分的了解，而较低层次的部队接收的信息要少得多，形成了所谓的“数码分水岭”（digital divide）。[②]的确，用科技进步来解决问题是一种可能性，目前也正在研发新科技来帮助无人机操作者分析这些海量数据，但无论这个办法看起来多么可行，这也只是问题的一小部分，是“治标不治本”。因为就算真的可以用新科技瞬间处理完所有收集到的信息，掌握到了相对清楚的目标信息，也需要人来进行决策，何况这种情报还可能存在片面性，“只见树木不见森林”。“无人机的信息过剩只是一种假象，信息不是全面过剩，而是片面过剩。由于是在空中飞行，无人机收集的信息是鸟瞰式的，这种垂直视角的信息应结合水平视角的、来自地面的信息综合判断人和物的性质，因为同样的事情，在空中看来和地面看来，可能会产生完全相反的判断。”[③]简而言之，科技进步绝不意味着能够自然产生最佳的、最适合的决策。无人机长时间收集信息的能力“给军队提供更多可用来区分战斗员和平民的信息是真的，还使得军队可以精确地找到和瞄准某些个人，同时放过其他人。然而，武器并不保证被选择的目标是合法目标”[④]。

在这种背景下产生的识别恐怖分子的特征，可靠性可想而知。“美国国务院官员就向白宫发牢骚说中央情报局用来确定恐怖分子的‘特征’标准过于宽松”，以至于产生了这么一个笑话，说当中央情报局看见三个人在做跳跃运动

---

① Spencer Ackerman, “Air Force Chief: It’ll Be ‘Years’ Before We Catch Up on Drone Data”, https://www.wired.com/2012/04/air-force-drone-data/, March 12, 2020.

② Keith L. Shimko, *The Iraq Wars and Americas Military Revolution*, Cambridge, Cambridge University Press, 2010, pp. 170~171.

③ 朱路：《无人机攻击问题国际人道法研究》，载《南京理工大学学报》（社会科学版）2013年第6期，第39页。

④ Sarah Kreps and John Kaag, “The Use of Unmanned Aerial Vehicles in Contemporary Conflict: A Legal and Ethical Analysis”, *Polity* 44, 2012, p. 261.

时，就觉得是一个恐怖分子训练营。[①]武装分子、恐怖分子的确会经常身着平民服装、隐匿于平民之中，但是，一些国家和地区也有着持枪的传统习俗，例如，也门、阿富汗、巴基斯坦等国就是如此，这的确提高了区分恐怖分子和平民的难度，可实际上，“美国甚至都没有尝试这种区分……美国认为任何在已知恐怖活动地区中任何达到参军年龄的男性，以及任何与‘已知的武装分子勾结’的人都是合法目标，这个标准与国际人道法长久以来的原则几乎没有相似之处”[②]。美国的特征攻击，实际上是将战斗地区所有达到参军年龄的男性都默认为战斗员，除非有明确情报证明此等人员不具有持续作战职责或当时没有直接参加敌对行动。不仅如此，美国司法部还对“立即的”（imminent）威胁做扩大解释，认为只要具有基地组织成员身份、“涉及与对美国造成立即的威胁有关的武力攻击活动”，就构成“立即的”威胁，从而可以对其使用武力。[③]

特征攻击也未能充分考虑特定的文化背景和社会习俗，如在阿富汗和巴基斯坦历史悠久的“普什图瓦里”（Pushtunwali）。普什图瓦里虽然“不是一套成文的规范，但它仍是一个结构复杂的文化体系，其中的价值观、行为准则和习惯法关系密切，相互交织，涵盖了普什图部落社会的方方面面”，“三大基本行为准则是恩怨必报、血亲复仇、慷慨待客，以及保护客人、宽恕仇敌”，“把招待客人视为应尽的义务”，“主人还有义务为客人提供人身保护和避难所，并不惜代价地保护客人（包括陌生人和向自己寻求帮助的往日仇敌）的生命、财产安全”[④]。这意味着，即使美国将一些人确定为恐怖分子或武装分子，在像阿富汗和巴基斯坦这样的部族势力、部族文化强大的国家，平民也仍可能会招待乃至保护此类人员，而与之会面并不一定，或者说大部分时候，都不是在进行恐

---

① Jo Becker and Scott Shane, “Secret‘Kill List’Proves a Test of Obama’s Principlesand Will”, https://www.nytimes.com/2012/05/29/world/obamas-leadership-in-war-on-al-qaeda.html, March 12, 2020.

② Kevin Jon Heller, “‘One Hell of a Killing Machine’: Signature Strikes and International Law”, *Journal of International Criminal Justice* 11, 2013, p. 105.

③ Depeartment of Justice, “Lawfulness of a Lethal Operation Directed Against a U.S. Citizen Who Is a Senior Operational Leader of Al-Qa'ida or An Associated Force”, https://fas.org/irp/eprint/doj-lethal.pdf, May 10, 2020.

④ 畅红：《浅析阿富汗普什图瓦里的内涵与功能》，载《世界民族》2018年第1期，第72~75页。

怖活动，更不是在直接参加敌对行动。即使武装分子在场，也不能将其周围的平民变成合法目标，也无法将其所处的区域必然变成军事目标，因此，如果对这样的恐怖分子或武装分子发起攻击，很可能会造成不合比例的平民伤亡和民用物体损毁。

武装冲突中，是恐怖组织的成员并不必然意味着该人会成为国际法中的合法目标，与恐怖组织或恐怖分子有实际接触或有某种联系也不能让有关人员成为合法目标，能不能成为合法目标，完全取决于有关人员的行为在国际法中的性质。也就是说，符合恐怖分子的“特征”，不一定就让该人成为国际法中的合法目标，反之亦然，符合国际法中合法目标的“特征”，不一定意味着该人是恐怖分子，而且国际人道法中也不存在“恐怖分子”这个单独的人员类别。中央情报局认为“可疑的”某些“特征”实际上在当地并不可疑，相反，可能只是日常生活的一部分。特征攻击不仅对“特征”的界定宽泛，而且判定目标造成“立即”威胁的标准也十分宽松，特征攻击如果不是完全不符合国际人道法，至少也是在大部分时候不符合，因为它“无法恰当区分平民和战斗员”，而且“本身的不确定性也可能违反比例原则”①。不仅如此，“无人机攻击规模之大以及明显依据基于‘生活方式’之分析而对人群做出的宽泛分类，不禁让人质疑在任何个案中是否曾严格适用过选择目标的规则。如果对个人的平民地位有任何不确定之处，必须做出对该人有利的推定”②。此外，推动无人机定点清除的一个主要原因，即打击目标高度精确以及所谓平民伤亡很小，可能根本站不住脚，例如，前美军特种部队高级法律顾问杰弗里·阿迪科特（Jeffrey Addicott）接受路透社采访时曾说：“基于我自己的军事经历，根本不可能只有这么少的平民被杀了。你杀一个坏人，你得期待1.5个平民死亡，因为从那么高

① Kristina Benson, “Kill’em and Sort it out Later: Signature Drone Strikes and International Humanitarian Law”, *Pacific McGeorge Global Business & Development Law Journal* 27, 2014, pp. 41~42.

② Helen Duffy, *The ‘War on Terror’ and the Framework of International Law*, Second Edition, Cambridge, Cambridge University Press, 2015, p. 422.

的地方杀戮，总会有‘哎呀糟了’的因素。”[①]实际上，“对真正的武装分子的特征攻击准确性可能十分低，中央情报局无人机攻击杀害的人里面高达1/4的被标为‘其他军事分子’，而这是通过旁证识别的，并且没有直接证实这些目标真正是谁”[②]。

攻击是否使平民伤亡最小化，不单取决于使用的武器是否精确，目标是否是平民以及攻击范围内有没有、有多少平民，都十分关键。无人机的精确打击能力与能否将平民伤亡最小化没有必然的联系，特别是特征攻击并没有充分区分战斗员和平民，而且平民伤亡统计数字可能永远无法精确。无人机攻击后即使有军事调查，也通常是空中监视而不是进行目击证人证词和法庭证据的地面调查，这种做法无法确认实际的平民伤亡人数，因为从空中无法看出被毁坏的建筑中有多少尸体，而即使有地面调查，尸体被压在废墟之下或者被炸得支离破碎，也使得死者的数量和身份可能永远都无法知道。总而言之，从战争法角度看，使用特征攻击可以轻易地将平民混淆于战斗员，从而规避区分原则和比例原则以及攻击的合法性等问题。即使是美国军方，都曾力促中央情报局在巴基斯坦的无人机定点清除要克制一些，要“更有选择性”[③]，这也证实了特征攻击存在的严重问题。

（三）无人机操作者和恐怖分子在国际人道法中的身份

如上所述，美国无人机定点清除行动的执行主体是中央情报局和美军，尽管有关详情仍是机密，无法获知中央情报局和美军无人机攻击的准确数据，但毫无疑问，中央情报局是执行美国定点清除行动最重要的主体之一。例如，美国哥伦比亚特区联邦地区法院在美国公民自由联盟诉中央情报局（*American*

---

① Adam Entous, “Special Report: How the White House learned to love the drone”, https://www.reuters.com/article/us-pakistan-drones/special-report-how-the-white-house-learned-to-love-the-drone-idUSTRE64H5SL20100518, March 11, 2020.

② James DeShaw Rae, *Analyzing the Drone Debates: Targeted Killing, Remote Warfare, and Military Technology*, New York, Palgrave Macmillan, 2014, p. 37.

③ Adam Entous, Siobhan Gorman and Julian E. Barnes, “U.S. Tightens Drone Rules”, https://www.wsj.com/articles/SB10001424052970204621904577013982672973836, March 11, 2020.

Civil Liberties Union v. C.I.A.）案中就注意到“中央情报局代表美国在外国进行秘密行动，而且根据必要性、惯例（practice）和法律，保持其行动的隐秘性”[①]。美国无人机定点清除的另一个特点，就是攻击范围，即所谓“死亡名单”（kill lists）范围扩大，从基地组织高层扩展到一般恐怖分子。[②]中央情报局和美军都制定“死亡名单”，尽管美军制定名单的过程比中央情报局“更透明”，但二者之间的区别“可能不再重要”，因为中央情报局和美军的“许多工作已经彻底融合”，二者遵循“类似的程序，将个人添加进死亡名单并获得批准”[③]。

国际人道法中只存在两种人员类别，即战斗员和平民，只有战斗员有权利直接参加敌对行动，而平民无权直接参加敌对行动，并在此行动期间失去国际人道法给予的免受直接攻击之一般保护。尽管平民没有战斗员的特权，但平民直接参加敌对行动并不为国际人道法禁止，本身并不违反国际人道法，平民直接参加敌对行动，仍然保留其平民的身份而不能成为战斗员。如果在一场武装冲突中杀害具有战斗员地位的恐怖分子，无论是否采用定点清除的方式，除非使用背信弃义的手段，或者在其失去战斗力或投降时而继续攻击，否则不会产生任何法律问题。反之，如果恐怖分子不是战斗员，那么根据国际人道法中人员的两分法，就会被视为平民，对其攻击就会产生更多复杂的问题。美军进行无人机定点清除，因为具有战斗员身份，所以其合法性主要取决于攻击是否遵守了区分原则和比例原则等。然而，中央情报局人员并不是军人，不具有战斗员身份，而且由于“捕食者”（Predator）、“死神”（Reaper）等无人机操作和维护都十分复杂和专业，需要大量技术支持，中央情报局使用无人机定点清除还不可避免地要雇佣私营军事安保公司人员，形成了所谓“无人机的私有化”[④]。一方面，由于中央情报局和私营军事安保公司人员都不具有战斗员身份，而仅

① *ACLU v. CIA*, 109 F. Supp. 3d 220,（D.D.C. 2015）.

② Scott Shane,“Election Spurred a Move to Codify U.S. Drone Policy”, https://www.nytimes.com/2012/11/25/world/white-house-presses-for-drone-rule-book.html, March 11, 2020.

③ Gregory S. McNeal,“Targeted Killing and Accountability”, *Georgetown Law Journal* 102, 2014, pp. 703~704.

④ David Isenberg,“Predator Military Contractors: Privatizing the Drones”, https://www.huffpost.com/entry/contractors-privatizing-the-drones_b_1976650, March 11, 2020.

仅是平民，这样的“无人机操作者在进行攻击时，将构成直接参加敌对行动而丧失国际人道法给予的免受直接攻击之一般保护”①，成为所谓的“非法战斗员”；另一方面，恐怖分子在国际人道法中具有何种身份，对其攻击是否合法，争议很大。正因如此，奥巴马公开承认，使用无人机定点清除产生“能将谁当作目标……以及此种攻击根据美国国内法和国际法的合法性”等一系列“深刻的问题”。②

国际人道法跟绝大部分国际法规则不一样的地方在于，它不仅约束国家及其机关，还约束个人。通过界定每个人在武装冲突中具有何种地位以及因此产生的法律后果，国际人道法调整和约束武装冲突中的所有人。私营军事安保公司本身与国际人道法没有关系，国际人道法也不调整法人的地位问题，公司在国际人道法中既没有地位也没有义务，但是私营军事安保公司人员有。私营军事安保公司人员在国际人道法中具有何种地位，一般需要根据其与国家的关系和进行的活动类型，结合具体的情景，逐例判定。③如果将私营军事安保公司人员纳入一国的武装部队，那么他们当然就成为国际人道法中的战斗员，只是现在极少有国家这么做。如果私营军事安保公司人员能够满足战斗员的条件，也能被视为战斗员，但事实上私营军事安保公司人员很难满足全部要求。既然国际人道法中人员采用了两分法，一个人或是战斗员或是平民，而大部分时候私营军事安保公司不是战斗员，那他们就只能是平民。如果是平民，只要不直接参加敌对行动，就不应被攻击，但如果直接参加敌对行动，就可以在此期间被攻击，而且变成“无特权交战者”，被俘时不仅没有权利享有战俘待遇，还会因直接参加敌对行动受到审判，即使没有违反国际人道法。

私营军事安保公司人员在武装冲突中的另一种可能类别是《日内瓦第三公

① 朱路：《无人机攻击问题国际人道法研究》，载《南京理工大学学报》（社会科学版）2013年第6期，第41页。

② “Remarks by the President at the National Defense University”，https://obamawhitehouse.archives.gov/the-press-office/2013/05/23/remarks-president-national-defense-university, March 11, 2020.

③ 关于私营军事安保公司人员在国际人道法中的地位，详见朱路：《昨日重现：私营军事安保公司国际法研究》，中国政法大学出版社2017年6月版，第108~136页。

约》第4条（子）款第4项规定的："伴随武装部队而实际并非其成员之人，如军用机上之文职工作人员、战地记者、供货商人、劳动队工人或武装部队福利工作人员，但须彼等已获得其所伴随之武装部队的准许，该武装部队应为此目的发给彼等以与附件格式相似之身份证。"但有两点值得注意，一是这种身份并不是自然获得的，而必须经过雇佣国通过发放有关证件的形式来给予；二是该项规定所列举的例子中，没有一个涉及使用武力，因此，应该将不在列举范围内的人员理解为只包括进行后勤活动、不具有军事相关性的人员，例如，如果私营军事安保公司人员不进行任何军事活动，而只是维持部队的运行，例如，准备和提供食物、保洁或者修路等，是可能获得"伴随武装部队之人"地位的。只要能被确认为是为武装部队工作的平民，此等人员就可以得到战俘待遇，这种保护是战斗员最主要的特权之一。尽管"伴随武装部队之人"和战斗员这样的合法军事目标在一起，他们也不是战斗员，不能被故意攻击，但如果他们拿起武器直接参加敌对行动，那么就不仅会失去战俘地位，"如果确实参与，就会被视为非法战斗员或交战者并且在被俘时当作罪犯而起诉"[①]。相比之下，独立于武装部队而运作或者为私人或公司提供安全服务的私营军事安保公司人员明显不属于"伴随武装部队之人"。

尽管在阿富汗的无人机定点清除行动是美国空军进行的，但巴基斯坦和也门的则是中央情报局进行的。"中央情报局人员以及总统自己，可因此被视为《第一附加议定书》第51条第3款意义中的直接参加敌对行动并因此失去免受直接攻击的保护。如果塔利班人员在美国刺杀总统，那么将表面上不会构成违反国际人道法。讽刺的是，从国际人道法的角度看中央情报局的无人机行动，尽管美国及其盟国拒绝将塔利班、基地组织与此类在阿富汗、巴基斯坦、也门和其他地方的敌人视为合法战斗员，却不可避免地自己也成了与敌人一样的同样的法律位置，这实际上相当于倒置了互惠，即本来是鼓励互相遵守法律，现在

① Michael E. Guillory, "Civilianizing the Force: is the United States Crossing the Rubicon?" , *Air Force Law Review* 51, 2001, p. 116.

是鼓励互相不遵守。”[①]既然基地组织成员不是国家武装部队成员，也不能满足战斗员的条件，所以当其进行暴力活动时，美国将其视为“非法战斗员”完全符合逻辑。但问题在于，反过来说，中央情报局人员在军事指挥链之外使用致命武力，不穿制服，也不根据战争法行动，同样成为“非法战斗员”，而且在非战斗地区进行的中央情报局无人机攻击不合法。[②]“美国决定让中央情报局这样一个没有制服或可识别标志的机构从事敌对行动违反了战争法……为了使美国进行定点清除符合战争法……不应该让中央情报局涉及定点清除。”[③]中央情报局人员“不是合法战斗员也不享有任何日内瓦四公约的保护，他们要么是平民要么是非法敌方战斗员，如同……基地成员地位一样”[④]。总之，“中央情报局人员……无权直接参加敌对行动，是非法战斗员。他们可能会被指控犯罪”[⑤]，而中央情报局的无人机战争是“平民进行的定点清除”，由此带来的“战争平民化”以及“故意模糊平民和敌人之间的界限将无可挽回地导致杀戮的常态化，这种无限制的清除最终将使所有人更不安全”[⑥]。

意料之中的是，不是所有人都同意这种看法。例如，联合国人权理事会特别报告员不认为中央情报局人员进行定点清除构成“非法战斗员”，其理由是

---

① David Turns, “Droning on: Some International Humanitarian Law Aspects of the Use of Unmanned Aerial Vehicles in Contemporary Armed Conflicts”, in Caroline Harvey, James Summers and Nigel D. White, eds., *Contemporary Challenges to the Laws of War: Essays in Honour of Professor Peter Rowe*, Cambridge, Cambridge University Press, 2014, p. 212.

② Daniel Brunstetter and Megan Braun, “State of the Union: A Decade of Armed Drones”, *The Brown Journal of World Affairs* 19, 2013, pp. 81~95.

③ Melanie J. Foreman, “When Targeted Killing is Not Permissible: An Evaluation of Targeted Killing under the Laws of War and Morality”, *University of Pennsylvania Journal of Constitutional Law* 15, 2013, p. 936.

④ Ryan J. Vogel, “Drone Warfare and the Law of Armed Conflict”, *Denver Journal of International Law and Policy* 39, 2010, pp. 134~135.

⑤ Mary Ellen O’Connell, “Unlawful Killing with Combat Drones: A Case Study of Pakistan, 2004–2009”, in Simon Bronitt, Miriam Gani and Saskia Hufnagel, eds., *Shooting to Kill: Socio-Legal Perspectives on the Use of Lethal Force*, Oxford and Portland, Oregon, Hart Publishing, 2012, p. 286.

⑥ Christopher Fuller, “The CIA’s Drone War and the Civilianization of Warfare”, in Andrew Barros and Martin Thomas, eds., *The Civilianization of War: The Changing Civil-Military Divide, 1914—2014*, Cambridge, Cambridge University Press, 2018, pp. 221~240.

国际人道法要适用首先要有武装冲突的存在，而中央情报局进行定点清除不是在武装冲突的情境之下，而是在武装冲突之外，因此这种行为仅仅可能构成违反人权法的法外处决（extrajudicial executions）。[①]美国和基地组织等恐怖组织之间是否存在武装冲突，前文已经讨论过，此不赘述。有学者则撇开武装冲突是否存在的问题，断言中央情报局人员是合法战斗员，认为尽管“根据（美国）国内法不是美国武装部队成员，但根据国际人道法，情报人员却可被视为如此。中央情报局无人机操作人员的确有指挥官（奥巴马总统），而且如果愿意的话，可以在操作无人机时佩戴标志（也许是红白蓝贝雷帽）”，还公开“携带”了无人机。[②]这个看法相当牵强，将美国总统视为中央情报局人员的指挥官，必然也意味着美国总统是美国武装部队的指挥官，就国际人道法中的有关问题而言，比如，“指挥责任”和“上级责任”等，这将直接抹去任何其他美军指挥官存在的价值。而该学者自己也承认，一国情报机构一般都不在该国武装部队编制内，即使中央情报局能够并入美国武装部队，也必须通知武装冲突的另一方，而且这仅适用于国际性武装冲突的情形。[③]还有极端的观点认为，即使是发生于武装冲突中的定点清除，只要构成合法的自卫，就不需要遵守国际人道法的规定，“就定点清除而言，合适的国际法原理（rationale）是自卫，而不是目标根据国际人道法是战斗员”[④]。对一些学者来说，中央情报局人员进行定点清除根本不是问题，问题是怎么提高对于所瞄准的人是合法攻击目标的确定程度[⑤]，或者关切的是有关过程缺乏透明度，提议“如同军队在其命令链中运

① A/HRC/14/24/Add.6（28 May 2010）, para. 70.

② Afsheen John Radsan and Richard Murphy, “The Evolution of Law and Policy for CIA Targeted Killing”, *Journal of National Security Law & Policy* 5, 2012, p.458.

③《第一附加议定书》第43条第3款规定：“无论何时，冲突一方如果将准军事机构或武装执法机构并入其武装部队内，都应通知冲突其他各方。”

④ Kenneth Anderson, “Targeted Killing in U.S. Counterterrorism Strategy and Law”, A Working Paper of the Series on Counterterrorism and American Statutory Law, May 11, 2009, p. 18, https://digitalcommons.wcl.american.edu/cgi/viewcontent.cgi?referer=&httpsredir=1&article=1007&context=fac_works_papers, March 11, 2020.

⑤ Afsheen John Radsan and Richard Murphy, “Measure Twice, Shoot Once: Higher Care for CIA-Targeted Killing”, *University of Illinois Law Review* 2011, 2011, pp.1201~1242.

行一样，中央情报局的无人机项目需要强化的、公开的检查（reivew）标准”，需要做的只是“中央情报局应该精确界定他们搜寻的人是谁”①。

如果定点清除恐怖分子发生于武装冲突外，是一种执法措施，人权法就会适用，一位美国军官对此提出强烈批评，认为执法模式将武装团体成员作为平民并给予相关保护，将其置于比合法战斗员本身还有特权的地位。②如果定点清除恐怖分子发生于武装冲突中，“定点清除要合法，目标必须是战斗员”③，或者是正在直接参加敌对行动的平民，国际人道法“只确立了冲突所涉及的两类人，即战斗员和平民，没有给任何中间定义留下余地”④。根据国际人道法，恐怖分子几乎不可能成为战斗员——不是武装部队成员，不是志愿部队成员，不是民众抵抗成员，不在负责任统率之下，不遵守战争法规惯例，不佩戴可从远处识别标志，不公开携带武器等。因此，根据国际人道法的人员两分法，只能推断恐怖分子为平民，恐怖分子如果直接参加敌对行动，就会和其他平民一样，成为“无特权战斗员”，虽然战斗的合法性和战俘地位得不到承认，但受到国际人道法特别是日内瓦四公约共同第三条的基本保护。⑤或者退一步说，“受到指控的恐怖分子，无论是武装部队成员还是平民（‘非法战士’），都受到国际人道法保护。他们是，而且会继续是日内瓦四公约所指的‘受保护人’”⑥。

由于恐怖分子表面上看确实不像普通平民，因此，恐怖分子在国际法中的地位争议巨大，学者观点可大致分为三类。

---

① Elinor June Rushforth, “There’s an App for That: Implications of Armed Drone Attacks and Personality Strikes by the United States against Non-Citizens, 2004—2012”, *Arizona Journal of International and Comparative Law* 29, 2012, p. 651.

② Colonel Mark “Max” Maxwell, “Rebutting the Civilian Presumption: Playing Whack-a-Mole without a Mallet?”, in Claire Finkelstein, Andrew Altman and Jens David Ohlin, eds., *Targeted Killings: Law and Morality in an Asymmetrical World*, Oxford, Oxford University Press, 2012, p. 59.

③ Steven R. David, “Israel’s Policy of Targeted Killing”, *Ethics & International Affairs* 17, 2003, p. 114.

④ Yael Stein, “By Any Name Illegal and Immoral”, *Ethics & International Affairs* 17, 2003, p. 128.

⑤ Gerald L. Neuman, “Humanitarian Law and Counterterrorist Force”, *European Journal of International Law* 14, 2003, p. 295.

⑥ Hans-Peter Gasser, “Acts of Terror, ‘Terrorism’ and International Humanitarian Law”, *International Review of the Red Cross* 84, 2002, p. 566.

第一类是从国际法而不仅仅是战争法角度，将恐怖分子界定为“人类的敌人”（*hostes humani generis*）。有学者提出，“由于恐怖主义行为本质上不区分、不相称，而且超出军事必要之边界”，因此“从事国际暴力犯罪或国际性武装冲突”的恐怖分子就应被视为“人类的敌人”，各国不应对其进行任何支持，而应先发制人地搜寻、打击和俘获此等人员。[①]同理，有学者提出应将恐怖分子比照海盗界定为“人类的敌人”，当恐怖分子所在国家未能解决恐怖活动时，其他国家能否采取单边行动以军事手段打击位于该外国的恐怖分子同时又不违背《联合国宪章》第2条第4款，有宽、严两种解释。所以，尚不清楚将恐怖分子定性为“全民公敌”在国际法中会产生何种效果。[②]

第二类是从战争法角度将恐怖分子界定为非法战斗员，但对战争法所给予的保护程度有分歧。有学者认为恐怖分子既不满足战争法中战斗员的条件也不遵守战争法，因此是非法战斗员，从而否定日内瓦四公约特别是《日内瓦第三公约》的适用[③]，但这些主张随后受到逐一质疑[④]。有学者认为恐怖分子是不受战争法保护的非法战斗员，并将恐怖分子分为“传统恐怖分子”和“种族灭绝恐怖分子”两类，后者是指像基地组织成员这样进行“一般反西方攻势，特别是针对基督徒、美国和以色列”的恐怖分子，是“全民公敌”（*hostes gentium*），日内瓦四公约包括其共同第三条不应适用于“种族灭绝恐怖分子”，能适用的只有“日内瓦四公约之外的最低国际标准”。[⑤]有学者将恐怖分子分为“非战斗员恐怖分子”和“战斗员恐怖分子”两类，前者是指不为军事目的或基于战争的战略目标而在公共场合杀害无辜平民的恐怖分子，后者是指在战区针对军事

---

① Joseph P. Bialke, “Al-Qaeda & Taliban - Unlawful Combatant Detainees, Unlawful Belligerency, and the International Laws of Armed Conflict”, *Air Force Law Review* 55, 2004, p. 43.

② Mark V. Vlasic, “Assassination & Targeted Killing – A Historical and Post-Bin Laden Legal Analysis”, *Georgetown Journal of International Law* 43, 2012, pp. 325~326.

③ John C. Yoo, “The Status of Soldiers and Terrorists under the Geneva Conventions”, *Chinese Journal of International Law* 3, 2004, pp. 135~150.

④ Johannes van Aggelen, “A Response to John C. Yoo, ‘The Status of Soldiers and Terrorists under the Geneva Conventions’”, *Chinese Journal of International Law* 4, 2005, pp. 167~182.

⑤ Ingrid Detter, “The Law of War and Illegal Combatants”, *George Washington Law Review* 75, 2007, pp. 1049~1105.

目标出于军事目的而从事战争的恐怖分子，虽然也认为“战斗员恐怖分子”是非法战斗员，但主张赋予“战斗员恐怖分子”战俘地位以便美国将其关押至敌对行动结束。[①]还有学者声称非法战斗员与武装冲突有关，而恐怖组织的攻击一般发生于和平时期，因此要区分“非法交战者”和“非法战斗员”，恐怖分子是“非法交战者”，即“和平时期，非国家主体的活动如果可归于国家，将构成国家间武装敌对行动；武装冲突中，该非国家主体的行为集中于故意将被保护人员或基础设施作为目标，而不是战争法规惯例允许的目标和物体”[②]。遗憾的是，区分“非法交战者”和“非法战斗员”没有多少意义，绝大部分学者都认为这二者可以交替使用，唯一的区别只是“交战者”除了指武装冲突中的一国，还可以指该国的武装部队成员，而“战斗员”仅仅指个人。此外，从攻击目标是否合法来界定攻击主体的合法性，恰恰忽略了主体是否首先具有直接参加敌对行动的权利，而这正是恐怖分子在国际人道法中地位争议的关键所在。

第三类多从质疑国际人道法的人员两分法来主张恐怖分子可构成合法目标。有学者认为，国际人道法中战斗员和平民的两分法是“不合逻辑的”，恐怖分子“如果不是战斗员，当然不是平民”，“在恐怖分子实施行动前将其杀死与在儿童上学前将其杀死并不一样”[③]。遗憾的是，这个结论几乎完全是从道德层面得出的，没有法律分析。也有学者提出，恐怖分子“可能不属于民族国家，但仍像一国部队中的士兵发起攻击一样构成危险”，因此应被视为战斗员或具有红十字国际委员会所提出的“持续作战职责”，无论如何，“基地组织成

① Alexander Fraser, “For the Sake of Consistency: Distinguishing Combatant Terrorists from Non-Combatant Terrorists in Modern Warfare”, *University of Richmond Law Review* 51, 2017, pp. 593~636.

② Michael H. Hoffman, “Quelling Unlawful Belligerency: The Juridical Status and Treatment of Terrorists under the Laws of War”, *Israel Yearbook on Human Rights* 31, 2001, pp. 166~167; Michael H. Hoffman, “Terrorists Are Unlawful Belligerents, Not Unlawful Combatants: A Distinction with Implications for the Future of International Humanitarian Law”, *Case Western Reserve Journal of International Law* 34, 2002, pp. 227~230.

③ Steven R. David, “If Not Combatants, Certainly Not Civilians”, *Ethics & International Affairs* 17, 2003, pp. 138~140.

员本质上是持续作为恐怖分子而行动，因此使其自己可受攻击”[①]。也就是说，因为是恐怖分子，所以就具有了战斗员身份，这种论断没有法理依据。有学者虽然认识到直接参加敌对行动的重要性，但认为，“在国际性武装冲突之外，就目标而言不存在‘敌人’这样的事物，而只存在由于直接参加敌对行动而暂时失去免于攻击的权利的平民，看起来极其不合逻辑”，因此，在将恐怖分子作为目标时，不能仅以是否直接参加敌对行动为标准，而应放宽要求，“区分避免参加任何敌对行动并因此合理地具有免受攻击权利之人，以及和武装敌对团体有联系并用行为支持此种团体的人，后者由于成为敌方军队一部分而合理地成为合法攻击目标”[②]。显然，这种所谓的放宽标准，仅仅取决于“和武装敌对团体有联系并用行为支持此种团体”，不仅没有法律依据，而且极为宽泛，照此标准，阿富汗或伊拉克的任何人都可以成为所谓的“合法攻击目标”。还有学者认为，“当武装冲突实质上是在国家和恐怖团体之间发生时，恐怖分子是平民这种理论根本说不过去。如果只有冲突一方有战斗员的话，武装冲突法无法适用”[③]。然而，这种主张似乎偷换了概念，武装冲突当然不能只有一方有战斗员，可是武装冲突法也并不仅仅在战斗员之间适用，还有很多保护平民和民用物体的规则。

武装冲突中，要让定点清除恐怖分子具有国际法上的合法性，就必须证明恐怖分子正在直接参加敌对行动，只有此时，恐怖分子作为正在直接参加敌对行动的平民，才能成为合法的军事目标。有学者提出要以持续作战职责来确定非国际性武装冲突中恐怖分子的身份，认为“持续作战职责是决定交战者身份

---

① Melanie J. Foreman, “When Targeted Killing is Not Permissible: An Evaluation of Targeted Killing under the Laws of War and Morality”, *University of Pennsylvania Journal of Constitutional Law* 15, 2013, p. 929.

② Geoffrey Corn and Eric Talbot Jensen, “Transnational Armed Conflict: A Principled Approach to the Regulation of Counter-Terror Combat Operations”, *Israel Law Review* 42, 2009, pp. 64~66.

③ David Kretzmer, “Targeted Killing of Suspected Terrorists: Extra-Judicial Executions or Legitimate Means of Defence?”, *European Journal of International Law* 16, 2005, p. 194.

及所有随之而来的后果的方法”[①]，然而，持续作战职责仅仅是红十字国际委员会在《解释性指南》中提出的一个概念，既不存在于条约中，也不存在于习惯法中，以持续作战职责代替直接参加敌对行动作为判断有关人员地位的标准，可行性甚低。实际上，普遍的观点是，“在武装冲突中，基地组织成员一般是平民，如果直接参加敌对行动，就常会失去其保护并成为目标”[②]。这就又引发直接参加敌对行动应该如何理解的问题，尽管直接参加敌对行动十分重要，国际条约中并没有其定义，国家实践、国际司法或条约准备工作中也无法得出清楚解释，前南刑庭在塔迪奇（*Tadić Case*）案中甚至认为“没有必要精确划定直接参加敌对行动的人和没有这样做的人之间的界限。检查与每一个受害者相关的事实，并断定在每一个个人所处的情况下，该人是否在当时涉及敌对行动就足够了”[③]。的确，在国际法特别是战争法的历史中，规范的弹性往往十分重要，死板的、绝对的、穷尽的表述，往往活力不足。例如，早期海牙法处理的是伤害敌人的手段、包围和轰炸，并要求区分设防的和不设防的城镇和地方。第一个明确要求区分单个物体的是1923年《海牙空战规则》第24条，该文件中包括一个穷尽的军事目标清单，“可能就是这么一个可供攻击的封闭的清单，其令人生畏的约束力导致了该法律文件从未生效”[④]。尽管就是否有必要精确界定直接参加敌对行动并未形成一致意见，但事实上不同的主体都在做此努力，红十字国际委员会发布的《解释性指南》[⑤]和以色列的定点清除案（*Targeted Killings Case/ The Public Committee against Torture in Israel et al. v. The Government of*

① Geoffrey Corn and Chris Jenks, “Two Sides of the Combatant Coin: Untangling Direct Participation in Hostilities from Belligerent Status in Non-International Armed Conflicts”, *University of Pennsylvania Journal of International Law* 33, 2011, p. 357.

② Kelisianna Tynne, “Targeting the Terrorist Enemy: The Boundaries of an Armed Conflict against Transnational Terrorists”, *Australian International Law Journal* 16, 2009, p. 187.

③ *Prosecutor v. Tadić*, Case No. IT-94-1-T, Judgment (Trial Chamber), 7 May, 1997, para. 616.

④ Janina Dill, *Legitimate Targets? Social Construction, International Law and US Bombing*, Cambridge, Cambridge University Press, 2014, p. 115.

⑤ 关于红十字国际委员会如何看待直接参加敌对行动，参见朱路：《论国际人道法中的直接参加敌对行动——以红十字国际委员会〈解释性指南〉为视角》，载《河北法学》2014年第11期，第98~105页。

Israel et al.）就是典型的例子。在处理定点清除的国际法问题上，和美国试图用特征攻击和个性攻击代替直接参加敌对行动不同，以色列尝试直接讨论直接参加敌对行动这个概念本身，并以此为标准，确定具体的攻击是否符合国际人道法。因此，以色列对于直接参加敌对行动的观点尤其值得分析。

和美国不同，以色列国内不存在禁止暗杀和定点清除的法规命令，而且以色列通过暗杀清除敌人的历史相当悠久，最著名的例子当数1972年9月发生的慕尼黑惨案，当时参加第20届夏季奥运会的11名以色列代表团成员全部被巴勒斯坦武装组织“黑色九月”杀害。随后，作为报复，以色列情报组织摩萨德开始了代号为“上帝之怒”（Operation Wrath of God）的行动，暗杀其认为与谋划慕尼黑惨案有关的“黑色九月”人员，一直持续到1979年。“上帝之怒”行动标志着以色列第一次将定点清除作为一种运动（campaign），而不仅仅是针对特定个人的一次性行动。[①] 在暗杀成为沿袭已久的国家政策的背景下，主张以色列进行的暗杀可以被视为预防性自卫的一种允许的形式从而维护其合法性[②]，并不让人意外。2000年9月，在第二次巴勒斯坦大起义（Intifada）开始后，以色列又是世界上第一个公开承认其在对抗巴勒斯坦武装分子时采用定点清除政策的国家[③]，根据该政策，在某些情况下，即使没有威胁生命，或者在攻击发生时恐怖分子没有直接参与，以色列也可以将他们作为目标。2001年7月，美国驻以色列大使Martin Indyk声明定点清除巴勒斯坦人是非法的，“美国政府有案可查十分清楚地反对定点刺杀……它们是法外处决，我们不支持”[④]。但当年年底，美国外交政策和法律观点大有不同。正是由于有关国际法规则并不确定，“很多

---

① Daniel Byman, *A High Price: The Triumphs and Failures of Israeli Counterterrorism*, New York, Oxford University Press, 2011, p. 52.

② Louis Rene Beres, “On Assassination as Anticipatory Self-Defense: The Case of Israel”, *Hofstra Law Review* 20, 1991, p. 340.

③ Steven R. David, “Israel’s Policy of Targeted Killing”, *Ethics & International Affairs* 17, 2003, p. 111.

④ Jane Mayer, “The Predator War: What are the Risks of the C.I.A.’s Covert Drone Program?”, https://www.newyorker.com/magazine/2009/10/26/the-predator-war, April 3, 2020.

法律争论取决于事实，特别是以美国为中心，而且易受政治潮流变化影响”[①]。

以色列从国际法的角度为定点清除政策辩护始于2002年，其逻辑起点是主张在战斗员和平民之间存在一种新类别人员，即“非法战斗员”，认为直接参加敌对行动是定点清除政策合理合法的理由所在，还质疑《第一附加议定书》第51条第3款规定的对发动攻击权利的时间限制。2002年2月，以色列总军法官发布可以进行定点清除的四个条件：一是必须有确凿的信息显示恐怖分子在未来将要计划或执行袭击，二是巴勒斯坦方面必须首先忽略了将其逮捕的请求，三是以色列方面必须得出自己无法将其逮捕的结论，四是攻击必须不能是为了过去的事情而复仇。[②]面对要求停止定点清除的请愿，以色列最高法院用强烈的措辞支持了以色列军方提出的这四个条件。[③]2002年3月，以色列发布新的《非法战斗员监禁法》（Incarceration of Unlawful Combatants Law，IUCL），将非法战斗员界定为“无论是直接还是间接参加敌对行动反对以色列的人，或者针对以色列进行敌对行动的武装力量的成员，不满足根据国际人道法，如《日内瓦第三公约》第4条规定的给予战俘地位的条件的人”[④]。根据该法，以色列参谋总长（Chief of General Staff）可以无限期拘禁任何“非法战斗员”，直到以色列和相关恐怖组织的敌对行动结束。也就是说，如果是以色列所认为的“非法战斗员”，以色列可以合法地将其作为目标，还可以对其发起刑事诉讼，而且不管刑事诉讼的状态，以色列都可以关押该人[⑤]，直到冲突结束或其不再构成对以色列国家安全的威胁。[⑥]

2002年，以色列军方、政府和最高法院都以实际行动表明对定点清除政策的支持，而定点清除的频繁使用，造成除了恐怖分子外包括儿童在内的大量无

---

① James DeShaw Rae, *Analyzing the Drone Debates: Targeted Killing, Remote Warfare, and Military Technology*, New York, Palgrave Macmillan, 2014, p. 54.

② Gideon Alon and Amos Harel, “IDF Lawyers Set ‘Conditions’ for Assassination Policy”, https://www.haaretz.com/1.5315476, March 11, 2020.

③ Avery Plaw, *Targeting Terrorists: A License to Kill?*, Florence, Routledge, 2008, p. 84.

④ Art.2, Incarceration of Unlawful Combatants Law, 5762~2002.

⑤ Art.9, Incarceration of Unlawful Combatants Law, 5762~2002.

⑥ Art.7, Incarceration of Unlawful Combatants Law, 5762~2002.

辜平民伤亡，以色列定点清除行动“对巴勒斯坦非战斗员的伤害程度远超出对定点清除政策的伤害，也在全世界范围内引发强烈得多的对以色列的谴责”[①]。最近的一次典型案例是，2019年11月15日，以色列军方空袭了加沙的一处民宅，意图定点清除杰哈德的一名指挥官，但由于情报错误，不仅未能定点清除该指挥官，还造成包括5名儿童在内的8名平民死亡。[②]实际上，对定点清除政策合法性的质疑一直存在，在2006年达到顶峰。2006年12月，反对酷刑公共委员会（Public Committee against Torture）等在以色列最高法院发起对以色列政府、以色列国防军和以色列总理等人的诉讼，即定点清除案。该案中，以色列最高法院要判定的问题是，在以色列和在犹地亚（Judaea）、撒玛利亚（Samaria）和加沙地带活动的恐怖组织之间发生的国际性武装冲突中，以色列政府采用了定点清除政策，虽然给恐怖分子以致命打击，但这些打击有时也伤害了无辜平民，以色列的定点清除这种行为“根据国际法”是否合法。[③]法庭认为，此种情形适用武装冲突法，而合法性取决于具体情况。进行恐怖袭击，无论是针对以色列军队还是针对平民，都构成直接参加敌对行动并因此失去了免受直接攻击的保护，因此将其作为目标攻击是合法的。但是，必须满足四个条件：一是选择目标的一方承担义务，确认目标身份以及目标满足“直接参加”标准的事实基础；二是即使目标经过政府在法律和事实上的确认为合法目标，政府军队在有伤害性更小的手段可用时，不得杀害目标；三是每次定点清除后，必须对“目标的确定和攻击的情况”进行回溯的、独立的调查；四是任何对平民的附带损害必须满足国际人道法对比例原则的要求。[④]

---

① Steven R. David, “Fatal Choices: Israel’s Policy of Targeted Killing”, https://besacenter.org/mideast-security-and-policy-studies/fatal-choices-israels-policy-of-targeted-killing-2-2/, January 16, 2019.

② “Israel ‘thought building was empty’ before launching airstrike that killed five children in Gaza”, https://www.independent.co.uk/news/world/middle-east/israel-gaza-airstrike-family-children-deaths-empty-house-a9204816.html, March 11, 2020.

③ *The Public Committee against Torture in Israel et al. v. The Government of Israel et al.*, HCJ 769/02, Judgment of 14 December 2006, Facts.

④ *The Public Committee against Torture in Israel et al. v. The Government of Israel et al.*, HCJ 769/02, Judgment of 14 December 2006, President Emeritus A. Barak, paras. 39, 40, and 60.

以色列最高法院明确反对以色列政府所主张的在国际人道法中存在一种新的第三类人员，即“非法战斗员”，而判定应当用已有的法律规范来适用选择目标和判定人员身份。以色列最高法院院长巴拉克法官（Aharon Barak）认为，“不应该在关于是否要去承认这个第三类别的问题上存在立场……就目前存在的国际法来说，无论是国际条约法还是国际习惯法，我们所有的信息都不足以使我们承认这个第三类别。我们难以明白在海牙公约体系和日内瓦公约体系框架内怎么能够承认一个第三类别。就提供给我们的信息来看，我们不认为目前可以说国际习惯法已经承认了这样一个第三类别”[①]。因此，根据判决，以色列定点清除的恐怖分子应被归类为“直接参加敌对行动的平民”。然而，巴拉克法官对《第一附加议定书》第51条第3款所做的严格解读，毫无疑问会妨碍以色列国防军针对恐怖分子的行动。巴拉克法官提出对该款关键组成部分“敌对行动”“直接参加”和“在此期间”做十分宽泛的理解，“敌对行动”包括“谋划恐怖袭击、派遣恐怖分子和受恐怖分子指挥”，“直接参加”包括“计划、实施或派人实施恐怖袭击”，而“在此期间”是指“恐怖分子系统地涉及恐怖行为的任何时候”。[②]之所以这么做，是因为在巴拉克看来，尽管应坚持现有国际法中战斗员和平民的人员分类，“然而，新的现实有时要求新的解释。在现实已经改变的背景下，必须对规则采取一个动态的解释，使其在已接受的解释规则框架内，适应于新的现实”[③]。

巴拉克法官的同事、以色列最高法院副院长里夫林（Eliezer Rivlin）也同意这种用“与时俱进”适用国际法的方式，认为巴拉克提出的“动态解释克服了对战争法字面解读所产生的限制”，但是，里夫林认为巴拉克对直接参加敌对行动如此广义的界定，使得巴拉克版本的“直接参加敌对行动的平民”与以

① *The Public Committee against Torture in Israel et al. v. The Government of Israel et al.*, HCJ 769/02, Judgment of 14 December 2006, President Emeritus A. Barak, para. 28.

② *The Public Committee against Torture in Israel et al. v. The Government of Israel et al.*, HCJ 769/02, Judgment of 14 December 2006, President Emeritus A. Barak, para. 12.

③ *The Public Committee against Torture in Israel et al. v. The Government of Israel et al.*, HCJ 769/02, Judgment of 14 December 2006, President Emeritus A. Barak, para. 28.

色列政府主张的“非法战斗员”没有区别，因为巴拉克“实际上（*de facto*）创造了一个附加的类别，而且这是对的。这个新类别可以源自战斗员类别（‘非法战斗员’），也可以源自平民类别。巴拉克采取了后一种路径。如果我们按照他的方法，会得出一个违反国际法的平民团体，我将之称为‘未开化平民’（uncivilized civilians）。无论如何，就结果而言，这两种路径没有区别”①。在2008年另一案（*A. and B. v. State of Israel*）的判决中，以色列最高法院重申在2006年定点清除案中的观点，“‘非法战斗员’一词不构成单独的类别，而是国际法所承认的‘平民’的子类。这个结论来自习惯国际法所采用的方法，即‘平民’类别中包含的是所有不是‘战斗员’的人”②。不仅如此，“非法战斗员”也并不意味着完全不受国际人道法的保护，“一人非法参加敌对行动的事实不是排除《日内瓦第四公约》适用该人的标准，尽管可能作为根据该公约第5条克减某些权利的原因”③。总之，“巴拉克对定点清除行使管辖权的决定、关于可适用法律的决定以及对这些法律的特别解释，在以色列和这个世界的定点清除的历史上，很明显是一个重大事件”④。

三、小结

暗杀的历史十分悠久，尽管在国际政治上长期以来都被视为一种理所当然的争夺权力的手段，但17世纪中期民族国家和大规模军队的兴起，导致反对暗杀的规范逐渐出现，其中尤以国际法学家的批判和质疑最为突出。暗杀和战争诈术相似，但区别在于暗杀因为使用了背信弃义的手段而不符合战争法，战争诈术则为战争法所允许。从近代到现代，国际法对暗杀的关注，也从仅限于

---

① *The Public Committee against Torture in Israel et al. v. The Government of Israel et al.*, HCJ 769/02, Judgment of 14 December 2006, Vice-President E. Rivlin, para. 2.

② *A. and B. v. State of Israel,* CrimA 6659/06, CrimA 1757/07, CrimA 8228/07, CrimA 3261/08, 11 June 2008, para. 12.

③ Knut Dormann, “The Legal Situation of Unlawful/Unprivileged Combatants”, *International Review of Red Cross* 85, 2003, p. 73.

④ Markus Gunneflo, *Targeted Killing: A Legal and Political History*, Cambridge, Cambridge University Press, 2016, p. 234.

战争法而扩展到和平时期的国际法，暗杀成为一些更广泛的概念的一部分，如“背信弃义”“受国际保护人员”等，因此，“暗杀”一词也不再出现在国际条约中。

定点清除和暗杀虽然十分相似，但“暗杀”一词不仅语义上常常是贬义，其合法性也更令人存疑。相比之下，“定点清除”一词本身是中性，其合法性要根据具体情况予以判断。美国和以色列是当今世界最频繁使用定点清除战术的国家，但对于该做法的合法性，两国论证的路径存在较大差异。布什政府始终将“反恐战争”所针对的恐怖分子视为“敌方战斗员”（enemy combatants），然而这个术语并不符合国际法。[①]奥巴马执政期间，美国正式放弃这种说法，规定“支持基地组织或者塔利班的个人，只有在支持是实质的情况下才可以被拘禁，而且不使用‘敌方战斗员’这一短语”[②]。美国对于定点清除的重点关切，首先是排除恐怖分子的战俘待遇，后来才转移其与基地组织之间武装冲突之存在和定性，以及用特征攻击和个性攻击代替直接参加敌对行动这个概念。美国定点清除行动中使用的特征攻击标准，不能区分战斗员与平民，也可能违反比例原则，不能替代直接参加敌对行动。而且，在武装冲突中进行定点清除的主体，如中央情报局人员及私营军事安保公司，也不具有直接参加敌对行动的权利，并因此和其所打击的恐怖分子一样，都是“非法战斗员”。相比之下，以色列主要是从直接参加敌对行动概念本身来讨论定点清除的合法性。尽管以色列不承认国际人道法中存在独立于战斗员和平民之间的第三类别，即“非法战斗员”，但在定点清除案中，其对直接参加敌对行动的三个要素，即“敌对行动”“直接参加”和“在此期间”，界定都过于宽泛，照此标准，实际上承认了“非法战斗员”的存在。简而言之，以色列的策略是即使出现了“非法战斗员”这个第三类别，也是新的现实情况下国际法特别是直接参加敌对行动这个概念

---

① 参见朱路：《论国际人道法中的战斗员概念及其当代挑战》，载《广西大学学报》（哲学社会科学版）2015年第4期，第114页。

② “Department of Justice Withdraws ‘Enemy Combatant’ Definition for Guantanamo Detainees”，https://www.justice.gov/opa/pr/department-justice-withdraws-enemy-combatant-definition-guantanamo-detainees, March 15, 2020.

合理的、必要的更新和发展，而美国的论证方法则显得粗暴简单，断然地抛弃了直接参加敌对行动，给国际法带来很大负面影响。

定点清除暴露出现有的国际法，特别是国际人道法存在的问题。国家与非国家主体之间的冲突难以在国际人道法现有的框架内处理，因为它只承认两种冲突类别，国际性武装冲突和发生在一国领土内的非国际性武装冲突，像美国和基地组织之间的跨国冲突无法精准地落入现存框架的范围之内。国际人道法中也一直将战斗员地位完全分离于个人的角色和职能，这不太符合逻辑，在实践中也不切实可行，战斗员地位应该充分考虑正式成员身份和职能之间的关系。最关键的是，直接参加敌对行动急需有效的指引和更清楚的说明，才能让发起攻击的一方在选择目标时，减少错误、增强合法性，从整体上减少平民在当代冲突中的危险。同时，也应意识到，“模糊性对任何法律机制来说都是难免的坏事（necessary evil），法律绝不可能顾及将来可能出现的每一个事实场景。试图对战争中不断变化的战术进行预防和回应，就得每隔几年对日内瓦四公约进行一次升级……负担小得多但好处同样大的做法是在必要时继续以发布解释性指南的方式，在法律框架内解决问题，从而满足科技和战术的进步”①。而且，国际人道法的目的是减轻战争造成的伤害、保护战争受难者，而不是打击恐怖主义，国际人道法中也没有单独适用于恐怖分子的规则，“打击恐怖主义因此应是基于反恐公约、受国际合作调整的执法事项”②，“打击恐怖主义的措施和将被指控的恐怖分子绳之以法，只要发生在武装冲突期间，这些行为就必须遵守国际人道法”，“在反恐行动中完全尊重国际人道法是对根除恐怖主义的积极贡献”③。

---

① Michelle Mallette-Piasecki, “Missing the Target: Where the Geneva Conventions Fall Short in the Context of Targeted Killing”, *Albany Law Review* 76, 2012/2013, p. 295.

② Tom Ruys, “License to Kill-State-Sponsored Assassination under International Law”, *Military Law and Law of War Review* 44, 2005, p. 39.

③ Hans-Peter Gasser, “Acts of Terror, ‘Terrorism’ and International Humanitarian Law”, *International Review of the Red Cross* 84, 2002, p. 569.

第三节 人盾的国际法问题[①]

人体盾牌（human shield），简称“人盾”，可以从通俗和法律两种不同的角度来理解。通俗意义上的人盾，是指不顾自己的安危、使用自己的身体保护他人的做法，其历史悠久，在各个时代、各个文明中都能找到相似的案例。比如，在中国历史上，东汉末年宛城之战中，典韦以肉身挡住城门掩护曹操逃走[②]；西晋“八王之乱”中，嵇绍只身护主血溅帝衣[③]；五代末期，张琼为后来的北宋开国皇帝赵匡胤挡箭[④]。这种做法历来被视为英雄的壮举，是褒扬和追思的对象，引发的是道德评价，产生的是道德影响。法律意义上的人盾特指从国际人道法的角度，在战争或武装冲突中，如平民、战俘等受法律保护之人主动或被动、有意或无意地使用其被保护的身份，来便利或阻碍军事行动的行为。相比通俗意义上的人盾，这种人盾出现的时间要晚得多，虽然同样引发道德评价，但常被视为懦夫或无赖的可鄙行径。此外，发达、便捷的现代媒体能够将人盾的遭遇以图像或文字的方式实时传播到全世界，从而对公众舆论、政府决策、国际关系等产生一定影响，但最关键的问题则在于法律层面，即有关主体在国际人道法中的身份如何，以及有关行为是否合法。通俗意义上的人盾发生于历史中，而法律意义上的人盾发生于现代，前者只涉及道德，后者以法律为核心，产生道德、舆论、政治等多方面影响。本节将从国际人道法的角度，分四个部分讨论人盾问题，首先分析人盾成为法律问题的原因和历程，其次讨论

---

① 本文以《论国际人道法中的人盾问题》为题发表于谢海霞主编：《首都法学论坛》（第15辑），中国政法大学出版社2018年版，第31~52页。

② 《资治通鉴·第六十二卷·汉纪五十四·建安二年》：“操中流矢，败走，校尉典韦与绣力战，左右死伤略尽，韦被数十创。绣兵前搏之，韦双挟两人击杀之，瞋目大骂而死。”

③ 《晋书·忠义传·嵇绍》：“值王师败绩于荡阴，百官及侍卫莫不散溃，唯绍俨然端冕，以身捍卫，兵交御辇，飞箭雨集，绍遂被害于帝侧，血溅御服，天子深哀叹之。”

④ 《宋史·卷二百五十九·列传第十八·张琼》：“及攻寿春，太祖乘皮船入城壕。城上车弩遽发，矢大如椽，琼亟以身蔽太祖，矢中琼股，死而复苏。”

人盾的身份和攻击的合法性，接着研究关于人盾的国际司法实践，最后得出结论。

一、人盾问题的产生和演变

在很长一个历史时期，人盾只是道德问题，但从19世纪中期开始，战争法的发展为人盾成为法律问题提供了可能性。1856年《巴黎宣言》拉开了战争法编纂的序幕，自此以往，国际社会通过各种场合和努力，如1899年和1907年两次海牙和会以及1949年和1977年两次日内瓦外交会议，大大推动了战争法的编纂和发展，不仅用条约确认和厘清了关于战争的习惯法，还发展和制定了新规则。这个进程的直接后果是，受战争法保护的人员越来越多，保护的规则越来越详细，广度和深度都不断增加的法律保护正是人盾成为法律问题的前提和基础。

国际法中的人盾问题始于19世纪中后期劫持人质进行所谓的“预防性报复”（prophylactic reprisals），即一方通过迫使非战斗员的生命或健康处于危险中，来防止敌人诉诸该方认为非法的某些行为。例如，美国内战期间（1861—1865），联邦军队认为某些情况下使用地雷非法，便用抓获的邦联军队的俘虏或居民在疑似雷区的地方探路。普法战争期间（1870—1871），普鲁士为了解决其所占领的阿尔萨斯和其他法国领土上频繁发生的袭击火车事件，便将“众所周知和广受尊敬”的法国国民放在火车头上，这样当地居民进行敌对行动便会首先伤及同胞。第二次布尔战争（1899—1902）期间，英国和布尔人都采用了类似做法。“预防性报复”直到20世纪初的战争中仍时有发生，但理论界几乎一致予以谴责，称之为当时战争法的一大“燃眉之急”（burning questions），认为战斗应该限于士兵之间，将非战斗员作为“盾牌”（shield）抵御敌人的行为“武德甚少”（little military virtue）、“更不公平”（more unjust）。[①]国际法学家从道德角度来评判人盾问题似乎有些奇怪，但在那个时代只能如此，主要原

① James Molony Spaight, *War Rights on Land*, London, Macmillan, 1911, pp. 466~468.

因有两个。第一，人盾的表现形式为通过劫持人质进行报复，而无论是劫持人质还是报复在当时都合法。近代国际法中，劫持人质通常是指关押对方国民以保障遵守停战协定或其他条约，是释放、交换人质还是继续关押甚至杀害，取决于是否善意履行、背信弃义等。报复则是一种非常重要的救济手段，尽管表面上看非法使用了武力，但这是对之前发生的非法行为的回应，以迫使对方遵守国际法，因此具有正当性和合法性。第二，尚不存在有关条约规则。第一个界定战斗员、规定保护战俘的国际条约《陆战法规和惯例公约》1899年才出现，完全没有提及报复和劫持人质，也几乎没有明确规定保护平民。“预防性报复”的主要使用者和战争法编纂的主要参与者出现重合，如普鲁士（德国）和英国，以及更关注如何保障和维护战斗员利益的时代精神，使得人盾无法成为战争法的主要问题。例如，直到1914年，英国才在其《军事法手册》“劫持人质”的条目下首次提及人盾，但也只是含混地认为，在被占领领土上，将声名显赫的当地居民劫持为人质置于火车头上以防止非法攻击的做法不能说是“值得赞美”（commendable），而且为了确保伤病员、战俘得到合适待遇而将本地居民劫持为人质是合法行为。[①]换言之，直到“一战”前后，人盾问题主要是劫持被占领领土上的平民作为人质以防止当地平民（非法）攻击，虽有道德上的疑虑但并不违反战争法。

“一战”后，条约中开始出现有关人盾的规定，并禁止了之前的某些做法。1929年《关于战俘待遇的日内瓦公约》首次明确禁止对战俘进行报复，规定在俘获战俘后应尽快将其撤退至远离战斗地带的地点以保证安全，禁止使用战俘从事与作战行动有任何直接关系或危险的工作。[②]“二战”后，同盟国军事法庭在德国进行了两场关于人盾的审判，都涉及战俘，都将上述规定作为主要法律依据。1946年5月，设在德国吕讷堡（Lüneburg）的英国军事法庭审理了库尔特·斯徒登特（Kurt Student）案。被告是一名德军将领，被控于1941年5月至6月间的希腊克里特岛战役中犯下8项战争罪，其中第1项和第5

① War Office, *Manual of Military Law 1914*, London, His Majesty’s Stationery Office, 1914, p. 306.

② 1929年《关于战俘待遇的日内瓦公约》第2条、第7条、第31条、第32条。

项有关使用英国战俘作为德军推进的屏障（screen），检方认为此举“显然违反”1929年《关于战俘待遇的日内瓦公约》的有关规定，构成虐待战俘，但最终这两项指控没有成立。[①]1947年年末至1948年10月，设在德国纽伦堡的美国军事法庭审理了国防军最高统帅部案（*High Command Case*），赫尔曼·霍特（Hermann Hoth）是14名受审的德军将领之一。根据霍特领导的第17军团副参谋长（Oberquartiermeister）1941年10月29日的战争日志记载，将苏联战俘和居民安排在德军驻扎的建筑物内，经证明是针对敌人安放定时炸弹的“实用对策”，因为这些战俘或居民“在很短时间内就找到并消除了定时炸弹的危害”。法庭未能确认霍特使用人盾，但宣布“使用战俘作为军队的盾牌违背了国际法”，而且“如果证明属实，迫使战俘走在推进的敌军前方并因此构成对后者的保护，仅仅这个行为本身就将构成另一种战争罪”[②]。

“二战”后，人盾问题受到越来越多的关注，一方面体现在条约反复宣告使用人盾为非法，另一方面表现于使用人盾日渐成为当代武装冲突的一大特征。由于“二战”的深重灾难和人权概念的兴起，平民取代了战斗员成为战争法条约的首要关切，对平民保护之多前所未有，形成战争法的“人性化”（humanization）[③]趋势。同时，传统的国家间战争几乎消失，使得战俘出现的概率大大减少，当代武装冲突越来越多地发生于平民聚集的城镇和地区，较弱一方频繁采用人盾等非常规战术和手段以扭转劣势，导致平民再次成为人盾

---

① 对斯徒登特的8项指控中，只有第2、3、6项成立，其中第2项关于让战俘从事被禁止的工作，第3和第6项关于杀害战俘。United Nations War Crimes Commission, *Law Reports of Trials of War Criminals*, Volume IV, His Majesty’s Stationery Office, 1948, pp. 118~120.

② United Nations War Crimes Commission, *Law Reports of Trials of War Criminals*, Volume XII, His Majesty’s Stationery Office, 1949, pp. 104~105.

③ Theodor Meron, “The Humanization of Humanitarian Law”, *American Journal of International Law* 94, 2000, pp. 239~278.

的主要来源。在波黑战争、阿富汗战争[①]、伊拉克战争[②]、第二次黎巴嫩战争[③]、2008—2009年加沙战争[④]、2014年加沙战争[⑤]、利比亚内战[⑥]、叙利亚内战[⑦]等一系

---

① "Taliban using human shields, says Afghan army general", https://www.theguardian.com/world/2010/feb/17/taliban-human-shields, March 1, 2018.

② 伊拉克战争爆发前夕，2003年1月25日，一名曾参加过海湾战争的前美国海军陆战队队员率领大约50名志愿者，从伦敦乘坐汽车前往伊拉克充当人盾，意图阻止美英联军入侵伊拉克。参见BBC, "'Human shields' head for Iraq", http://news.bbc.co.uk/1/hi/uk/2693289.stm, March 1, 2018。

③ 2006年7月至8月之间黎巴嫩和以色列爆发的这场武装冲突在黎巴嫩则被叫作"七月战争"。关于真主党在这场武装冲突中是否以及多大规模上使用黎巴嫩平民作为人盾，存在争议，例如，一个由以色列退役情报人员成立的智库在2006年12月5日发布了一份长达305页的报告，指控真主党频繁使用人盾，参见Reuven Erlich, "Hezbollah's Use of Lebanese Civilians as Human Shields: The Extensive Military Infrastructure Positioned and Hidden in Populated Areas. From Within the Lebanese Towns and Villages Deliberate Rocket Attacks were Directed against Civilian Targets in Israel", http://www.terrorism-info.org.il/en/19120/, March 1, 2018; 而非政府组织人权观察（Human Rights Watch）2007年9月5日发布的报告则认为，真主党的确偶有从人口稠密地区发射火箭弹、其战斗员混合于黎巴嫩平民之中或在人口稠密地区储藏武器等违反国际人道法的行为，但这种做法能不能称得上"人盾"令人怀疑，而且并不广泛，也不是导致黎巴嫩平民伤亡的首要原因，参见Human Rights Watch, "Why They Died: Civilian Casualties in Lebanon during the 2006 War", https://www.hrw.org/sites/default/files/reports/lebanon0907.pdf, March 1, 2018。

④ 2008年12月至2009年1月间，以色列对巴勒斯坦加沙地带的哈马斯展开代号为"铸铅行动"的军事行动，以色列国防军多次使用巴勒斯坦平民作为人盾。参见《联合国加沙冲突问题实况调查团的报告》，A/HRC/12/48。

⑤ 2014年7月至8月间，以色列对巴勒斯坦加沙地带的哈马斯展开代号为"护刃行动"的军事行动，以色列国防军多次使用巴勒斯坦平民作为人盾。参见2014年加沙冲突问题联合国独立调查委员会的报告，A/HRC/29/52。

⑥ 2011年3月，数千名卡扎菲支持者聚集在卡扎菲住所充当人盾试图阻止北约空袭，参见"Libyans form human shield at Gaddafi's compound", https://www.reuters.com/article/us-libya-humanshield/libyans-form-human-shield-at-gaddafis-compound-idUSTRE72I3NB20110319, March 1, 2018; 4月，北约指控利比亚政府军使用人盾，参见"NATO says Gaddafi forces use human shields", https://www.washingtonpost.com/world/nato-says-gaddafi-forces-use-human-shields/2012/04/01/AFlj5qrC_story.html?utm_term=.debdd5535c95, March 1, 2018；8月，利比亚反对派武装指控利比亚政府军使用人盾，参见"Gaddafi forces using human shields, Libya rebels claim", https://www.theguardian.com/world/2011/aug/28/gaddafi-forces-human-shields-libya, March 1, 2018。

⑦ 内战早期，叙利亚政府军曾将儿童劫持为人质或作为人盾，参见联合国阿拉伯叙利亚共和国问题独立国际调查委员会2012年的报告（A/HRC/21/50），后来，伊斯兰国组织和叙利亚各个反对派武装团体经常使用平民作为人盾，参见联合国阿拉伯叙利亚共和国问题独立国际调查委员会2015年的报告（A/HRC/30/48）和2017年的报告（A/HRC/34/64）。

列战争和武装冲突中，人盾已经成为一种常见现象，造成大量平民伤亡，引发巨大争议。

二、人盾的身份和攻击的合法性

1949年日内瓦四公约和1977年两个附加议定书将之前条约只禁止报复战俘的规定扩展到一般禁止报复平民、战俘等人员和民用物体等物体①，还禁止劫持人质②，使得不能再将报复或劫持人质作为使用人盾的理由，并禁止将战俘、"被保护人"、医务人员、平民等作为人盾，如有违反，则构成1998年国际刑事法院《罗马规约》中的战争罪。③具体说来，《日内瓦第三公约》第23条禁止将战俘用作人盾，规定"无论何时都不得将战俘送赴或拘留于战斗地带炮火所及之地，亦不得利用彼等安置于某点或某地区以使该处免受军事攻击"，这比1929年《关于战俘待遇的日内瓦公约》的规定更绝对、直接和具体。《关于战时保护平民之日内瓦公约》（以下简称《日内瓦第四公约》）第28条禁止将"被保护人"④用作人盾，规定"对于被保护人不得利用其安置于某点或某地区以使

① 《日内瓦第一公约》第46条、《日内瓦第二公约》第47条均禁止报复伤病员等人员和物体，《日内瓦第三公约》第13条禁止报复战俘，《日内瓦第四公约》第33条禁止报复被保护人及其财产。《第一附加议定书》第20条、第51条第6款、第52条第1款、第53条第3款、第54条第4款、第55条第2款、第56条第4款均禁止对平民和民用物体等进行报复。

② 日内瓦四公约共同第三条禁止在一缔约国之领土内发生的非国际性武装冲突中，将"不实际参加战事之人员，包括放下武器之武装部队人员及因病、伤、拘留或其他原因而失去战斗力之人员在内"，作为人质。《第一附加议定书》第75条第2款第3项禁止"在任何时候和任何地方，也不论是平民或军人的行为"，将在冲突一方权力下的人作为人质。《第二附加议定书》第4条第2款第3项禁止"在任何时候和在任何地方"将"一切未直接参加或已停止参加敌对行动的人"作为人质。

③ 《罗马规约》第8条第2款第1项第8目和第8条第2款第3项第3目规定，在国际性和非国际性武装冲突中，"劫持人质"均构成战争罪。第8条第2款第2项第23目规定，在国际性武装冲突中，"将平民或其他被保护人置于某些地点、地区或军事部队，利用其存在使该地点、地区或军事部队免受军事攻击"构成战争罪。

④ 该术语特指《日内瓦第四公约》所适用的人群，公约第4条规定，"在冲突或占领之场合，于一定期间内及依不论何种方式，处于非其本国之冲突之一方或占领国手中之人，即为受本公约保护之人"，同时又说明受《日内瓦第一公约》或《日内瓦第二公约》或《日内瓦第三公约》保护之人"不得认为本公约意义内之被保护人"。

该处免受军事攻击”。1977年之前，只存在这两个明确禁止使用人盾的条约规则，只涉及战俘和“被保护人”，而1977年《第一附加议定书》除了明确禁止将平民用作人盾，还禁止用医务人员、医务飞机掩护军事目标[①]，也是首次使用“shield”[②]一词的国际条约。

日内瓦四公约和《第一附加议定书》中禁止人盾的规则适用于国际性武装冲突，但非国际性武装冲突中缺乏明确规定。《第二附加议定书》的草案曾包括类似《第一附加议定书》直接禁止将平民用作人盾的规定[③]，不过最终文本删除了该款，转而以间接的方式处理人盾问题。《第二附加议定书》第5条第1款第2项规定，“对于基于有关武装冲突的原因而自由被剥夺的人”，应提供免受武装冲突危害的保护；第3项以《日内瓦第三公约》第23条和《日内瓦第四公约》第83条[④]为基础，规定“拘禁和拘留的地方不应接近战斗地带……在其拘禁或拘留的地方特别容易遭受武装冲突所造成的危险时，如果撤退能在充分安全的条件下进行，应予撤退”；第13条第1款规定，“平民居民和平民个人应享受免于军事行动所产生的危险的一般保护”。在非国际性武装冲突中使用人盾，明显违反了上述条约规定。不仅如此，还可以通过已经成为习惯国际法规则的区分原则、预防措施和日内瓦四公约共同第三条等，推断在非国际性武装冲突中同样禁止人盾。

---

① 《第一附加议定书》第12条第4款规定，“在任何情况下，均不应利用医疗队以掩护军事目标不受攻击。冲突各方应尽可能保证医疗队设在对军事目标的攻击不致危害其安全的地方”；第28条第1款规定“禁止冲突各方利用其医务飞机，以图从敌方取得任何军事利益。医务飞机的存在不应被利用，以图使军事目标不受攻击。”与禁止平民作为人盾掩护军事目标或军事行动的规定相比，《第一附加议定书》仅禁止医务人员和医务飞机掩护军事目标，这是因为军事行动中经常出现医务人员抢救伤病员，已有较多规则对此种情形下的医务人员和设施等进行保护，如《日内瓦第一公约》第3~6章、《日内瓦第二公约》第3~5章等。

② 《第一附加议定书》将“shield”一概用作动词，因此中文本将其翻译为“掩护”而不是作为名词的“盾牌”。

③ 《第二附加议定书》草案第26条第5款规定，冲突各方不得使用平民居民或平民个人企图掩护军事目标不受攻击。参见Swiss Federal Council, *Official Records of the Diplomatic Conference on the Reaffirmation and Development of International Humanitarian Law Applicable in Armed Conflicts*（*Geneva, 1974—1977*）, Vol. I, Bern, Federal Political Department, 1978, p. 40。

④ 除其他事项，该条首先强调“拘留国不得将拘禁处所设立于特别冒战争危险之区域”。

这样，从1949年到1998年，历时半个世纪，国际条约中已经存在完整的禁止人盾的规则链条，在国际性和非国际性武装冲突中禁止人盾，不仅是条约法，也已成为习惯法。[①]其中，禁止将战俘、“被保护人”、医务人员用作人盾相对简单、明确，但关于平民则要复杂许多。

（一）人盾是否存在：意图问题

平民和战斗员或军事目标可能同时出现，比如，军队驻扎在城镇内、外或附近，战争法对此并不一般禁止，问题在于平民的存在或移动如何或何时构成战争法禁止的人盾。《第一附加议定书》第51条第5款第1项规定，“使用任何将平民或民用物体集中的城镇、乡村或其他地区内许多分散而独立的军事目标视为单一的军事目标的方法或手段进行轰击的攻击”属于不分皂白的攻击，应被禁止。谈判期间，该款虽有争议[②]，但最终包括该规定在内的整个51条获得通过，红十字国际委员会称之为“《第一附加议定书》最重要的条文之一”，即使是对该条的“部分保留”也会危及这个“不可缺少的规定的目标和目的”[③]。尽管这个规定绝对禁止不加区分地攻击位于平民区域的军事目标，但没有涉及军

---

① Jean-Marie Henckaerts and Louise Doswald-Beck, eds., *Customary International Humanitarian Law: Rules*, Cambridge, Cambridge University Press, 2005, pp. 337~340; Jean-Marie Henckaerts and Louise Doswald-Beck, eds., *Customary International Humanitarian Law: Practice*, Cambridge, Cambridge University Press, 2005, pp. 2285~2302.

② 法国认为，要确定位于小村庄、小城镇的“分散而独立的军事目标”是难以实现的，因为如果严格遵守该规定的话，就不能在平民居住或移动到的地方部署战斗员，从而可能严重危及行使自卫权。最终，第51条以77票赞成、16票弃权和1票反对而通过，法国投了唯一的反对票。参见Swiss Federal Council, *Official Records of the Diplomatic Conference on the Reaffirmation and Development of International Humanitarian Law Applicable in Armed Conflicts*（*Geneva, 1974—1977*）, Vol. VI, Bern, Federal Political Department, 1978, pp. 162~163. 法国将该款与自卫权联系起来站不住脚，如同红十字国际委员会在对该款的评论中指出的那样，“自卫权不包括使用违反国际人道法的措施，即使是在安理会确立和承认的侵略中”，因此大部分参会国家均支持该款。参见Yves Sandoz, Christophe Swinarski and Bruno Zimmermann, eds., *Commentary on the Additional Protocols of 8 June 1977 to the Geneva Conventions of 12 August 1949*, Geneva, Martinus Nijhoff Publishers, 1987, p. 615。

③ Yves Sandoz, Christophe Swinarski and Bruno Zimmermann, eds., *Commentary on the Additional Protocols of 8 June 1977 to the Geneva Conventions of 12 August 1949*, Geneva, Martinus Nijhoff Publishers, 1987, pp. 615~616.

事目标位于平民区域这一问题。第58条有关军事目标的位置问题，规定“冲突各方应在最大可能范围内……努力将其控制下的平民居民、平民个人和民用物体迁离军事目标的附近地方……避免将军事目标设在人口稠密区内或其附近”。然而，“最大可能范围内”意味着这种义务弹性较大，“人口稠密区”的措辞显然对人口的多少有某种程度的要求，将军事目标放置在有平民的区域本身并不违反该规定，即使人口不“稠密”的主张不成立，也可以用“尽了力”作为理由。简而言之，根据《第一附加议定书》，在平民区域放置军事目标本身不一定违法，但另一交战方有区分的绝对义务。

《第一附加议定书》第51条第7款也绝对禁止平民人盾，规定“平民居民或平民个人的存在或移动不应用于使某些地点或地区免于军事行动，特别是不应用以企图掩护军事目标不受攻击，或掩护、便利或阻碍军事行动。冲突各方不应指使平民居民或平民个人移动，以便企图掩护军事目标不受攻击，或掩护军事行动”。该规定区分了两种类型的人盾，第一段涉及“消极”人盾，即只是利用了已经发生的平民存在或移动来掩护军事目标或军事行动，比如，军队推进时刚好遇到有平民居住的村庄便将其作为掩护，或撤退时偶遇逃难的平民而与其一起行进；第二段有关“积极”人盾，是指在没有平民的存在或移动的情况下，主动创造这种情形来掩护军事目标或军事行动，例如，强行将平民置于军事目标，或者通过激发平民的某种情感使其自发置于军事目标。第一段既包括平民主动、自愿充当人盾，也包括平民在不知情的情况下被用作人盾，第二段则包括平民被迫和主动充当人盾两种情况。

但如何区分人盾与第58条允许的在平民区域放置军事目标？为了解决这个问题，第51条第7款要求无论“消极”和“积极”人盾都要存在掩护军事目标或军事行动的“企图”，《罗马规约》关于使用人盾构成战争罪的犯罪要件也强调了“意图”。[①]证明“积极”使用人盾的意图相对容易，特别是如果使用人

---

① 《犯罪要件》第8条第2款第2项第23目“战争罪——利用被保护人作为掩护”规定：“1. 行为人移动一名或多名平民或受武装冲突国际法规保护的其他人，或以其他方式利用这些人所处位置。2. 行为人故意使军事目标免受攻击，或掩护、支持或阻挠军事行动。3. 行为在国际武装冲突情况下发生并且与该冲突有关。4. 行为人知道据以确定存在武装冲突的事实情况。”

盾的一方公开表明了这种意图，比如，海湾战争期间（1990—1991），伊拉克在本国和科威特境内扣留了数百名外国人，将其关押于战略和军事目标作为人盾，以阻止多国部队的军事行动，萨达姆宣称这些“客人”的存在“是为了避免战争的灾祸”[①]，联合国安理会和大会分别谴责了伊拉克扣留[②]和使用人盾[③]的行为。“消极”使用人盾的情形中，平民的存在或移动是已经发生而不是故意造成的，如果因为条件所限，交战一方只能在这样的环境下进行军事行动，证明是否存在“附带”利用人盾的意图挑战很大。例如，第二次黎巴嫩战争期间，对于真主党将武器存放于平民家中或在平民居住区里发射火箭弹的行为，以色列认为这就构成故意使用人盾，而非政府组织人权观察则认为，只在“相对很少的情况下，真主党可能明确想将平民的存在用作掩护自己免受反攻的盾牌”[④]。换言之，在别无选择的情况下，交战方可能纯粹是想进行军事行动，而没有利用平民掩护自己的意图，除非有特别明确、直接的证据，否则证明“消极”使用人盾的意图可能十分困难。

简而言之，是否存在掩护军事目标或军事行动的意图，是区别战争法禁止的人盾和允许平民及战斗员或军事目标同时出现的关键，也是国际性武装冲突中使用人盾构成战争罪的关键，但无论是《第一附加议定书》还是《罗马规约》都没有关于如何证明意图的规定，因此应一事一议、逐例分析。即使无法确定掩护军事目标或军事行动的意图是否存在，也最多是无法断定是否存在使用人盾这种被禁止的行为，并不影响交战方的有关法律义务，尤其是预防措施的要求。

---

① BBC, “1990: Outrage at Iraqi TV hostage show”, http://news.bbc.co.uk/onthisday/hi/dates/stories/august/23/newsid_2512000/2512289.stm, March 1, 2018; BBC, “1990: Iraq frees British hostages”, http://news.bbc.co.uk/onthisday/hi/dates/stories/december/10/newsid_2544000/2544281.stm, March 1, 2018.

② 安理会1990年8月18日第664号决议“要求伊拉克准许和便利第三国国民立即离开科威特和伊拉克”，S/RES/664（1990）。

③ 大会1991年12月17日46/134号决议对伊拉克政府“扣押人质和以人作为‘人体盾牌’”等行为“深感关切”，A/Res/46/134（1991）。

④ Human Rights Watch, “Why They Died: Civilian Casualties in Lebanon during the 2006 War”, p. 16, https://www.hrw.org/sites/default/files/reports/lebanon0907.pdf, March 1, 2018.

（二）攻击是否合法：预防措施

《第一附加议定书》中预防措施的规定适用所有冲突方，但要求不尽一致，其核心是即使一方使用人盾，另一方也不能因此而任意进行军事行动，特别是仍要遵守预防措施的要求。预防措施在任何时候均不得解除，即使一方违反保护平民的规定，包括使用人盾，也“不应解除冲突各方关于平民居民和平民的法律义务，包括……采取预防措施的义务”[①]。对攻击方来说，《第一附加议定书》还设置了三项要求。第一，为取得同样的军事利益，如果有可能在几个军事目标之间进行选择，应选择“预计对平民生命和民用物体造成危险最小的目标”[②]，即选择不被人盾掩护的军事目标。第二，不存在替代选择时，也应“在选择攻击手段和方法时，采取一切可能的预防措施，以期避免，并无论如何减少平民生命附带受损失、平民受伤害和民用物体受损害”[③]。第三，“除为情况所不许可外，应就可能影响平民居民的攻击发出有效的事先警告”[④]。这三项规定形成一个层层递进、较为完整的链条。然而，实践中，事先警告常被用作进行“合法”攻击的理由，例如，第二次黎巴嫩战争期间，以色列在发动攻击前，常通过媒体、广播、飞机抛撒传单等方式进行警告，要求黎巴嫩平民按指令撤离清场，并将所有留下的人视为战斗员。[⑤]这种做法在理论上显然错误，不仅因为将交战方事先警告的义务与有关人员的身份这两个无关问题联系起来，而且直接跨越了直接参加敌对行动，将留下来的平民视为战斗员。从实践中看，即使平民收到了要撤离的警告，也可能由于各种实际困难，比如，没有交通工具、道路被毁、患病或年迈、根本无处可去、外出甚至更加危险而不能或不愿离开。[⑥]关于防御方，预防措施要求在最大可能范围内“努力将其控制下的平民

---

① 《第一附加议定书》第51条第8款。

② 《第一附加议定书》第57条第3款。

③ 《第一附加议定书》第57条第2款第1项第2目。

④ 《第一附加议定书》第57条第2款第3项。

⑤ Human Rights Watch, “Why They Died: Civilian Casualties in Lebanon during the 2006 War”, p. 6, https://www.hrw.org/sites/default/files/reports/lebanon0907.pdf, March 1, 2018.

⑥ 2006年联合国黎巴嫩调查委员会报告（A/HRC/3/2），第42页。

居民、平民个人和民用物体迁离军事目标的附近地方……避免将军事目标设在人口稠密区内或其附近”以及采取其他必要的预防措施。[①]预防措施对防御方的要求相对宽松，无论是内容上还是措辞上，比如，要求攻击方“应”采取预防措施，而要求防御方“努力”和“避免”。这是因为防御方已经一般处于劣势，如果过分强调其将平民迁离军事目标的责任，会不当地限制或损害防御方的军事能力，况且《第一附加议定书》第51条第8款已明确规定在保护平民的问题上不考虑互惠。

总之，对攻击方来说，尽管军事目标的选择和事先警告可视情况而调整，但预防措施是无论如何都必须履行的义务，而且即使做出有效的事先警告，也不能仅根据平民留下的事实而将其定为自愿人盾，更不能将其作为战斗员。

（三）攻击是否合法：直接参加敌对行动与区分原则

如上所述，对是否构成战争罪来说，使用人盾掩护军事目标或军事行动的意图具有决定性，而不是人盾是自愿还是非自愿，但是否自愿充当人盾对平民本身的身份和攻击的合法性可能产生影响。平民并非一个不证自明的概念，定义存在一些固有问题[②]，简单来说，平民是不属于战斗员类别的人，而战斗员是有权直接参加敌对行动的人[③]，平民虽然享有免受直接攻击之一般保护，但如果直接参加敌对行动，便会在此期间失去保护[④]，即攻击正在直接参加敌对行动的平民并不违反区分原则。问题在于，直接参加敌对行动具体内涵十分模糊，红十字国际委员会发布的《解释性指南》提出三个构成要件，即损害下限、直接

---

① 《第一附加议定书》第58条。

② 关于战斗员和平民的问题，参见朱路：《论国际人道法中的平民概念——兼评红十字国际委员会〈解释性指南〉》，载《暨南学报》（哲学社会科学版）2013年第6期，第103~112页；朱路：《论国际人道法中的战斗员概念及其当代挑战》，载《广西大学学报》（哲学社会科学版）2015年第4期，第109~115页。

③ 《第一附加议定书》第43条第2款。

④ 《第一附加议定书》第51条第3款、《第二附加议定书》第13条第3款。

因果关系和交战联系[①]，试图填补理论空白，但争议颇多，本身也不具有法律效力。尽管如此，由于红十字国际委员会在国际人道法领域的巨大影响力，以及《解释性指南》作为迄今唯一一个讨论直接参加敌对行动的文件，下文将简要参考《解释性指南》以阐明一些基本问题。

《解释性指南》提出的三个直接参加敌对行动的构成要件，一般都是客观表现，与主观意图无关，特别是损害下限和直接因果关系。因此，是否有充当人盾的故意，本不会影响人盾是否构成直接参加敌对行动，即自愿和非自愿人盾在是否构成直接参加敌对行动的判断标准上应该是一致的、没有区别的。交战联系虽然也一般无关参加个体的主观意图，但设置了某些例外将直接参加敌对行动与主观意图联系起来，比如，"完全被剥夺了身体上的行动自由"的非自愿人盾。[②]《解释性指南》还进一步将自愿人盾分为构成军事行动"物理障碍"和"法律障碍"两类，前者是指武器威力不大的时候用身体阻止对方移动，后者是指使比例评估的参数发生不利于进攻方的变化。[③]这种区分虽然可能反映了当代战场的现实，但不必要地将本来就很复杂的人盾问题进一步复杂化，而且《解释性指南》本身对"物理障碍"的人盾看法就前后矛盾：一方面认为此种人盾满足损害下限的要求，但行为与损害结果之间的关系是间接的，不构成直接参加敌对行动[④]；另一方面又认为聚集在桥上阻止追赶叛乱团体的政府地面部队通过的自愿人盾构成直接参加敌对行动。因此，不应再将自愿人盾分类。

尽管在实践中，如同证明使用人盾是否存在掩护军事目标或军事行动的意

---

① 根据《解释性指南》，一项具体行为必须同时满足以下条件才能构成直接参加敌对行动：1.该行为必须很可能对武装冲突一方的军事行动或军事能力造成不利影响，或者致使免受直接攻击之保护的人员死亡、受伤或物体毁损（损害下限）；2.在行为与可能因该行为（或该行为作为有机组成部分的协同军事行动）所造成的损害之间必须存在直接的因果关系（直接因果关系）；3.该行为必须是为了直接造成规定的损害下限，其目的是支持冲突一方并损害另一方（交战联系）。参见红十字国际委员会：《解释性指南》，红十字国际委员会2009年版，第44页。

② 红十字国际委员会：《解释性指南》，红十字国际委员会2009年版，第58页。

③ 红十字国际委员会：《解释性指南》，红十字国际委员会2009年版，第54页。

④ 红十字国际委员会：《解释性指南》，红十字国际委员会2009年版，第54~55页。

图一样，证明人盾是自愿还是非自愿也十分困难，但理论界[①]和实务界一般都认为非自愿人盾，作为被劫持的人质，没有支持冲突一方反对另一方的意图，不存在交战联系，因此不构成直接参加敌对行动并继续受到保护。[②]关于自愿人盾则争议巨大，反对[③]和主张自愿人盾构成直接参加敌对行动的观点同样强烈。主张自愿人盾构成直接参加敌对行动的代表性观点认为，自愿人盾采取肯定措施挫败对直接贡献于战争努力的物体或人员的损害，对军事行动产生直接因果关系，很难不将该行为视为直接参加敌对行动。[④]强调人盾支持冲突一方反对另一方的意图显示出交战联系以及行为与损害之间的直接因果关系是正确的，但仅有这两点还不够，因为尽管具体标准并未确定，对损害有"下限"的要求是没有争议的，必须达到一个起码的标准，如果只考虑损害存在或门槛设置过低，那么不仅是自愿人盾，很多根本不涉及人盾的平民也可能会被认为构成直接参加敌对行动，这就打破了国际人道法中人道精神和军事必要之间的平衡。

《解释性指南》试图将直接参加敌对行动建构为一种客观表现，保障适用的可预见性，无疑是正确的。《解释性指南》只明确承认诸如非自愿人盾这样

---

① 如Michael N. Schmitt, "Human Shields in International Humanitarian Law", *Columbia Journal of Transnational Law* 47, 2009, p. 336; Eduard Hovsepyan, "Legality of Attacks against Human Shields in Armed Conflict", *UCL Journal of Law and Jurisprudence* 6, 2017, p. 181.

② 例如，以色列最高法院在定点清除案中就认为，如果平民是被恐怖分子强迫作为人盾，那么"那些无辜的平民不能被视为正在直接参加敌对行动。他们自己也是恐怖主义的受害者。然而，如果他们这么做是出于自己的自由意志，是为了支持恐怖组织，则应被视为直接参加敌对行动"。参见*The Public Committee against Torture in Israel et al. v. The Government of Israel et al.*, HCJ 769/02, 13 December 2006, para. 36。

③ 如Rewi Lyall, "Voluntary Human Shields, Direct Participation in Hostilities and the International Humanitarian Law Obligations of States", *Melbourne Journal of International Law* 9, 2008, pp. 313~333; Shannon Bosch, "Targeting Decisions involving Voluntary Human Shields in International Armed Conflicts in Light of the Notion of Direct Participation in Hostilities", *The Comparative and International Law Journal of Southern Africa* 46, 2013, pp. 447~473; Shannon Bosch, "Voluntary Human Shields: Status-less in the Crosshairs?", *The Comparative and International Law Journal of Southern Africa* 40, 2007, pp. 322~349.

④ 如Michael N. Schmitt, "Human Shields in International Humanitarian Law", *Columbia Journal of Transnational Law* 47, 2009, p. 318; Yoram Dinstein, "Direct Participation in Hostilities", *Tilburg Law Review* 18, 2013, p. 14.

的例外情形下，主观意图会影响交战联系的确立，似乎说明主观因素只涉及交战联系，与损害下限和直接因果关系不大，但深究起来，损害下限和直接因果关系也不同程度涉及主观上的解释，尤其是有最低程度要求的损害下限，更可能是一个见仁见智的事情。因此，人盾是否以及如何构成直接参加敌对行动，在理论和实践中的分歧将继续存在，直接参加敌对行动本身究竟应否界定也未形成一致意见①，但可以合理推测，即使自愿人盾满足交战联系的要求，对于其所造成损害下限的要求，跟其他平民一样，也必须相当高，行为与损害的直接因果关系必须十分明确。因此，应一般推定自愿人盾不构成直接参加敌对行动，如同在有关人员是否是平民的问题存疑时应将其作为平民一样。②这种观点似乎正在获得更多支持，例如，美国国防部2016年12月更新的《战争法手册》便暗示，一般情况下不将自愿人盾视为直接参加敌对行动。③

简而言之，非自愿人盾和自愿人盾一般都不构成直接参加敌对行动，如果直接攻击就会违反区分原则。即使人盾构成直接参加敌对行动，也不会影响其平民的身份，但这时的攻击就不属于不分皂白的攻击，相应地，攻击的合法性将由比例原则予以检验。

（四）攻击是否合法：比例原则

比例原则要求攻击所附带造成的平民伤亡、民用物体损毁，与预期的具体和直接军事利益相比不能过分④，如果超出限度，则为非法。与人盾是否构成直接参加敌对行动相比，人盾的伤亡最直接、最客观、产生最大的舆论和政治影响，因此，关于比例原则与人盾的争议要比关于直接参加敌对行动的争议激

① 前南刑庭的观点很有代表性，认为没有必要精确地划定直接和非直接参加敌对行动的界限，根据受害者的有关事实判断在当时的具体情况下是否存在直接参加敌对行动足矣。参见*Prosecutor v. Duško Tadić aka "Dule"*, Case No.: IT-94-1-T, 7 May 1997, Trial Judgment, para. 616。

② 《第一附加议定书》第50条第1款。

③ 该手册认为，只有特殊情况下，基于有关事实和情况，指挥官才可能将自愿人盾定性为正在直接参加敌对行动，即自愿人盾一般都不构成直接参加敌对行动。Department of Defense, *Law of War Manual June 2015*（*Updated December 2016*）, p. 270.

④ 《第一附加议定书》第51条第5款第2项、第57条第2款第1项第3目、第57条第2款第2项。

烈，大致可分为两部分，即比例原则是否适用人盾，以及如果适用的话，是否区分自愿和非自愿人盾。

主张比例原则不适用人盾的理由和范围不尽相同，比如，有学者将自愿人盾一概视为直接参加敌对行动，以此排除比例原则的适用。[①]照此逻辑，住在明显的潜在军事目标如军营附近的平民如果不离开自己家，就会构成直接参加敌对行动并进而失去保护，因此不能计入比例原则的评估。用平民的意愿来决定其能否受到保护存在被滥用的风险，即攻击方为了能更灵活地进行比例评估，会将所有位于军事目标附近的平民都视为自愿人盾。[②]还有学者撇开直接参加敌对行动，根据行为科学中的“间歇性增强”（intermittent reinforcement）规则，认为国际社会对人盾的回应不一致导致人盾在当代冲突中一再出现，因此应采用统一的方法，“对比例评估采取广义的理解，不管人盾的存在而允许进攻方实现军事目标”，即战斗员绝不允许人盾妨碍其实现军事目标。[③]这抹去了区分原则、预防措施等，片面强调军事利益，对人盾“格杀勿论”，完全背离了国际人道法的精神和目的。

与之相反的另一极是主张人盾[④]或自愿人盾[⑤]必须适用比例原则，但更多则认为比例原则虽然适用人盾，但评估的标准应该调整。有学者提出所谓的“成比例的比例原则”（proportionate proportionality），认为当使用非自愿或不知情的人盾成为广泛或系统的政策一部分时，比例原则的措施必须调整，评估时不

---

① Michael N. Schmitt, “Targeting and Humanitarian Law: Current Issues”, *International Law Studies* 80, 2006, p. 174.

② Stéphanie Bouchié de Belle, “Chained to Cannons or Wearing Targets on Their T-Shirts: Human Shields in International Humanitarian Law”, *International Review of the Red Cross* 90, 2008, p. 902.

③ Margaret T. Artz, “Chink in the Armor: How a Uniform Approach to Proportionality Analysis Can End the Use of Human Shields”, *Vanderbilt Journal of Transnational Law* 45, 2012, pp. 1447~1487.

④ Emanuel Gross, “Use of Civilians as Human Shields: What Legal and Moral Restrictions Pertain to a War Waged by a Democratic State against Terrorism?”, *Emory International Law Review* 16, 2002, pp.445~524.

⑤ Nada Al-Duaij, “The Volunteer Human Shields in International Humanitarian Law”, *Oregon Review of International Law* 12, 2010, p. 123.

能不考虑一方非法使用人盾的行为。[①]以色列最高法院在定点清除案中认为，包括对非自愿人盾在内的“无辜平民的伤害必须尤其符合比例原则的要求”[②]，暗示自愿人盾的伤亡不会计入比例原则的考量。美国的《战争法手册》关于比例原则与人盾关系的态度有巨大转折：2015年6月的版本宣称对人盾的伤害不计入比例原则的考量，因为如果将比例原则解释为允许使用人盾来禁止攻击，“将会有悖常理地鼓励使用人盾并允许防守方通过违反行为增加攻击方的法律义务”[③]；2016年12月的版本则认为，当防守方使用自愿人盾时，进攻方所造成的损害是否过分，需要考虑防守方使用自愿人盾所产生的责任[④]，暗示自愿人盾的出现至少可以放松比例评估的标准。英国的《武装冲突法手册》不区分人盾的种类，宣布比例原则适用于人盾，规定“即使使用人盾，也必须考虑比例规则”，但“衡量附带损失或伤害与预期的军事利益是否相称时，敌人的非法行为可加以考虑”，而且是做出“对攻击合法性的判断有利于攻击者”的因素。[⑤]如果放宽评价标准意味着保障攻击不违反比例原则，那么这种做法将产生内在的、无法调和的矛盾，因为对人盾适用比例原则首先就承认了人盾属于平民，评估的是平民而不是其他任何人的伤亡，但攻击无论如何“必须合法”，实际上又将人盾伤亡排除于比例原则之外，这不符合逻辑。尽管相对而言，出现自愿人盾时，调高可接受的平民伤亡限度存在现实中的合理性，但允许更多的平民伤亡直接背离了《第一附加议定书》关于预防措施的规定，而且，究竟应该调高到什么程度也会产生新的争议，并可能被滥用。

无论是将人盾伤亡完全排除在比例原则评估之外的激进观点，还是要求放宽比例原则评价标准的温和主张，其目的都是消除人盾给另一方带来的额外的法律考量和法律障碍，使得人盾失去法律中的影响，从而打消使用人盾的念

① Amnon Rubinstein and Yaniv Roznai, “Human Shields in Modern Armed Conflicts: The Need for a Proportionate Proportionality”, *Stanford Law & Policy Review* 22, 2011, p.121.

② *The Public Committee against Torture in Israel v. The Government of Israel*, HCJ 769/02, 13 December 2006, para. 42.

③ Department of Defense, *Law of War Manual June 2015*, p. 243; p. 245.

④ Department of Defense, *Law of War Manual June 2015*（*Updated December 2016*）, p. 263; p. 270.

⑤ *JSP 383: Joint Service Manual of the Law of Armed Conflict*（*2004 Edition*）, p. 68; p. 26.

头。然而，这两种主张都打破了军事必要和人道精神的平衡，存在被滥用的可能，危及对平民的保护。而且，这两种主张也似乎都首先忽略了一个事实，即比例原则具有很大的弹性，本身就不存在统一的计算公式或方法，只能一事一议地根据具体情况来评估攻击的合法性。因此，无论何种人盾的伤亡都应在比例原则的评估范围内，如何衡量军事利益与人盾伤亡，也应该和任何其他攻击一样，视具体情况而定。

三、关于人盾的国际司法实践

人盾问题涉及许多弹性很大或内涵不明确的国际人道法概念、原则和规则，理论上争议很大，因此，国际法庭如何解释和适用有关条约法和习惯法，具有重要的讨论价值和参考意义。目前，有关人盾的案件主要集中于前南刑庭。

波黑战争期间，克罗地亚国防委员会（Croatian Defence Council/Hrvatsko vijeće obrane，HVO）设立监狱非法关押穆斯林作为交易筹码或进行种族清洗。阿莱克索夫斯基（*Aleksovski*）案中，被告任这样一所监狱的指挥官，被控强迫被关押人员在克罗地亚国防委员会和波黑军队的前线或附近挖战壕，并将其用作人盾以保证穆斯林村庄投降。[①]审判庭认为，根据《前南斯拉夫问题国际法庭规约》（以下简称《前南刑庭规约》）第7条第1款[②]，被告因为帮助和教唆使用被关押人员作为人盾或挖战壕构成对《前南刑庭规约》第3条“违反战争法和惯例的行为”所保护的个人尊严的暴行，罪名成立。[③]检方虽然指控被告违反了

---

① *The Prosecutor v. Zlatko Aleksovski*, Case No.: IT-95-14/1-T, 25 June 1999, Trial Judgment, para. 27.

② 第7条“个人刑事责任”规定，“1.凡计划、教唆、命令、犯下或协助煽动他人计划、准备或进行本规约第2至5条所指罪行的人应当为该项犯罪负个人责任。2.任何被告人的官职，不论是国家元首、政府首脑，或政府负责官员，不得免除该被告的刑事责任，也不得减轻刑罚。3.如果一个部下犯下本规约第2至5条所指的任何行为，而他的上级知道或应当知道部下将有这种犯罪行为或者已经犯罪而上级没有采取合理的必要措施予以阻止或处罚犯罪者，则不能免除该上级的刑事责任。4.被告人按照政府或上级命令而犯罪不得免除他的刑事责任，但是如果国际法庭裁定合乎法理则可以考虑减刑”。

③ *The Prosecutor v. Zlatko Aleksovski*, Case No.: IT-95-14/1-T, 25 June 1999, Trial Judgment, para. 229.

《前南刑庭规约》第2条“严重违反1949年日内瓦四公约的情事”[①]，但审判庭无法就该条是否适用达成一致，因此根据该条提起的两项罪状均未成立。[②]尽管上诉庭裁定有关冲突为国际性武装冲突，《前南刑庭规约》第2条应适用，但认为已经根据同样的事实以《前南刑庭规约》第3条将被告定罪，所以拒绝推翻审判庭关于第2条的两条罪状无罪的判决。[③]

布拉斯基奇（*Blaškić*）案和阿莱克索夫斯基案相关事实基本一样，两名被告原本是作为一份起诉书的共同被告，后来分别立案处理。[④]布拉斯基奇案中，审判庭裁定有关行为是“作为一场国际性武装冲突的一部分”而发生的，因此存在《前南刑庭规约》第2条适用的前提条件。被告是克罗地亚国防委员会的一名指挥官，根据《前南刑庭规约》第7条第1款，被控命令使用被关押人员挖战壕和将其作为人盾，违反了《前南刑庭规约》第2条（b）款、第3条和日内瓦四公约共同第三条第1款甲项禁止不人道待遇和虐待（cruel treatment）的规定。审判庭认为，“在前线危险的环境下使用被关押人员挖战壕必须被视为不人道待遇或虐待。这些人员的守卫的动机几乎不重要”[⑤]，由于使用被关押人员挖战壕和将其作为人盾同时发生，审判庭没有进一步考虑人盾问题。布拉斯基奇案中还存在另外三个使用人盾的情形：一是强迫穆斯林平民聚集在克罗地亚国防委员会总部前方进行掩护，告知其会被自己人轰击，如果试图逃走会被立即砍杀；二和三涉及将穆斯林平民关押在用作军营和指挥部的学校和文化中心。审判庭认为第一种情形中的平民“十分明显地”遭受了“巨大的精神痛苦”，存在不人道待遇和虐待，但关于后两种情形中的平民，“检方未能排除合

---

① 该条所指的行为包括“（a）故意杀害；（b）酷刑或不人道待遇，包括生物学实验；（c）故意使身体或健康遭受重大痛苦或严重伤害；（d）无军事上之必要，而以非法和野蛮之方式，对财产进行大规模的破坏和占用；（e）强迫战俘或平民在敌对国军队中服务；（f）故意剥夺战俘或平民应享的公民及合法审讯的权利；（g）将平民非法驱逐出境或移送或非法禁闭；（h）劫持平民作人质”。

② *The Prosecutor v. Zlatko Aleksovski*, Case No.: IT-95-14/1-T, 25 June 1999, Trial Judgment, para. 46.

③ *Prosecutor v. Zlatko Aleksovski*, Case No.: IT-95-14/1-A, 24 March 2000, Appeals Chamber Judgment, para. 153（iii）; para. 154; para. 192..

④ *The Prosecutor v. Zlatko Aleksovski*, Case No.: IT-95-14/1-T, 25 June 1999, Trial Judgment, para. 4.

⑤ *The Prosecutor v. Tihomir Blaškić*, Case No.: IT-95-14-T, 3 March 2000, Trial Judgment, para. 713.

理怀疑，证明这些被关押人员意识到对其据称被用作保护有潜在的攻击”，因此“不能确立……因被用作人盾而遭受痛苦”，裁定被告只在第一种情形中命令实施了《前南刑庭规约》第2条（b）款禁止的不人道待遇和第3条禁止的虐待行为。[①]上诉庭肯定了《前南刑庭规约》第2条的可适用性[②]，但由于缺乏证据，应根据《前南刑庭规约》第7条第1款以不作为（omission）而不是命令确立被告的刑事责任；认为不人道待遇与虐待本质上是一样的，只是前者要求受害者有“被保护人”的身份，因此驳回了关于虐待行为的定罪，但确认了被告有关不人道待遇的罪行，并裁定“使用被关押人员作为人盾给其造成了严重的精神伤害，并构成对人类尊严的严重侵犯”[③]。

科尔迪奇（*Kordić*）案同样涉及使用平民挖战壕和充当人盾，两名被告中，一位是波斯尼亚克族领导人，另一位是克罗地亚国防委员会的指挥官。审判庭确定有关冲突是国际性武装冲突[④]，根据《前南刑庭规约》第2条（b）款和第7条，裁定多项关于两名被告使用人盾的行为致使平民遭受不人道待遇的罪状成立[⑤]，但上诉庭认为缺乏事实根据，撤销了其中一项。[⑥]纳莱蒂利克（*Naletilić*）案除了涉及平民，还涉及战俘，也有两名被告，一位建立了某听命于克罗地亚国防委员会的军事组织，另一位是该组织的指挥官，两人均被指控使用人盾和

① *The Prosecutor v. Tihomir Blaškić*, Case No.: IT-95-14-T, 3 March 2000, Trial Judgment, paras. 714~716.

② *Prosecutor v. Tihomir Blaškić*, Case No.: IT-95-14-A, 29 July 2004, Appeals Chamber Judgment, para. 170.

③ *Prosecutor v. Tihomir Blaškić*, Case No.: IT-95-14-A, 29 July 2004, Appeals Chamber Judgment, paras. 669~671.

④ *Prosecutor v. Dario Kordić & Mario Čerkez*, Case No.: IT-95-14/2-T, 26 February 2001, Trial Judgment, para. 164.

⑤ *Prosecutor v. Dario Kordić & Mario Čerkez*, Case No.: IT-95-14/2-T, 26 February 2001, Trial Judgment, para. 834; para. 836.

⑥ *Prosecutor v. Dario Kordić & Mario Čerkez*, Case No.: IT-95-14/2-A, 17 December 2004, Appeals Chamber Judgement, para. 940.

非法劳动（unlawful labour）。[①]审判庭暗示所涉冲突是国际性武装冲突[②]，判定指挥官命令被关押人员身穿迷彩服、手持木头枪走在向敌人发起攻击的坦克旁边这个事实成立[③]，有关人员遭受了“严重的精神伤害”和/或身体损害[④]，根据《前南刑庭规约》第2条（b）款、第3条、第5条（i）款[⑤]和第7条，裁定此种使用人盾的行为构成非法劳动、不人道行为、不人道待遇和虐待。[⑥]控方和辩方在上诉庭就冲突是否国际性进行了激烈的辩论，尽管上诉庭认为审判庭未能明确判定被告是否知道确立冲突为国际性的事实情况，但认为这并不影响审判庭的判决，因此予以维持。[⑦]

此外，还有两个关于人盾的案件尚未结案。1995年5月至6月间，波斯尼亚塞族部队将200余名联合国维和人员及军事观察员关押在包括具有战略或军事重要性的不同地点，以使这些地方免受北约空袭并阻止空袭继续。卡拉季奇（*Karadžić*）案的被告是塞族共和国总统，姆拉迪奇（*Mladić*）案的被告是塞族部队的将军，最初的起诉书将二者列为共同被告，为使用人盾设置了四项罪状，即《前南刑庭规约》第2条（h）款禁止劫持平民作人质、第3条禁止劫持人质、第2条（b）款禁止不人道待遇和第3条禁止虐待[⑧]，后来分别立案处理，

---

① 《日内瓦第三公约》第49条、第50条和第52条规定了允许和禁止战俘从事的劳动种类和情形，《日内瓦第四公约》第51条对被保护人做出了类似规定，非法劳动是指违反这些规定的行为。参见 *Prosecutor v. Mladen Naletilic, aka "TUTA" & Vinko Martinovic, aka "ŠTELA"*, Case No.: IT-98-34-T, 31 March 2003, Trial Judgment, para. 274; para. 250。

② *Prosecutor v. Mladen Naletilic, aka "TUTA" & Vinko Martinovic, aka "ŠTELA"*, Case No.: IT-98-34-T, 31 March 2003, Trial Judgment, paras. 181~202.

③ *Prosecutor v. Mladen Naletilic, aka "TUTA" & Vinko Martinovic, aka "ŠTELA"*, Case No.: IT-98-34-T, 31 March 2003, Trial Judgment, para. 274.

④ *Prosecutor v. Mladen Naletilic, aka "TUTA" & Vinko Martinovic, aka "ŠTELA"*, Case No.: IT-98-34-T, 31 March 2003, Trial Judgment, para. 289.

⑤ 该条名为“危害人类罪”，其中（i）款规定的是“其他不人道行为”。

⑥ *Prosecutor v. Mladen Naletilic, aka "TUTA" & Vinko Martinovic, aka "ŠTELA"*, Case No.: IT-98-34-T, 31 March 2003, Trial Judgment, para. 334.

⑦ *Prosecutor v. Mladen Naletilic, aka "TUTA" & Vinko Martinovic, aka "ŠTELA"*, Case No.: IT-98-34-A, 3 May 2006, Appeals Chamber Judgment, para. 121; para. 122; para. 480.

⑧ *The Prosecutor of the Tribunal against Radovan Karadžić & Ratko Mladić*, Case No.: IT-95-5-I, Indictment, 24 July 1995, paras. 46~48.

并将之前的四项罪状合为一个，即《前南刑庭规约》第3条和日内瓦四公约共同第三条第1款乙项禁止的劫持人质，按照第7条第1款和第3款追究刑事责任[①]，且均未提及有关冲突的性质。审判庭裁定，劫持人质违反了《前南刑庭规约》第3条和日内瓦四公约共同第三条第1款乙项，作为劫持人质“共同犯罪团伙”（Joint Criminal Enterprise，JCE）的一员，卡拉季奇案的被告应根据《前南刑庭规约》第7条第1款承担刑事责任[②]，姆拉迪奇案的被告应根据《前南刑庭规约》第7条第1款和第3款承担刑事责任[③]，两名被告均提起上诉，目前上诉庭正在处理。[④]

半个世纪前国防军最高统帅部案曾设想使用人盾构成单独的战争罪，迄今为止这并未出现，前南刑庭的有关审判已经证明了这一点，然而，这并不影响前南刑庭关于人盾的案例法的权威性和参考价值。早期的案例中，人盾常和强迫劳动同时出现，后来更多的是被单独使用，平民最常被用作人盾，有时也包括战俘和联合国维和人员。绝大部分案例中，使用人盾或是根据《前南刑庭规约》第2条（b）款禁止不人道待遇而定罪，或是根据《前南刑庭规约》第3条和日内瓦四公约共同第三条第1款甲项禁止虐待而定罪，而前南刑庭认为不人道待遇和虐待本质上是相同的。尽管是按照不人道待遇还是虐待定罪没有实质区别，但有关程序并不一样。由于第2条仅适用于国际性武装冲突，如果援引该条，必须首先证明国际性武装冲突的存在，但有时情况十分复杂，证明的难度较大，容易产生争议，如阿莱克索夫斯基案和纳莱蒂利克案；相比之下，第3条和日内瓦四公约共同第三条既适用于国际性也适用于非国际性武装冲突，

---

① *The Prosecutor v. Radovan Karadžić*, Case No.: IT-95-5/18-PT, Prosecution's marked-up indictment, 19 Oct 2009, paras. 83~87; *The Prosecutor v. Ratko Mladić*, Case No.: IT-09-92-PT, Fourth Amended Indictment, 16 Dec 2011, paras. 82~86.

② *Prosecutor v. Radovan Karadžić*, Case No.: IT-95-5/18-T, Trial Judgment, 24 March 2016, para. 5994.

③ *The Prosecutor v. Ratko Mladić*, Case No.: IT-09-92-T, Trial Judgment, Volume I of V, 22 November 2017, para. 9.

④ 由于前南刑庭于2017年12月21日正式关闭，有关案件转由联合国国际刑庭余留机制（United Nations The Mechanism for International Criminal Tribunals，MICT）处理。卡拉季奇案的上诉详情，参见http://www.unmict.org/en/cases/mict-13-55；姆拉迪奇案的上诉详情，参见http://www.unmict.org/en/cases/mict-13-56。

无须证明冲突的性质，卡拉季奇案和姆拉迪奇案就主要依靠第3条而没有引用第2条。值得注意的是，前南刑庭将人盾的精神痛苦作为不人道待遇或虐待的关键，进而使之成为人盾罪行的关键，即如果有关人员没有意识到自己被用作人盾并因此而没有遭受痛苦，就不存在有关不人道待遇或虐待的人盾罪行，这样，使用自愿或无意识人盾至少不能以不人道待遇或虐待定罪。

四、小结

战争法的发展使人盾从纯粹的道德问题成为法律问题。在条约规定还不充分的年代，使用人盾主要涉及劫持人质和进行报复，按照关于战争的习惯法或战争惯例均属合法。“二战”后，日内瓦四公约和两个附加议定书以及《罗马规约》一方面明确禁止劫持人质和进行报复，另一方面大幅增加对战俘、平民和其他人的保护，在国际条约中已经形成完整的禁止人盾的规则链，禁止人盾也成为习惯国际法的一部分。但是，人盾问题涉及许多弹性很大或含义模糊的国际人道法的原则、规则和概念，导致对同一个事实可能产生完全相反的法律解读。更糟的是，随着当代武装冲突手段和性质等方面的变化，人盾成为当代战场的一大特征，造成大量平民伤亡。使用人盾迄今没有成为单独的战争罪，但前南刑庭关于人盾的判例法，明确了使用人盾可能构成不人道待遇、虐待和劫持人质罪，以及使用非自愿人盾更可能构成犯罪。从国际刑法的角度来说，人盾自愿与否对战争罪具有影响，但从国际人道法的角度来看，人盾自愿与否对于直接参加敌对行动、区分原则、比例原则和预防措施没有影响，没有必要区分。人盾所凸显的国际人道法的困境，应在保持军事必要和人道精神大致平衡的基础上，通过澄清有关规则积极应对。区分人盾与国际法允许的平民与军事目标并存的情形应考虑是否存在掩护军事目标或军事行动的意图，即使一方使用人盾，另一方也应尽可能采用预防措施，以期减少人盾伤亡。任何人盾一般均应被视为不构成直接参加敌对行动并因此具有免受直接攻击之一般保护，除非构成直接参加敌对行动，否则任何人盾伤亡均应计入比例原则的考量，以判断具体攻击合法与否。

第二章　当代武装冲突的手段非人化

2013年2月，美国国防部提议为进行无人机攻击和网络战的士兵设立“杰出战争勋章”（distinguished warfare medal），这将是美国自1944年设立“铜星勋章”（bronze star medal）后第一次设立的战斗勋章。[①]然而由于这个拟设立的“杰出战争勋章”位阶很高，甚至高于授予战斗中负伤或死亡者的紫心勋章（purple heart），老兵协会立即对此抗议，理由是“远程或者通过电脑战斗的人，和正在与要杀死他们的敌人战斗的人之间有根本不同”，面对激烈的质疑，美国国防部于2013年4月取消了这个计划。[②]

这个例子生动地说明了科技进步给当代武装冲突带来的影响。可是，技术进步给国际人道法带来的挑战不仅仅是无人机和网络攻击，纳米科技、定向能、生物制剂、基因组学等都有可能用于战场，科技发展“不可避免地要塑造未来的战场，影响冲突在哪儿、由谁进行，以及战斗的手段和方法”，实际上，“我们正处在这样一个历史时刻，既能看到武装冲突的未来，也能察觉到未来科技发展将在一些明显的地方给现有的武装冲突法带来压力”[③]。从历史的角度看，“武器科技的进步常常挑战调整武装冲突的现有法律概念。十字弓挑战了对谁是不可多得的士兵的一般理解，潜水艇、飞机和网络攻击扩展了可能的战

---

① Associated Press, “‘Distinguished Warfare Medal’ created for cyber, drone wars”, https://www.politico.com/story/2013/02/distinguished-warfare-medal-created-for-cyber-drone-wars-087595, April 12, 2020.

② AFP, “Pentagon Calls off New Medal for Drone, Cyber Warriors”, https://www.securityweek.com/pentagon-calls-new-medal-drone-cyber-warriors, April 12, 2020.

③ Eric Talbot Jensen, “The Future of the Law of Armed Conflict: Ostriches, Butterflies, and Nanobots”, *Michigan Journal of International Law* 35, 2014, p. 256.

场范围，而核武器产生了全面战争甚至是人自己导致的人类灭绝的可能性”[①]。科技进步既挑战了战争法，又推动了战争法的发展，尽管有时结果并不尽如人意或者耗时较长，而且法律发展的速度几乎总是无法跟上科技进步的速度。针对特定武器的国际条约，19世纪有1868年《禁止在战争中使用某些爆炸性或装有易燃物质的投射物的圣彼得堡宣言》、1899年《禁止从气球上投放爆炸物海牙宣言》、1899年《禁止使用以散布窒息性或有毒气质为唯一目的之投射物的海牙宣言》、1899年《禁止使用达姆弹的海牙宣言》等，20世纪有1972年《禁止生物武器公约》、1980年《常规武器公约》、1993年《禁止化学武器公约》等，但21世纪新科技的发展给作战方法和手段带来的变革，可能与以往所有的技术进步都有质的不同，而由于这些新科技军民两用的特征等原因，达成有关国际条约的难度似乎更大。

战争长期以来只能近身肉搏，枪炮的发明虽然让士兵能在较远的距离杀死敌人，士兵本人还是得出现在战场上，飞机和导弹进一步拉开了士兵与战场的距离，但士兵真正和战场脱离乃至相隔千万里，还是近年来无人机科技进步的产物，而无人机正在朝着完全自主的方向发展。半自主和自主武器系统在战场上的出现使得战斗至少对一方来说只是屏幕上的事，敌人不再被当作“人”看待，相反，战争的去现实化程度不断增强导致“影像行将战胜实物，时间行将战胜空间，而其环境正是工业化的战争，其中，对于事件的再现压倒了对于事实的呈现”[②]。也就是说，对使用半自主和自主武器系统的一方来说，敌人只是作为图像和数字而存在，而对面对半自主和自主武器系统的一方来说，自己没被当人对待的感觉更加明显。战场也不再完全以“看得见摸得着”、物理的方式出现，网络战、网络攻击等新式作战方法使得网络空间成为新的战场，而网络空间几乎一切都是虚拟的，交战双方和交战手段都是代码，“人”消失了。更关键的是，历史上无论科技如何发展，武器仍然只是作为一种工具而存在，但

---

① Rebecca Crootof, “The Killer Robots Are Here: Legal and Policy Implications”, *Cardozo Law Review* 36, 2015, p. 1894.

② ［法］保罗·维利里奥：《战争与电影》，孟晖译，南京大学出版社2011年版，前言第2页。

自主武器系统（Autonomous Weapon Systems，AWS）出现了“反客为主”、自身成为主体的趋势，引发了诸如“机器人战争”以及机器人统治人类这样“终结者”式的担忧。果真如此的话，这不仅是人类历史、战争史上的一次根本范式转换，也是国际法、国际人道法面临的根本挑战。这就是当代武装冲突的手段非人化（dehumanize/dehumanization），数据在其中十分关键，以至于可能形成“数据依赖”，“将存在大量数据等同于都是好的数据”，而且“大量战场上收集的数据，无论好坏，远超出非自动即人类分析和及时行动的能力”①。例如，单就目前美国的无人机实践来看，“无人机操作者正处于淹没于数据中的危险，自动图像分析在目前和可预见的将来能做的还将很有限”，无人机的缺点“是分析信息的局限，而不是收集信息”②。

本章将首先讨论自主武器系统涉及哪些国际人道法规则，在国际人道法中是否合法，然后研究网络攻击与使用武力的关系，并分析网络攻击是否以及如何适用于国际人道法。

第一节　自主武器系统与国际法

国际法对自主武器系统的关注始于无人机。2009年，美国空军训练的无人机操作者数量第一次超过飞行员③，目前，一方面无人机正在朝完全自主的方向发展，另一方面战斗机无人化的研发也正在进行④，“无人机给战争带来了革

① Darren Stewart, “Maximising Compliance with IHL and the Utility of Data in an Age of Unlimited Information: Operational Issues”, in Dan Saxon, ed., *International Humanitarian Law and the Changing Technology of War*, Leiden and Boston, Martinus Nijhoff Publishers, 2013, pp. 177~178.

② Konstantin Kakaes, “From Orville Wright to September 11: What the History of Drone Technology Says about Its Future”, in Peter L. Bergen and Daniel Rothenberg, eds., *Drone Wars: Transforming Conflict, Law, and Policy*, New York, Cambridge University Press, 2015, p. 381.

③ “Rise of the Drones: Unmanned Systems and the Future of War”, http://www.fas.org/irp/congress/2010_hr/drones1.pdf, April 3, 2020.

④ 朱路：《无人机攻击问题国际人道法研究》，载《南京理工大学学报》（社会科学版）2013年第6期，第38页。

命”①。然而，无人机只是众多半自主和自主武器系统中的一类。随着科技的飞速进步，武器变得越来越自动化，越来越“聪明”，一些“智能”武器已经投入使用，例如，美国海军的MK 15密集阵近程防御武器系统（Phalanx Close-In Weapons System, Phalanx CIWS）可以“自主执行自己的搜索、探测、评估、跟踪、攻击和杀伤估算功能”②，以色列的“铁穹”（Iron Dome）近程防空拦截系统可以自动拦截火箭弹③，韩国在韩朝边境部署了可以自动开火的“机器哨兵”SGR-1等④，这引起了一些国家、国际组织以及非政府组织的关切，出现了要求全面禁止自主武器系统的呼吁⑤。2014年5月13—16日，《常规武器公约》缔约国在日内瓦召开了讨论自主武器系统的第一次专家会议，随后每年都举行一次专家会议，2019年的专家会议分两部分在3月和8月召开。2018年9月25日，联合国秘书长古特雷斯在第73届联大会议开幕致辞中称自主武器系统在“道德上令人厌恶”，引发“多重警报”⑥；11月11日，古特雷斯在纪念“一战”结束100周年的讲话中号召各国禁止自主武器系统这种“政治上无法接受、道德上

① William C. Marra and Sonia K. McNeil, “Understanding the Loop: Regulating the Next Generation of War Machines”, *Harvard Journal of Law & Public Policy* 36, 2013, p. 1140.

② United States Navy Fact File, *MK 15 - PHALANX CLOSE-IN WEAPON SYSTEM（CIWS）*, https://www.navy.mil/navydata/fact_display.asp?cid=2100&tid=487&ct=2, visited on April 3, 2020.

③ “IRON DOME™ Family”, https://www.rafael.co.il/worlds/air-missile-defense/short-range-air-missile-defense/, April 3, 2020.

④ Mark Prigg, “Who goes there? Samsung unveils robot sentry that can kill from two miles away”, https://www.dailymail.co.uk/sciencetech/article-2756847/Who-goes-Samsung-reveals-robot-sentry-set-eye-North-Korea.html, April 3, 2020.

⑤ 除了“人权观察”“大赦国际”（Amnesty International）等以人权为主要活动领域的非政府组织在此领域十分积极，还出现了一些专门反对自主武器的非政府组织，如“机器人军控国际委员会”（International Committee for Robot Arms Control），这些非政府组织还形成了一个联合体“停止杀手机器人运动”（The Campaign to Stop Killer Robots），要求禁止自主武器。参见https://www.stopkillerrobots.org/，2020年4月15日访问。

⑥ António Guterres, “Address to the General Assembly”, https://www.un.org/sg/en/content/sg/speeches/2018-09-25/address-73rd-general-assembly, April 15, 2020.

令人厌恶”的武器。[①]自2013年开始，联大也都讨论了自主武器问题。迄今为止，关于自主武器系统的定义、法律性质、道德考量、政治影响等，仍存在巨大争议，下文拟从国际人道法的角度，分定义、法律评估、新武器审查和责任四个部分讨论自主武器系统。

一、自主武器系统的定义

自主武器系统，又称进攻性致命自主机器人（Offensive Lethal Autonomous Robots，OLARs）、致命自主武器系统（Lethal Autonomous Weapons Systems，LAWS）、自主战斗员系统（Autonomous Combatant Systems）、致命自主机器人（Leathal Autonomous Robots，LARs）、杀手机器人（Killer Robots）等。根据自主程度或人类参与程度的不同，以“OODA循环”（OODA Loop）[②]为标准，一般分为“人在循环中”（human-in-the-loop）、“人在循环上”（human-on-the-loop）和“人在循环外”（human-out-of-the-loop）[③]三类情形，分别对应人类进行决策、人类监管决策、人类不去决策三种场景，又可进一步将自主武器系统分为完全自主武器系统（Fully Autonomous Weapons，FAWs）、半自主武器系统（Semi-autonomous Weapon Systems）和遥控武器系统（Remote Weapon Systems）。自主武器系统按其运行环境，可分为无人机（Unmanned Aerial Vehicles，UAVs）、无人地面装置（Unmanned Ground Vehicles，UGVs）和无人水下装置（Unmanned Maritime Vehicles，UMVs），其中最为人所熟知的当数无人机，即进行定点清除的主要工具，而“无人水下装置的首要功能就是侦

---

① António Guterres, “Allocution du Secrétaire général au Forum de Paris sur la paix” , https://www.un.org/sg/en/content/sg/statement/2018-11-11/allocution-du-secr%C3%A9taire-g%C3%A9n%C3%A9ral-au-forum-de-paris-sur-la-paix, April 15, 2020.

② “OODA Loop”即“Observe, Orient, Decide, Act Loop”，分别代表了决策的四个步骤，即观察、定位、决定和行动，形成一个闭合的循环。该理论由美国空军飞行员、五角大楼顾问约翰·博伊德（John Boyd）提出，在美军中十分盛行。

③ 本文将“loop”一词翻译为“循环”，这是该词原本就有的含义，特指计算机程序中反复执行的命令，符合自主武器系统的特征。有人将该词翻译为“导线”，本文认为并不合适。

察”[①]，近年来我国就多次发生渔民捕鱼却将无人水下装置打捞上来的情形[②]。

关于自主武器系统的定义，目前尚未达成一致，比较有代表性的说法有三个。美国国防部将自主武器系统界定为“一旦被启动，可以在没有人类操作者进一步干预下选择并攻击目标的武器系统，包括人类监管下的、设计成允许人类操作者撤销（override）武器系统操作的自主武器系统，但此类系统启动后不需要进一步干预便可以选择并攻击目标”，而半自主武器系统（Semi-autonomous Weapons Systems）是指“一旦被启动，只会攻击由人类操作者选定的目标个体或具体目标群体的武器系统”[③]。非政府组织人权观察采用了上述三种自主程度界定自主武器系统，认为完全自主武器系统包括“人在循环上”和“人在循环外”两类，是即使有人类的监管但仍可以在没有人类干预的情况下选择并攻击目标的机器人。[④]红十字国际委员会将自主武器系统定义为“在‘重要功能’方面具有自主性的武器系统，也就是说这种武器可以在没有人为干预的情况下选择（搜索或监测、确定、跟踪）和攻击（拦截、使用武力对抗、抵消、损毁或破坏）目标”[⑤]，在红十字国际委员会看来，半自主武器系统也叫“自动武器”（automated weapons），尽管基本照搬了美国国防部的定义，但也做了一些补充，认为“自动武器是以自足完备和独立的方式运行的，虽然它们最初可能由操作人员进行部署或指示。一旦被激活，这类系统可以攻击由操作人员选定（设置）的个体目标或特殊‘目标群体’。它们在设定好的可控

---

① Daniel A. G. Vallejo, “Electric Currents: Programming Legal Status into Autonomous Unmanned Maritime Vehicles”, *Case Western Reserve Journal of International Law* 47, 2015, p. 415.

② 例如，2019年仅在江苏海域就打捞上来7个无人水下装置。参见林元沁：《江苏渔民捞获7个境外水下可疑窃密装置　11人获奖励》，载人民网：http://js.people.com.cn/n2/2020/0113/c360303-33713304.html，2020年4月15日最后访问。

③ U.S. Department of Defense, *DoD Directive 3000.09, November 21, 2012, Incorporating Change 1, May 8, 2017*.

④ Human Rights Watch, “Losing Humanity: The Case against Killer Robots”, https://www.hrw.org/report/2012/11/19/losing-humanity/case-against-killer-robots, April 15, 2020.

⑤ International Committee of the Red Cross, “Autonomous weapon systems: Is it morally acceptable for a machine to make life and death decisions?”, https://www.icrc.org/en/document/lethal-autonomous-weapons-systems-LAWS, April 15, 2020.

环境中严格执行预编程行动或序列……这类高自动化系统实际上是‘人在循环中’，即在人的监控下运行的”①。

可见，自主武器系统有广义和狭义之分，前者根据自主程度的不同分为三类，后者仅指完全自主的那一类。可以简单认为，“自主”和“自动”的区别在于“自主”是在一个未经设定的环境中运行，而“自动”是在一个已经预设的环境中运行，“自主”的态势感知能力、学习调整能力等要超过“自动”，“自动和自主武器的根本区别在于可预见性。自动机器（的结果）是完全可以预见的，而自主机器人只能预见一系列可能的结果”②。也有学者提出更复杂的理论，认为“自主”和“自动”的区别基于操作者互动的频率、对环境不确定性的容忍度和确信程度这三个标准，但二者之间没有明确的界限，绝大部分将是处于二者之间的状态。③“人在循环中”和“人在循环上”可等同于“半自主”或“自动”，而“人在循环外”则等同于“自主”。

本文采用自主武器系统的狭义定义，要研究的是完全自主武器系统，即“人在循环外”在国际人道法中会产生怎样的影响，需要指出，本文关注的仅仅是自主武器系统在使用武力这样的关键功能上做出的决定，而不涉及如导航、侦察、起降、加油等其他功能。而且，讨论的武力是对人而不是对物，如来袭的火箭弹、导弹或无人机等，因为这些通常不会产生国际法问题。目前，完全自主的武器系统并不存在，可能存在一些在很有限的环境下能够运行的原型，但美国等国宣称，此类武器的出现不是会不会的问题，而是什么时候的问题，据美国空军公开的文件显示，完全自主飞行有望在2025年之前实现，完全自主选定目标并进行攻击有望在2047年之前实现。④有意思的是，这与前美国空

① International Committee of the Red Cross, “Fully autonomous weapon systems”, https://www.icrc.org/en/doc/resources/documents/statement/2013/09-03-autonomous-weapons.htm, April 15, 2020.

② James Foy, “Autonomous Weapons Systems: Taking the Human out of International Humanitarian Law”, *Dalhousie Journal of Legal Studies* 23, 2014, p. 49.

③ William C. Marra and Sonia K. McNeil, “Understanding the Loop: Regulating the Next Generation of War Machines”, *Harvard Journal of Law & Public Policy* 36, 2013, pp. 1151~1155.

④ “United States Air Force Unmanned Aircraft Systems Flight Plan 2009—2047”, https://fas.org/irp/program/collect/uas_2009.pdf, April 16, 2020.

军首席科学家的观点恰恰相反，他声称美军没有朝着“完全自主”方向的任何计划，而且从“F2T2EA”（Find，Fix，Track，Target，Engage，and Assess）角度分析，认为除了法律和政策问题，“同样重要的技术问题，至少会大大减弱完全自主致命攻击能力所带来的吸引力”，因为一般而言，寻找、追踪和瞄准耗时最久，其次是评估和确定，相比之下，交战是最简单、耗时最少的一步，所以，“将人从F2T2EA的交战部分移除基本上没有战略收益”①。然而，从目前的情况看，自主武器系统恰恰就在朝着从选定目标到攻击目标的全过程发展。

二、自主武器系统的法律评估

判断某种武器是否合法，首先要考查武器本身是否合法，其次分析使用武器的方式是否合法，前者是“手段”（means），后者是“方法”（methods），即《第一附加议定书》所说的“作战方法和手段”，二者适用的标准是统一的，即能否区分战斗员与平民、军事目标与民用物体，是否造成过分伤害或不必要痛苦。如果违反区分原则、不必要痛苦原则，武器本身即为非法，如化学武器、生物武器等。武器本身的合法性与使用方式的合法性是两个不同的概念，即使是合法的武器，也可以非法地使用。很明显，由于并不存在特定的公约宣告自主武器系统本身非法，因此，只有适用国际人道法有关原则和规则来评估自主武器系统是否以及在多大程度上遵守国际人道法。

（一）区分原则

区分原则要求在战争和武装冲突中始终对战斗员和平民、军事目标与民用物体加以区别，是国际人道法最核心的原则。区分是一个复杂的过程，涉及诸多变量，如环境、人物、物体、外观、表情、动作、语言等，有一些存在转化为计算机语言的可行性，如制服的样式和颜色、武器的外观和大小等，但更多难以转化为计算机语言，如表情和动作等，更不用说将所有变量综合起来进行

① Werner J. A. Dahm, “‘Drones’ Now and What to Expect over the Next Ten Years”, in Peter L. Bergen and Daniel Rothenberg, eds., *Drone Wars: Transforming Conflict, Law, and Policy*, New York, Cambridge University Press, 2015, pp. 349~351.

评价。在所有变量中，环境可能首先具有决定性，因为某些环境是没有平民或民用物体存在的，最典型的例子就是空战，空战对速度的追求往往超越人类体能极限，因此自主武器系统应用广泛，由于空战的环境中没有平民，自主武器系统即使完全无法区分或者区分能力很差，也不会产生区分的问题，而在城市中的战斗，则可能由于大量平民存在而导致自主武器系统很难满足要求。①此外，如同自主武器系统的支持者经常援引的那样，深海、沙漠等环境也几乎不会存在区分问题。在这些设定非常狭隘并因此不存在区分的环境之外，考察自主武器系统与区分原则，可以从人和物两方面来分析，因为任何攻击都只能针对军事目标，而军事目标分为人和物两类。

从人的角度看，只有战斗员和正在直接参加敌对行动的平民才可以成为目标，而如何确定有关人员的地位十分困难。如第一章所述，当代武装冲突的一大特征就是主体平民化，这从根本上增加了区分战斗员和平民的难度。传统战争中，两方战斗员身穿差别迥异的制服，公开使用武器，战场通常与平民人口分离，算法可以相对容易地将这种国家间传统战争模式纳入，并由程序决定一人的地位。然而，当代武装冲突中，一方面，战士不穿制服、不公开携带武器、故意混杂或藏匿于平民中已成常态；另一方面，平民也经常主动或被动地直接参加敌对行动，区分什么人、在什么时间内是合法目标更加困难。此外，自主武器系统能够识别一人是否失去战斗力也让人生疑。自主武器可能难以确认失去战斗力的个人，并因此违反国际人道法中禁止绝不纳降的规定。②实际上，“在断定投降事宜上，难以精确识别潜在目标行为的本质以及目标在该情景中所起的作用，意味着识别投降对于自主武器系统将会是根本挑战”③。

从物的角度来看，军事目标本身具有不特定性，要断定何种物体是军事目

① Kenneth Anderson, Daniel Reisner and Matthew Waxman, “Adapting the Law of Armed Conflict to Autonomous Weapon Systems”, *International Law Studies* 90, 2014, pp. 401~402.

② Hin-Yan Liu, “Categorization and Legality of Autonomous and Remote Weapons Systems”, *International Review of the Red Cross* 94, 2012, p. 643.

③ Robert Sparrow, “Twenty Seconds to Comply: Autonomous Weapons Systems and the Recognition of Surrender”, *International Law Studies* 91, 2015, p. 727.

标并不容易。“就物体而言，军事目标只限于由于其性质、位置、目的或用途对军事行动有实际贡献，而且在当时情况下其全部或部分毁坏、缴获或失去效用提供明确的军事利益的物体。”[①]其中，“性质”是指物体“对军事行动的有效贡献”，“包括武装部队直接使用的所有物体”；“位置”是指“对军事行动而言具有特别重要性的地点”；“目的”是指将来，而“用途”是指现在。[②]可以说，“实际贡献”和“军事利益”本质上都是主观的，无法用算法精确表达，只能根据具体情况来决定。而且很明显，军事目标范围极其广泛，有一些很容易识别，例如碉堡、坦克、军营等，但更多则不容易断定。例如，某一个位置、某一个地点是否构成军事目标，可能取决于武装冲突的一方是否要占领，或是否要防止对方占领，或是否要将对方驱逐出等具体的战役和战略目标。同理，民用物体也几乎都可以成为军事目标[③]，如冲突一方的军队使用的学校、医院、教堂等，还存在一类性质不确定、取决于具体情况的军民两用物体，如桥梁、电台、电网等。

当代武装冲突的战场不再限于一个特定地区，区分人员和物体的挑战前所未有，对自主武器系统来说，还存在“另一个技术问题，即决定某人或某物是否是合法目标的识别标准并不明确”[④]。而且，“区分原则本质上是对具体情景进行自由裁量，这是担心自主武器系统无法遵守该原则的原因”[⑤]。参数足够多的话，自主武器系统识别物体是否是军事目标有一定可能性，但要区分战斗员和

① 《第一附加议定书》第52条第1款。

② Yves Sandoz, Christophe Swinarski and Bruno Zimmermann, eds., *Commentary on the Additional Protocols of 8 June 1977 to the Geneva Conventions of 12 August 1949*, Geneva, Martinus Nijhoff Publishers, 1987, p. 636.

③ 之所以说是“几乎”，是因为根据《第一附加议定书》第53条和第54条，禁止攻击文物和礼拜场所以及对平民居民生存所不可缺少的物体，根据第56条，即使含有危险力量的工程和装置是军事目标，也不得攻击。

④ Alan Backstrom and Ian Henderson, “New Capabilities in Warfare: An Overview of Contemporary Technological Developments and the Associated Legal and Engineering Issues in Article 36 Weapons Reviews” , *International Review of the Red Cross* 94, 2012, p. 494.

⑤ James Foy, “Autonomous Weapons Systems: Taking the Human out of International Humanitarian Law” , *Dalhousie Journal of Legal Studies* 23, 2014, p. 56.

平民，以及正在直接参加敌对行动的平民和未进行此种活动的平民，恐怕不仅在目前，在可预见的将来也是不可能的，因为这从本质上不是数字和参数能够决定的事项，而是取决于人类的认知和推理。联合国法外处决、即决处决或任意处决问题特别报告员就注意到，“现有传感器的技术不够充分，机器人没有能力理解环境，实践中在界定非战斗员身份时很难采用国际人道法的语言而必须将其转化为电脑程序”和“在反叛乱和非常规战争条件下，往往只能通过对行为的解释才能识别战斗员”以及自主武器系统恰恰“无法解释意念和感情”等因素都是自主武器系统遵守区分原则的重大障碍。[①]绝大部分观点都认为，现在没有人工智能可以区分战斗员和平民[②]，或者区分军事人员与平民[③]，“目前的科技……根本无法区分战斗员和平民居民。对模糊性的评估和回应的能力，当下只有人类才有，这对于遵守诸如区分和比例这样的国际人道法原则也是必要的”[④]。

即使是支持自主武器系统的学者，也并不确定自主武器系统能否遵守区分原则，有学者提出在诸如“高烈度冲突”这样平民少的情形中使用自主武器系统“会减弱区分问题”，而“平叛”这样的场景中平民过多，因此应禁止使用自主武器系统。[⑤]有学者把区分当作数学运算来理解，认为自主武器系统“是否有能力适用核验目标的规则，取决于它们的软件架构”[⑥]，以为只要有软件或软件足够复杂，就能解决区分问题。当然，也有学者激烈反对关于自主武器系统无法区分的质疑，认为“这些批评主张既反规范，也反事实”，然而所谓的事

① A/HRC/23/47, paras. 67~68.

② Noel E. Sharkey, “Grounds for Discrimination: Autonomous Robot Weapons”, *RUSI Defence Systems* 11, 2008, p. 88.

③ William Boothby, “Some Legal Challenges Posed by Remote Attack”, *International Review of the Red Cross* 94, 2012, p. 586.

④ Jonathan David Herbach, “Into the Caves of Steel: Precaution, Cognition and Robotic Weapon Systems under the International Law of Armed Conflict”, *Amsterdam Law Forum* 4, 2012, p. 19.

⑤ Peter B. Postma, “Regulating Legal Autonomous Robots in Unconventional Warfare”, *University of St. Thomas Law Journal* 11, 2014, p. 324.

⑥ Tetyana Krupiy, “Of Souls, Spirits and Ghosts: Transposing the Application of the Rules of Targeting to Lethal Autonomous Robots”, *Melbourne Journal of International Law* 16, 2015, p. 160.

实仅仅是数据更多使得无人机更能区分的假设，包括备受批判的个性攻击也被用作自主武器系统能够遵守区分原则的例子。①声称自主武器系统在任何情况下都不是“本身非法或不道德”的武器的学者，一个最关键的理由是未来科技的发展可能使自主武器系统拥有目标个体的生物信息，“如果单个目标个体的生物信息和战地DNA分析相结合，区分……将上升到史无前例的水平”②。这种逻辑的问题在于回避当前自主武器系统能否区分的争论，并将焦点转移到自主武器系统未来能否具有某种能力，而且选择了最理想的情况来证明一个极富争议的问题。

（二）比例原则

比例原则是指攻击可能附带使平民生命受损失、平民受伤害、平民物体受损害或三种情形均有，但与预期的具体和直接军事利益相比，损害不能过分。③“过分”（excessive）一词本身就意味着需要一事一议地对比，与“广泛”（extensive）同义④，都是含义不确定，弹性很大。特别是，要衡量的不是攻击的实际效果而是预期效果，这说明判断军事利益的主观性较强。即使自主武器系统能够遵守区分原则针对合法目标使用武力，也仅仅满足了最基本的国际人道法要求，如果造成过分的附带损害，那就违反了比例原则，攻击也因此非法。

比例原则要对比的是附带的平民伤亡和民用物体损毁，以及预期的具体和直接军事利益，从根本上来说，这二者并不具有可比性。“将比例原则编程并不是一个简单的传感器问题，或电脑运算以合理确定一个人就区分原则而

---

① Michael N. Schmitt and Jeffrey S. Thurnher, “Out of the Loop: Autonomous Weapon Systems and the Law of Armed Conflict”, *Harvard National Security Journal* 4, 2013, p. 246.

② Michael A. Newton, “Back to the Future: Reflections on the Advent of Autonomous Weapons System”, *Case Western Reserve Journal of International Law* 47, 2015, p. 21.

③ 《第一附加议定书》第51条第5款第2项、第57条第2款第1项第3目。

④ Yves Sandoz, Christophe Swinarski and Bruno Zimmermann, eds., *Commentary on the Additional Protocols of 8 June 1977 to the Geneva Conventions of 12 August 1949*, Geneva, Martinus Nijhoff Publishers, 1987, p. 626.

言是不是合法目标。尽管人人同意伤害平民不应超出取得的军事利益，但二者之对比犹如苹果和橘子。”[①]比例原则中要对比的一方，即平民死伤和民用物体损毁，有量化的可能性，也的确有此种尝试，美国采用的“间接伤害评估”（Collateral Damage Estimate，CDE）就是典型的例子，尽管该技术有助于断定在具体情况下某种武器可能造成的损害数量，却“未能回答什么构成过分间接伤害，也没有包括一个完全整合的、首先适用国际人道法的目标分析”[②]。这是因为，比例原则中要对比的另一方，即军事利益，将难以或者说不可能量化。战场上的形势瞬息万变，军事利益不仅在不同时间不一样，在不同指挥官看来也可能不一样，何况“预期的具体和直接”更是一件主观判断的事情。所以，“自主武器系统适用比例原则最大的挑战不是对平民和民用物体风险的评估，而是对预期的军事优势的评估”，因为前者是可以想象的，但后者中攻击合法目标的“预期的具体和直接军事利益”是随着交战双方指挥官和军事行动的进展而持续变化的，除非自主武器系统可以持续获得更新的这些信息，否则“即使是编程完美的机器，也因此无法适用比例原则”[③]。

相比区分原则，比例原则更取决于具体环境，而且只能按照当时可得的信息，以一个正常人的判断来评价，不能事后进行。没有一个公式可以自动地适用比例原则，说明平民伤亡或民用物体损毁到什么程度或不到什么程度就是可以接受的、合法的，比例原则必须一事一议地来判定，这种变量极多、极不确定、十分主观的事项如何能够转化为程序，如果不是不可能，也极为困难。“即使接受区分原则的某些要件可以进行定量评估，而对于评估高度取决于具体关系和情景的比例原则，明显不能定量”，因为“比例原则从本质上说是无

① Kenneth Anderson, Daniel Reisner and Matthew Waxman, “Adapting the Law of Armed Conflict to Autonomous Weapon Systems”, *International Law Studies* 90, 2014, pp. 402~403.

② Jason D. Wright, “‘Excessive’ Ambiguity: Analysing and Refining the Proportionality Standard”, *International Review of the Red Cross* 94, 2012, p. 833.

③ Marco Sassoli, “Autonomous Weapons and International Humanitarian Law: Advantages, Open Technical Questions and Legal Issues to be Clarified”, *International Law Studies* 90, 2014, pp. 331~332.

法量化的，相反，它要求的是对不同因素进行定性评估”①。有学者看法刚好相反，“可以说自主武器有潜力比人类士兵更合乎比例地使用武力。电脑化的武器能更快、更精确地计算导致间接伤害的爆炸和其他武器效果”，而此种计算对人类士兵来说过于复杂而无法实时做出。②这种说法的一大根本问题在于将比例原则看成简单的数学运算，认为只要算得快、算得准就能保证遵守比例原则，更不用提另一个根本缺陷，即比例原则要对比的平民伤亡和军事利益能否量化。很明显，“间接伤害评估不仅仅是计算和对比数字，这个功能对于现在的计算机来说没任何问题。相反，这明显是一个质的评估，尽管要对比的东西甚至都根本不相似”③。

“因为战争的迷雾将永远是武装冲突无法摆脱的一方面，激战中的指挥官将基于当时可得到的信息赋予军事目标不同的价值。因此，比例分析不可能是完全客观的，标准也因此是主客观混合的。”④实际上，比例原则“在某种程度上是主观评估，而对指挥官来说解释首先必须是关于常识和善意的问题”⑤，或者可以说，比例评估更多是主观判断，“清楚地凸显了定量的决定和定性的决定之间的区别，以及对人类决策的需要”⑥。有学者将自主武器系统面临的比例问题分为“简单的比例问题”和“困难的比例问题”，前者是指通过选择最合适的武器或弹药并将其对准合适目标以最小化间接伤害，后者是指在特定情形

---

① Markus Wagner, “Taking Humans Out of the Loop: Implications for International Humanitarian Law”, *Journal of Law, Information and Science* 21, 2011/2012, pp. 163~165.

② Armin Krishnan, *Killer Robots: Legality and Ethicality of Autonomous Weapons*, Farnham, Ashgate, 2009, p. 92.

③ Alan Backstrom and Ian Henderson, “New Capabilities in Warfare: An Overview of Contemporary Technological Developments and the Associated Legal and Engineering Issues in Article 36 Weapons Reviews”, *International Review of the Red Cross* 94, 2012, p. 494.

④ Jason D. Wright, “‘Excessive’ Ambiguity: Analysing and Refining the Proportionality Standard”, *International Review of the Red Cross* 94, 2012, p. 854.

⑤ Yves Sandoz, Christophe Swinarski and Bruno Zimmermann, eds., *Commentary on the Additional Protocols of 8 June 1977 to the Geneva Conventions of 12 August 1949*, Geneva, Martinus Nijhoff Publishers, 1987, pp. 683~684.

⑥ Tony Gillespie and Robin West, “Requirements for Autonomous Unmanned Air Systems Set by Legal Issues”, *The International C2 Journal* 4, 2010, p. 13.

中首先就是否使用致命或动能武力做出决定，而“决定对于直接军事利益而言什么成比例，是人类定性、主观的判断”①。“常识”和“善意”这两个概念与机器可能并不兼容，“常识”无穷无尽，即使自主武器系统被预设了足够的“常识”，也要参考具体情况“善意”评价“常识”，机器能否实现这两个功能，争议巨大。

比例原则本质上也是情景化和整体化的，情景化是因为平民伤亡和军事利益都十分不确定、复杂和动态，整体化是因为战术行动的军事利益必须从更广阔的战略考虑上加以评估，“毫无疑问，在不同地点以协调方式进行的攻击只能从整体上评价”②。“情境性和整体性双重要求说明人类决定对于比例评估无法缺少，战术优势与战略有关，最终与政治目标相连，期待自主武器系统能在超出狭隘设定的情况下做出比例评估，就如同期待它们做出战略和最终的政治目标决定一样荒谬。”③不仅如此，对于不同主体，比例评估的“答案可能不同，取决于决策者的背景和价值观。一名人权律师和一名战斗经历丰富的指挥官不可能将军事优势与非战斗员的伤害赋予同样的相对值。而且，不同理论背景、战斗经历各异和本国军事历史有别的指挥官也不可能在相似的情形中永远都能有一致的看法”④。最关键的是，比例评估从来都不是容易的事，“比例原则的主要问题不是存不存在，而是含义如何及怎么适用……用宽泛的术语表述比例原则要比在特定的情境中适用该原则容易得多，因为经常是对相异的数量和价

---

① Noel E. Sharkey, “The Evitability of Autonomous Robot Warfare”, *International Review of the Red Cross* 94, 2012, pp. 789~790.

② Yves Sandoz, Christophe Swinarski and Bruno Zimmermann, eds., *Commentary on the Additional Protocols of 8 June 1977 to the Geneva Conventions of 12 August 1949*, Geneva, Martinus Nijhoff Publishers, 1987, p. 685.

③ Pablo Kalmanovitz, “Judgment, Liability and the Risks of Riskless Warfare”, in Nehal Bhuta et al., eds., *Autonomous Weapons Systems: Law, Ethics, Policy*, Cambridge, Cambridge University Press, 2016, p. 151.

④ International Criminal Tribunal for the former Yugoslavia, “Final Report to the Prosecutor by the Committee Established to Review the NATO Bombing Campaign Against the Federal Republic of Yugoslavia”, para. 50, https://www.icty.org/en/press/final-report-prosecutor-committee-established-review-nato-bombing-campaign-against-federal, April 18, 2020.

值进行比较，无辜之人的性命和夺取特定军事目标相比价值如何，难以轻易评估”[①]。这说明，比例评估更多是定性而不是定量评估，不具有像人一样的“理性”（reasonableness）是无法衡量比例原则的[②]，机器从根本上不适于也不能胜任以人的价值为基础的比例评估。例如，很难给摧毁一辆坦克与杀害平民分配之间的交换分配一个值。因此，“尽管广泛接受机器善于做出定量计算，但人类更适于本质上是主观的决策”[③]。实际上，尝试让计算机进行比例评估“迄今为止都是幻想，对军事行动的比例分析根本上是定性评估，也没有对其进行复制的现实方案”[④]。

自主武器系统的辩护者在讨论区分原则时，热衷于将场景置于完全或几乎没有平民存在的地点，分析自主武器系统与比例原则时也是如法炮制，不得不将情形仅仅限定于太空、空中、沙漠、海底等，声称尽管现在自主武器系统无法进行比例评估，但“仍有许多平民或民用物体不受影响的情景”[⑤]；或者偷换

---

① International Criminal Tribunal for the former Yugoslavia, “Final Report to the Prosecutor by the Committee Established to Review the NATO Bombing Campaign Against the Federal Republic of Yugoslavia”, para. 48, https://www.icty.org/en/press/final-report-prosecutor-committee-established-review-nato-bombing-campaign-against-federal, April 18, 2020.

② Maura Riley, “Killer Instinct: Lethal Autonomous Weapons in the Modern Battle Landscape”, *Texas Law Review* 95, 2016, p. 34.

③ Markus Wagner, “Autonomy in the Battlespace: Independently Operating Weapon Systems and the Law of Armed Conflict”, in Dan Saxon, ed., *International Humanitarian Law and the Changing Technology of War*, Leiden and Boston, Martinus Nijhoff Publishers, 2013, p. 120.

④ Markus Wagner, “The Dehumanization of International Humanitarian Law: Legal, Ethical, and Political Implications of Autonomous Weapon Systems”, *Vanderbilt Journal of Transnational Law* 47, 2014, p. 1422.

⑤ Titus Hattan, “Lethal Autonomous Robots: Are They Legal under International Human Rights and Humanitarian Law”, *Nebraska Law Review* 93, 2015, p. 1051.

概念，讨论在人类监管之下的遵守区分和比例原则等问题[①]，实际上是在讨论半自主武器系统或遥控装置。更有甚者干脆声称，因为自主武器系统虽然已经投入使用但批评甚少，所以这个事实“就说明它们可以遵守比例原则的要求而运行”[②]。特别值得注意的是，在空战这样没有平民的环境中，有学者从区分原则和比例原则展开讨论，仍然认为“战争的复杂性需要的是人类飞行员，而不是机器人飞行员；即使飞行员不在驾驶舱，也应该控制飞机”[③]。这些都清楚地说明，即使是自主武器系统的支持者，对自主武器系统能否遵守区分原则和比例原则也有所怀疑。

（三）预防措施

攻击时除了需要遵守区分原则和比例原则，还应采取相应的预防措施。《第一附加议定书》第57条第2款第1项规定：“1.尽可能查明将予攻击的目标既非平民也非民用物体，而且不受特殊保护，而是第52条的意义内的军事目标，并查明对该目标的攻击不是本议定书的规定所禁止的；2.在选择攻击手段和方法时，采取一切可能的预防措施，以期避免，并无论如何，减少平民生命附带受损失、平民受伤害和民用物体受损害；3.不决定发动任何可能附带使平民生命受损失、平民受伤害、民用物体受损害或三种情形均有而且与预期的具体和直接军事利益相比损害过分的攻击。”第1目和第3目分别重申了区

---

① Christopher P. Toscano, “Friend of Humans: An Argument for Developing Autonomous Weapons Systems”, *Journal of National Security Law and Policy* 8, 2015, p. 212; Benjamin Kastan, “Autonomous Weapons Systems: A Coming Legal Singularity”, *University of Illinois Journal of Law, Technology & Policy* 2013, 2013, p. 59; Allyson Hauptman, “Autonomous Weapons and the Law of Armed Conflict”, *Military Law Review* 218, 2013, p. 193; Alan L. Schuller, “At the Crossroads of Control: The Intersection of Artificial Intelligence in Autonomous Weapon Systems with International Humanitarian Law”, *Harvard National Security Journal* 8, 2017, pp. 379~425; Peter C. II Combe, “Autonomous Doctrine: Operationalizing the Law of Armed Conflict in the Employment of Lethal Autonomous Weapons Systems”, *St. Mary's Law Journal* 51, 2019, pp. 35~68.

② Rebecca Crootof, “The Killer Robots Are Here: Legal and Policy Implications”, *Cardozo Law Review* 36, 2015, p. 1877.

③ Jason S. DeSon, “Automating the Right Stuff - The Hidden Ramifications of Ensuring Autonomous Aerial Weapon Systems Comply with International Humanitarian Law”, *Air Force Law Review* 72, 2015, p. 122.

分原则和比例原则，第2目中的“采取一切可能的预防措施（take all feasible precautions）”，意味着采取预防措施主观性较强，弹性较大，不会有统一的标准。“尽管‘一切可行’意味着标准很高，然而，这个义务应理解为关于行为的义务，而不涉及结果……采取预防措施的义务应从做出的努力来理解，而不是结果，这一点是绝对清楚的。”[①]

“可能的”和“预防措施”是两个非常精妙的概念，保证了军事指挥官在进行攻击时具有合理的自由裁量权，应根据当时所有可得到的信息进行合理判断，如红十字国际委员会所评论，“对此进行解释涉及常识和善意。对于发动进攻的人，要求及时采取必要的确认措施，以尽可能地赦免平民”[②]。《第一附加议定书》第57条没有详述“一切可能的预防措施”具体包括什么，不过1980年《常规武器公约》第一附加议定书第3条第4款规定，“采取一切可能的预防措施保护平民免受本条所适用之武器的影响。可能的预防措施是指切实可行地将当时所有情况，包括人道和军事考量在内，都加以考虑的预防措施”。这是关于预防措施含义比较权威的说法。第57条第1款规定的“下列预防措施”适用于任何攻击，均具有强制性，但限于“计划或决定攻击的人”，“或”这个词可能会产生歧义，例如，认为计划者如果已经采取了预防措施，那么决定者就没有进一步责任了，不过，这种解读与第57条第1款中的“经常注意”一词相悖[③]，所以不能成立。预防措施已经成为一项国际习惯法[④]，从本质上看，它仍然是适

① Kimberly Trapp, “Great Resources Mean Great Responsibility: A Framework of Analysis for Assessing Compliance with API Obligations in the Information Age”, in Dan Saxon, ed., *International Humanitarian Law and the Changing Technology of War*, Leiden and Boston, Martinus Nijhoff Publishers, 2013, p. 155.

② Yves Sandoz, Christophe Swinarski and Bruno Zimmermann, eds., *Commentary on the Additional Protocols of 8 June 1977 to the Geneva Conventions of 12 August 1949*, Geneva, Martinus Nijhoff Publishers, 1987, p. 682.

③ 该款规定，“在进行军事行动时，应经常注意不损害平民居民、平民和民用物体”。

④ Jean-Marie Henckaerts and Louise Doswald-Beck, eds., *Customary International Humanitarian Law: Rules*, Cambridge, Cambridge University Press, 2005, pp. 51~67; Jean-Marie Henckaerts and Louise Doswald-Beck, eds., *Customary International Humanitarian Law: Practice*, Cambridge, Cambridge University Press, 2005, pp. 336~450.

用区分原则和比例原则，即一是检查和确认攻击目标是军事目标，二是评估和衡量攻击是否成比例、所选的方法和手段是否能够最小化对平民的伤害。

自主武器系统很可能无法满足区分原则和比例原则的要求，根据预防措施，不应该使用，“预防措施的一般规则看来并不允许用自动或自主代替理性的指挥官，需要的是人的存在”[①]。有学者强调“一切可行”中的认识维度，提出“理性攻击者”检验标准，即评估目标是否合法时，应该考虑一个理性的人具有自主武器系统传感器得来的所有信息时会怎么做，如果人会开火，那自主武器系统开火就合法。[②]然而，这个观点错在两处，“一是人类攻击者的认知能力不需要作为处理能力可能强得多的机器的标准，而且如同自主武器系统的支持者急于指出的那样，自主武器系统可以承担更高的风险获取信息以在使用武力前精确地确定目标……二是有关问题不是机器该做什么，而是‘计划或决定攻击’的人在部署自主武器系统前应怎么做……有关问题不是人类如果处在自主武器系统的位置会怎么做，而是在部署自主武器系统时人类操作者必须如何”[③]。

三、自主武器系统与新武器的审查

审查新武器、作战手段和方法的合法性不是新概念，1868年《圣彼得堡宣言》曾提及“一旦由于将来在军备方面的改进而提出明确的建议时，缔约国或加入国保留今后达成一项谅解的权利，以维护他们已经确定的原则并使战争的需要符合人道的法律”[④]。当然，这个措辞比较含糊，而唯一明确提及对新武器、作战手段和方法进行法律审查的国际条约则是《第一附加议定书》，其中第36

① Sigrid Redse Johansen, “So Man Created Robot in His Own Image: The Anthropomorphism of Autonomous Weapon Systems and the Law of Armed Conflict”, *Oslo Law Review* 5, 2018, p. 102.

② Michael N. Schmitt and Jeffrey S. Thurnher, “Out of the Loop: Autonomous Weapon Systems and the Law of Armed Conflict”, *Harvard National Security Journal* 4, 2013, pp. 262~265.

③ Pablo Kalmanovitz, “Judgment, Liability and the Risks of Riskless Warfare”, in Nehal Bhuta et al., eds., *Autonomous Weapons Systems: Law, Ethics, Policy*, Cambridge, Cambridge University Press, 2016, p. 153.

④ Declaration Renouncing the Use, in Time of War, of Explosive Projectiles under 400 Grammes Weight, Saint Petersburg, 29 November / 11 December 1868.

条规定，“在研究、发展、取得或采用新的武器、作战手段或方法时，缔约一方有义务断定，在某些或所有情况下，该新的武器、作战手段或方法的使用是否为本议定书或适用于该缔约一方的任何其他国际法规则所禁止”。

的确，第36条要求国家审查其使用或准备使用的武器的合法性是“革命性的”规定[①]，但是，该条没有规定国家应如何进行法律审查。经过数年讨论，2006年，红十字国际委员会发布了《新武器、作战手段和方法法律审查指南》，虽然有一定参考价值，但这份指南并不具有法律约束力，所以讨论还是应更多地集中在第36条本身。对新武器的审查应当主要是对新武器本身性质的断定，即“按正常或预期方式使用武器是否在某些或所有情况下被禁止。并不需要国家去预见或分析对武器所有可能的滥用方式，因为几乎任何武器均能以某种被禁止的方式滥用”[②]。如果对任何可能出现的误用或滥用进行审查，第36条将成为任何新武器都不可逾越的障碍，“不难想象这么一个标准会给创新和武器发展大泼冷水”[③]。审查新武器，首先，要看其是否能够区分，是否属于“不能以特定军事目标为对象的作战方法或手段”，或者效果不能加以限制的作战方法或手段。[④]尽管所有合法的武器也都能以不加区分的方式使用，因此违反区分原则，但不能以特定军事目标为对象的武器本身就无法进行区分，只有在极其有限的情况下，比如，没有平民和民用物体存在的情形下，其使用才可能不违反区分原则。其次，武器如果“属于引起过分伤害和不必要痛苦的性质”[⑤]，例如，膨胀子弹、窒息性气体等，则本身非法应被禁止。由于自主武器系统本身并不能造成过分伤害或不必要痛苦，因此，审查自主武器系统更应多联系区分原

---

① James D. Fry, “Contextualized Legal Reviews for the Methods and Means of Warfare: Cave Combat and International Humanitarian Law”, *Columbia Journal of Transnational Law* 44, 2006, p. 469.

② Yves Sandoz, Christophe Swinarski and Bruno Zimmermann, eds., *Commentary on the Additional Protocols of 8 June 1977 to the Geneva Conventions of 12 August 1949*, Geneva, Martinus Nijhoff Publishers, 1987, p. 424.

③ Bradan T. Thomas, “Autonomous Weapon Systems: The Anatomy of Autonomy and the Legality of Lethality”, *Houston Journal of International Law* 37, 2015, p. 260.

④ 《第一附加议定书》第51条第4款第2项、第3项。

⑤ 《第一附加议定书》第35条第2款。

则。有学者认为，“没有任何信息显示军队研发人员，特别是（美国）国防部，将会创造不加区分的自主武器系统”，而且“如果武器系统不能被控制，它也不会被部署……作为规则，自主武器系统不是不受控制的”[①]。这种论证的逻辑问题在于，想不想创造不加区分的自主武器系统和这种武器能否实际进行区分完全是两码事，即使没人想创造不加区分的自主武器系统，也不意味着在现实中自主武器系统就会区分。同理，自主武器系统的根本特点就是自主，自主也就意味着很大程度上不受控制。

第36条是否具有习惯国际法地位也存在争议。一些国家，包括没有批准《第一附加议定书》的美国，已经建立了审查新武器的机制，在红十字国际委员会看来，“可以证明，所有国家，无论其是否为《第一附加议定书》的缔约国，均有义务对所有新武器、作战手段和方法的合法性进行系统评估。它是禁止国家使用非法武器、作战手段和方法或以非法方式使用武器、作战手段和方法这一真理的逻辑推论。诚实且负责任地履行其国际义务要求各国确保其发展或取得的新武器、作战手段和方法不与这些义务相抵触”[②]。也就是说，红十字国际委员会暗示第36条已经成为习惯国际法规则。然而，应该注意到，自《第一附加议定书》通过后，第36条长期以来备受冷落，“极少有国家在采用新的作战方法和手段之前从事这样一种审查，尽管事实是该义务涉及最初的阶段，即新武器的‘研究’和‘发展’”[③]。而这极少数实际进行的武器审查，“看起来并没有禁止任何发展、取得或采用新武器。因此，难以主张第36条本身是习惯国际法的一部分”[④]，第36条是否具有习惯法地位“根本不清楚”，对新武器进行

① Christopher P. Toscano, “Friend of Humans: An Argument for Developing Autonomous Weapons Systems”, *Journal of National Security Law and Policy* 8, 2015, pp. 207~208.

② International Committee of the Red Cross, *A Guide to the Legal Review of New Weapons, Means and Methods of Warfare: Measures to Implement Article 36 of Additional Protocol I of 1977*, Geneva, International Committee of the Red Cross, 2006, p. 4.

③ Marie Jacobsson, “Modern Weaponry and Warfare: The Application of Article 36 of Additional Protocol I by Governments”, *International Law Studies* 82, 2006, p. 184.

④ Chantal Grut, “The Challenge to Autonomous Lethal Robotics to International Humanitarian Law”, *Journal of Conflict and Security Law* 18, 2013, p. 9.

审查可能是“有约束力的法律义务或最佳实践的范例”①。

即使第36条规定的审查新武器的义务没有争议，执行也是大问题。出于对尖端军事科技保密这样显而易见的原因，对新武器的审查都是有关国家自己进行的。实际上，第36条的本意也只是“缔约国在向其武装部队引进任何新武器时，有义务断定其合法性或非法性”，然而，“第36条并不意味着有义务建立内部程序，以阐明非法性问题和其他缔约国可就此询问信息”②。换句话说，国家在执行第36条时有很大的自由裁量权，没有义务向任何其他国家提供包括审查结果在内的有关信息，而且耗费大量人力、物力、财力、时间研发出的新武器，被一国自己定性为非法的可能性也很低。实际上，“难以描述此类审查的现状，因为只有一些国家进行审查，而且一般也不公开。即使进行审查的国家，具体做法也大有不同”③，目前只有比利时、荷兰、挪威、瑞典和美国建立了国内审查机制并公开了有关文件，澳大利亚、法国和英国据称进行了审查，但有关文件尚未公开。④也有学者认为，第36条可能无法适用于自主武器系统，“极有可能是因为自主机器人除非加以武装，否则就不是武器系统。即使定位（瞄准）人类也不会使它们成为武器。将自主机器人加入（武器系统）名单只有等其发展后才有可能，但届时将为时已晚”⑤。

因此，对于第36条能否有效调整自主武器系统，不能过于乐观，甚至可以说应该持谨慎悲观的态度，如一位学者所注意到的那样，“在所做的几百次访谈

① Darren M. Stewart, “New Technology and the Law of Armed Conflict”, *International Law Studies* 87, 2011, pp. 283~284.

② Yves Sandoz, Christophe Swinarski and Bruno Zimmermann, eds., *Commentary on the Additional Protocols of 8 June 1977 to the Geneva Conventions of 12 August 1949*, Geneva, Martinus Nijhoff Publishers, 1987, p. 428.

③ James D. Fry, “Contextualized Legal Reviews for the Methods and Means of Warfare: Cave Combat and International Humanitarian Law”, *Columbia Journal of Transnational Law* 44, 2006, p. 473.

④ International Committee of the Red Cross, *A Guide to the Legal Review of New Weapons, Means and Methods of Warfare: Measures to Implement Article 36 of Additional Protocol I of 1977*, Geneva, International Committee of the Red Cross, 2006, p. 5.

⑤ Noel E. Sharkey, “The Evitability of Autonomous Robot Warfare”, *International Review of the Red Cross* 94, 2012, p. 797.

中，没有一个机器人研究者、发展者、项目经理或在战地使用机器人的士兵提过一次红十字国际委员会，或红十字国际委员会认为最重要的关于武器的国际人道法的‘四大支柱’。即，如今没有一个组织、实验室、或从事机器人研发的公司与红十字国际委员会有正式联系或有……对新武器是必要的那种审查。实际上，最接近任何法律审查的是一些机器人公司有限的努力以确保不被消费者起诉”①。

四、自主武器系统与责任问题

从国际人道法角度看，自主武器系统的“主要问题是双重的：第一，怎样确保瞄准过程遵守国际人道法，特别是选择目标和攻击中采取预防措施；第二，怎么确保可能违反国际人道法的任何使用致命自主机器人的法律责任，不管是个人还是指挥官层面”②。要维护国际人道法的效力，就要确定与实现责任，违法行为得不到追究，就会损害国际人道法的效力，甚至可能影响其存在的意义。士兵违反区分原则和比例原则以及预防措施等规则，产生的责任由本人或其上级承担十分清晰，但自主武器系统如果违反国际人道法，产生的责任如何分配或者能否分配争议巨大，使用自主武器系统，“规避调整使用致命武力和目标选择的可适用法律和原则会容易得多”③。自主武器系统引发的责任主要涉及三类主体：一是部署或使用者，二是研发或生产者，三是自主武器系统本身。可以说，自主武器系统引发的法律问题中，“最显著的缺口就是责任”④，或者更

---

① P. W. Singer, *Wired for War: Robotics Revolution and Conflict in the 21st Century*, New York, Penguin Press, 2009, p. 385.

② David Turns, “Droning on: Some International Humanitarian Law Aspects of the Use of Unmanned Aerial Vehicles in Contemporary Armed Conflicts”, in Caroline Harvey, James Summers and Nigel D. White, eds., *Contemporary Challenges to the Laws of War: Essays in Honour of Professor Peter Rowe*, Cambridge, Cambridge University Press, 2014, p. 208.

③ Philip Alston, “Lethal Robotic Technologies: The Implications for Human Rights and International Humanitarian Law”, *Journal of Law, Information and Science* 21, 2011/2012, p. 50.

④ Benjamin Kastan, “Autonomous Weapons Systems: A Coming Legal Singularity”, *University of Illinois Journal of Law, Technology & Policy* 2013, 2013, p. 81.

确切说，“将自主武器系统引入现代战场最重要的挑战之一就是如何确立个人责任”①。

在如何确定自主武器系统责任问题的选项中，指挥责任或上级责任可能是出现频率和得到支持最多的。指挥责任或上级责任的目的是促使指挥官和上级更有效地控制并监督下属以遏制违法行为。指挥官除了要遵守区分原则、比例原则和采取预防措施，还可能为其部下的行为承担责任。《第一附加议定书》详细规定了上级和司令官的责任。关于“不作为”，第86条第2款规定，“部下破坏各公约或本议定书的事实，并不使其上级免除按照情形所应负的刑事或纪律责任，如果上级知悉或有情报使其能对当时情况做出结论，其部下是正在从事或将要从事这种破约行为，而且如果上级不在其权力内采取一切可能的防止或取缔该破约行为的措施”。应该注意，该规定仅适用于“正在或将要”实施的犯罪，不包括已经实施的犯罪，“有情报使其能对当时情况做出结论”暗含“应当知道”，并不要求实际知道。第87条“司令官的职责”共分三项，都提及“缔约各方和冲突各方要求司令官”采取特定行为的责任②，第3款特别要求司令官“在了解其部下或在其控制下的其他人将从事或已经从事破坏各公约或本议定书的行为时，采取防止违反各公约或本议定书的必要步骤，并于适当时对各公约或本议定书的违犯者采取纪律或刑事行动”。这意味着，“现在实际上包括过去的犯罪，但责任似乎在国家去执行上，而且仅适用于实际知道的情形。推定知道还不够。看来，尽管第86条引入了国际法标准，第87条却要求国家采取

① Markus Wagner, “The Dehumanization of International Humanitarian Law: Legal, Ethical, and Political Implications of Autonomous Weapon Systems”, *Vanderbilt Journal of Transnational Law* 47, 2014, p. 1402.

② 该条规定：“一、缔约各方和冲突各方应要求军事司令官，防止在其统率下的武装部队人员和在其控制下的其他人破坏各公约和本议定书的行为，于必要时制止这种行为并向主管当局报告。二、为了防止和制止破约行为，缔约各方和冲突各方应要求司令官，按照其负责地位，保证在其统率下的武装部队人员了解其依据各公约和本议定书所应负的义务。三、缔约各方和冲突各方应要求任何司令官，在了解其部下或在其控制下的其他人将从事或已经从事破坏各公约或本议定书的行为时，采取防止违反各公约或本议定书的必要步骤，并于适当时对各公约或本议定书的违犯者采取纪律或刑事行动。”

适当国内措施来确保遵守。（第一附加）议定书没规定这些措施必须是什么"[①]。而之所以强调指挥责任，是因为"司令官的作用是决定性的……必须在部队层面采取必要措施以恰当适用日内瓦四公约及其《第一附加议定书》，这样就避免了冲突方所承担的义务与个人行为之间的致命差距。在这个层面上，所有事情都取决于司令官，没有他们的认真监管，一般法律要求不可能有效"[②]。

1993年《前南刑庭规约》[③]和1994年《卢旺达问题国际法庭规约》[④]都规定了上级责任，标准是"知道或应当知道"，时间上要求"将有或已经"，这些与《第一附加议定书》第87条第3款一致。1998年《罗马规约》进一步发展了指挥责任和上级责任，要确立指挥责任，指挥官必须知道或应当知道其指挥或控制的部队正在或即将实施犯罪，但没有采取必要合理措施予以制止，或者当犯罪发生后没有报请调查和起诉。[⑤]《罗马规约》对上级责任的规定与指挥责任略有不同，除了知道下级正在或即将实施犯罪，没有要求"应当知道"，而代之以

① Charles Garraway, "The Application of Superior Responsibility in an Era of Unlimited Information", in Dan Saxon, ed., *International Humanitarian Law and the Changing Technology of War*, Leiden and Boston, Martinus Nijhoff Publishers, 2013, p. 197.

② Yves Sandoz, Christophe Swinarski and Bruno Zimmermann, eds., *Commentary on the Additional Protocols of 8 June 1977 to the Geneva Conventions of 12 August 1949*, Geneva, Martinus Nijhoff Publishers, 1987, p. 1018.

③ 该规约第7条第3款规定，"如果一个部下犯下本规约第2至5条所指的任何行为，而他的上级知道或应当知道部下将有这种犯罪行为或者已经犯罪而上级没有采取合理的必要措施予以阻止或处罚犯罪者，则不能免除该上级的刑事责任"。

④ 该规约第6条第3款规定，"如果一个部下犯下本规约第2至4条所指的任何行为，而他的上级知道或应当知道部下将有这种犯罪行为，或者已经犯罪而上级没有采取必要的合理措施予以阻止或处罚犯罪者，则不能免除该上级的刑事责任"。

⑤《罗马规约》第28条第1项规定，"军事指挥官或以军事指挥官身份有效行事的人，如果未对在其有效指挥和控制下的部队，或在其有效管辖和控制下的部队适当行使控制，在下列情况下，应对这些部队实施的本法院管辖权内的犯罪负刑事责任：（1）该军事指挥官或该人知道，或者由于当时的情况理应知道，部队正在实施或即将实施这些犯罪；（2）该军事指挥官或该人未采取在其权力范围内的一切必要而合理的措施，防止或制止这些犯罪的实施，或报请主管当局就此事进行调查和起诉"。

“故意不理会明确反映这一情况的情报”①。特别值得注意的是，《罗马规约》中的指挥责任和上级责任只包括“正在或即将”实施的犯罪，不包括已经完成的犯罪，这与《第一附加议定书》第86条第2款一致，而与《前南刑庭规约》和《卢旺达问题国际法庭规约》以及《第一附加议定书》第87条第3款不一样。

简而言之，指挥责任或上级责任有三个要件：一是存在上下级关系，二是知道或应当知道犯罪，三是没有制止或惩罚犯罪。纽伦堡审判对于违反战争法规惯例行为产生的责任问题有过权威论断，“违反国际法的罪行是由人来实施的，不是抽象的实体，而只有通过惩罚实施此种罪行的个人，国际法的规定才可以得到执行”②。尽管自主武器系统并不是“抽象的实体”，但责任应由人来承担并无争议。支持指挥责任或上级责任适用自主武器系统的观点，几乎都首先完全忽略或有意避开自主武器系统能否称得上一般意义中的“下属”，例如，“如果指挥官或平民上级知道或应该知道自主武器系统被设置为进行战争罪而没有停止使用，或后来意识到以构成战争罪的方式部署自主武器系统但没有追究有关个人的责任，那么该指挥官或平民上级就要对这些战争罪负责”③。这是非常巧妙的诡辩，因为只有后一种情况才涉及指挥责任，而前一种情况并不存在上下级关系，不产生指挥责任而是直接责任。有学者认识到“自主武器系统不是严格意义上的下属，因为它是武器而不是有知觉的生物”，却仍然认为自

① 《罗马规约》第28条第2项规定，“对于第1项未述及的上下级关系，上级人员如果未对在其有效管辖或控制下的下级人员适当行使控制，在下列情况下，应对这些下级人员实施的本法院管辖权内的犯罪负刑事责任：（1）该上级人员知道下级人员正在实施或即将实施这些犯罪，或故意不理会明确反映这一情况的情报；（2）犯罪涉及该上级人员有效负责和控制的活动；（3）该上级人员未采取在其权力范围内的一切必要而合理的措施，防止或制止这些犯罪的实施，或报请主管当局就此事进行调查和起诉”。

② International Military Tribunal, *Trial of the Major War Criminals before the International Military Tribunal, Nuremberg, 14 November 1945-1 October 1946*, Nuremberg, International Military Tribunal, 1947, p. 223.

③ Michael N. Schmitt and Jeffrey S. Thurnher, “Out of the Loop: Autonomous Weapon Systems and the Law of Armed Conflict”, *Harvard National Security Journal* 4, 2013, p. 277.

主武器系统可以“改善问责性”，特别是“完善指挥责任”。[①]“无论将部署自主武器系统的个人称为指挥官的学者是有意还是无意，都给人以自主武器系统是战斗员或战士的印象。自主武器系统绝不能称为或当作战斗员或战士……指挥责任的概念不能也不应该适用于自主武器系统。”[②]部署了自主武器系统的指挥官的责任“既不是也不像指挥责任，而是直接责任”[③]，“直接责任产生于支持违反国际人道法的作为或不作为，而指挥责任涉及军队或政府上级未能对其下属进行法律所要求的监督”[④]。这个看法更符合实际情况。

证明知道或应当知道“可能是最大的挑战”，因为信息过剩可能超出指挥官识别和处理的能力，在信息无限的时代，法庭该怎么界定“由于当时情况应当知道”就成了问题[⑤]，而且“自主本身就意味着指挥官不能指挥系统的行为，自主的人工智能将自行脱离命令控制”[⑥]。有学者将士兵类比自主武器系统，认为即使对士兵这种具有最先进认知推理能力并能将该推理适用于决策过程的“武器系统”来说，也不可能有绝对信心相信其遵守战争法，但之所以使用人类“自主”武器的合法性毋庸置疑，就是“因为假定的是人类自主推理会与负责任统帅施加的标准一致，反过来，说明这种自主推理是在战争法义务框架内

---

① Christopher P. Toscano, “Friend of Humans: An Argument for Developing Autonomous Weapons Systems”, *Journal of National Security Law and Policy* 8, 2015, pp. 235~239.

② Thompson Chengeta, “Accountability Gap: Autonomous Weapon Systems and Modes of Responsibility in International Law”, *Denver Journal of International Law and Policy* 45, 2016, p. 31.

③ Marco Sassoli, “Autonomous Weapons and International Humanitarian Law: Advantages, Open Technical Questions and Legal Issues to be Clarified”, *International Law Studies* 90, 2014, p. 324.

④ Markus Wagner, “The Dehumanization of International Humanitarian Law: Legal, Ethical, and Political Implications of Autonomous Weapon Systems”, *Vanderbilt Journal of Transnational Law* 47, 2014, p. 1405.

⑤ Charles Garraway, “The Application of Superior Responsibility in an Era of Unlimited Information”, in Dan Saxon, ed., *International Humanitarian Law and the Changing Technology of War*, Leiden and Boston, Martinus Nijhoff Publishers, 2013, p. 202.

⑥ Timothy Coughlin, “The Future of Robotic Weaponry and the Law of Armed Conflict: Irreconcilable Differences”, *UCL Jurisprudence Review* 17, 2011, p. 88.

进行的”①。也就是说，指挥官既能有效控制和合理预计下属的行为，下属也一般会按照指挥官的指令行事，但这两方面对自主武器系统来说都不一定成立，“让指挥官对其既不能控制也不能预见的自主武器系统行为负责，超出了指挥责任的传统范围”，“特别是因为他们自己可能既没有编程也没有设计这种武器”②。这个结论似是而非，根本问题在于回避了指挥责任适用的必要前提，即指挥官和其部署的自主武器系统是否首先存在上下级关系。同样，确定犯罪故意也存在问题。《第一附加议定书》规定，“故意”违反议定书中有关规则的行为构成“严重破约行为”③，红十字国际委员会在评论中解释道，故意是指“有意识地、具有目的而行动”，包括“放任”（recklessness），不包括“普通的过失”。④前南刑庭也完全认同这种观点，认为“故意”不包括“纯粹的过失”。⑤满足《罗马规约》所要求的心理要件⑥是自主武器系统责任问题的主要争议所在⑦，可是，“确定战争罪的一个根本问题就是心理要件和仅有过失不足以满足这个要求”，自然而然，“对部署自主武器系统的人追究严格或客观责任唯一的

---

① Geoffrey S. Corn, “Autonomous Weapons Systems: Managing the Inevitability of ‘Taking the Man out of the Loop’”, in Nehal Bhuta et al., eds., *Autonomous Weapons Systems: Law, Ethics, Policy*, Cambridge, Cambridge University Press, 2016, p. 212.

② Daniel N. Hammond, “Autonomous Weapons and the Problem of State Accountability”, *Chicago Journal of International Law* 15, 2015, p. 665.

③ 《第一附加议定书》第85条第3款规定：“……下列行为在违反本议定书有关规定而故意做出，并造成死亡或对身体健康的严重伤害时，应视为严重破坏本议定书的行为……”第4款规定：“……下列行为于故意并违反各公约和本议定书做出时，应视为严重破坏本议定书的行为……”

④ Yves Sandoz, Christophe Swinarski and Bruno Zimmermann, eds., *Commentary on the Additional Protocols of 8 June 1977 to the Geneva Conventions of 12 August 1949*, Geneva, Martinus Nijhoff Publishers, 1987, p. 994.

⑤ *Galić*（*IT-98-29*）, Trial Judgement, 5 Dec 2003, para. 54.

⑥ 《罗马规约》第30条规定，“（一）除另有规定外，只有当某人在故意和明知的情况下实施犯罪的物质要件，该人才对本法院管辖权内的犯罪负刑事责任，并受到处罚。（二）为了本条的目的，有下列情形之一的，即可以认定某人具有故意：1. 就行为而言，该人有意从事该行为；2. 就结果而言，该人有意造成该结果，或者意识到事态的一般发展会产生该结果。（三）为了本条的目的，‘明知’是指意识到存在某种情况，或者事态的一般发展会产生某种结果。‘知道’和‘明知地’应当做相应的解释”。

⑦ Carrie McDougall, “Autonomous Weapon Systems and Accountability: Putting the Cart before the Horse”, *Melbourne Journal of International Law* 20, 2019, p. 66.

理由就取决于将这些武器本身界定为非法”[①]。在没有条约宣告自主武器系统非法的情况下，自主武器系统产生的战争罪问题，只有适用一般的国际人道法规范来评价。《罗马规约》在其管辖的罪行中，也多次提及“故意”。[②]《罗马规约》第30条规定，“只有当某人在故意和明知的情况下实施犯罪的物质要件，该人才对本法院管辖权内的犯罪负刑事责任，并受到处罚”。非常明显，自主武器系统并不是“人”，也不可能具有“故意和明知”，自主武器系统“从定义来看不可能犯下战争罪，因此也不能对其行为承担刑事责任”[③]，所以问题是，使用自主武器系统时如果未能遵守国际人道法，指挥官是否承担责任。总的来说，自主武器系统行为不可预知或者指挥官没有故意要通过自主武器系统实施违反战争法的行为不足以产生责任真空问题，相反，“不确定性和责任实际上联系十分明显，部署一个完全不确定的自主武器系统就好比在有人居住的环境中放毒一样。即使没有明确意图伤害任何人，但放毒本身的伤害就足以引起刑事责任，或是过失（criminal negligence），或是放任（recklessness）”[④]。

自主武器系统的制造商或设计者承担责任是另一个选项。有学者认为，“如果机器人设计得糟糕而且是事故原因”，不仅制造商或设计者需要承担责任，而且“防务公司的经理和工程师也可能为产品的严重缺陷承担个人责任，如果他们知道这些缺陷但并未让武装部队了解到这些缺陷或限制”，这将是防止防务公司向武装部队出售不成熟、不完善的自主武器系统“最有效的威慑手段”。[⑤]但实际情况是，武器制造商极少为设计缺陷引发的事故承担责任，特别是考虑到军工企业在交付武器时就会进行各种免责声明。要追究制造商或设计

---

① Jack M. Beard, “Autonomous Weapons and Human Responsibilities”, *Georgetown Journal of International Law* 45, 2014, pp. 644~645.

② 如《罗马规约》第6条、第7条、第8条等。

③ Kelly Cass, “Autonomous Weapons and Accountability: Seeking Solutions in the Law of War”, *Loyola of Los Angeles Law Review* 48, 2015, p. 1057.

④ Pablo Kalmanovitz, “Judgment, Liability and the Risks of Riskless Warfare”, in Nehal Bhuta et al., eds., *Autonomous Weapons Systems: Law, Ethics, Policy*, Cambridge, Cambridge University Press, 2016, p. 154.

⑤ Armin Krishnan, *Killer Robots: Legality and Ethicality of Autonomous Weapons*, Farnham, Ashgate, 2009, pp. 103~104.

者的责任，适用过失理论也存在问题，设计者只是为自主武器系统的行为设下基本规则，而"更重要的是，自主系统做出的决策可能不是程序员预测或鼓励的那些，这正是称其为自主所固有的含义。如果足够的自主使其从经历和环境中学习，那么自主系统做出的决定将同等地反映出其最初的程序和后来的经历，或者会超出其最初的程序"①。因此，制造商或设计者无法预计自主武器系统在实际使用中会如何决策，"由于设计自主武器系统的目的正是独立决策，任何时候想要判定制造商存在过失在实践中都是不可能的，因为没有控制或直接因果关系"②。此外，《罗马规约》中，战争罪的构成要件要求在武装冲突的情况下发生并且与该冲突有关，而一般说来，武器研发人员的行为要早于武装冲突的开始，"这个特别的门槛要求可能等于给予武器研发人员对后来发生的战争罪事实上的免责权"，而且即使可以追究程序员等研发人员的责任，也存在"进一步的实践中的、可能是无法逾越的障碍"，即"复杂的自主武器系统不会是由单独个人研发，而是分为一系列十分复杂又相互依存的子系统，由在多个组织中的多个研发队伍各自进行的。如果部署的自主武器系统后来的行为构成战争罪，想要确定一个最该为此负责的个人，将难到根本无法发起审判"③。

自主武器系统引发国家责任也是一种可能。根据联合国国际法委员会起草的《国家对国际不法行为的责任》，要产生国家责任，必须首先"由作为或不作为构成的行为依国际法归于该国"，而且"该行为构成对该国国际义务的违背"。④行为可归于一国包括多种情形，特别是"任何国家机关"的行为。⑤一国的武装部队或情报机构可以归于"国家机关"，《第一附加议定书》也规定缔约方"应对组成其武装部队的人员所从事的一切行为负责"⑥，然而，自主武器系

① Robert Sparrow, "Killer Robots", *Journal of Applied Philosophy* 24, 2007, p. 70.

② Daniel N. Hammond, "Autonomous Weapons and the Problem of State Accountability", *Chicago Journal of International Law* 15, 2015, p. 667.

③ Tim McFarland and Tim McCormack, "Mind the Gap: Can Developers of Autonomous Weapons Systems be Liable for War Crimes", *International Law Studies* 90, 2014, pp. 383~384.

④ 《国家对国际不法行为的责任》第2条。

⑤ 《国家对国际不法行为的责任》第4条第1款。

⑥ 《第一附加议定书》第91条。

统并不是武装部队成员，使用自主武器系统违反战争法的责任应归于个人，然后再归于国家，主要的障碍可能是“行为是故意还是过失……如果有责任和赔偿的话，也取决于受害者所属的国家。单独的受害者可能根本无力以法律对抗加害国”①。声称“至少在理论上，国家责任有潜力解决这个问题”的学者，其理由是“国家既能要求制造商更好地设计和制造（自主武器系统），又能限制指挥官部署（此类武器）的自由裁量权”，以及国家是“道德上……最应受责备的主体”②，或是“在自主武器系统的使用上引入国家责任可以确保更紧密地控制设计和生产涉及的所有相关主体……确保自主武器系统通过国际法规定的合法武器测试标准以及使用合法”③。然而，“更好地设计和制造”并不意味着能够解决自主武器系统无法遵守战争法规则的问题，而限制指挥官部署自主武器系统，如果是指限制指挥官使用自主武器系统的次数，那将既不现实也不能根本解决问题；如果是要求指挥官监督自主武器系统的决定，那么就不是在讨论自主武器系统引发的问题了，而认为国家有道德上的负罪感，就更不在法律讨论范围内了。同理，国家责任并不能自动确保自主武器系统本身及使用合法，将国家责任视为“万灵丹”实在是过于理想化了。

还有一些其他承担责任的可能。有学者提出从侵权（tort）的角度来确定自主武器系统的责任④，考虑到自主武器系统所使用的环境几乎总是武装冲突，国际人道法和国际刑法应更合适。有学者干脆认为，“新科技需要新的责任结构……涉及系统研发和验证阶段的人员和对新武器进行法律审查的律师以及命令使用武器的指挥官都承担责任”⑤，或者“操作者、指挥官、程序员、公司领

① U. C. JHA, “Lethal Autonomous Weapon Systems and International Humanitarian Law”, *ISIL Yearbook of International Humanitarian and Refugee Law* 16~17, 2016—2017, pp. 127~128.

② Daniel N. Hammond, “Autonomous Weapons and the Problem of State Accountability”, *Chicago Journal of International Law* 15, 2015, pp. 668~670.

③ Swati Malik, “Autonomous Weapon Systems: The Possibility and Probability of Accountability”, *Wisconsin International Law Journal* 35, 2018, p. 639.

④ Elizabeth Fuzaylova, “War Torts, Autonomous Weapon Systems, and Liability: Why a Limited Strict Liability Tort Regime Should be Implemented”, *Cardozo Law Review* 40, 2019, pp. 1327~1366.

⑤ Joel Hood, “The Equilibrium of Violence: Accountability in the Age of Autonomous Weapons Systems”, *Brigham Young University International Law & Management Review* 11, 2015, p. 39.

导、国防部高级官员”都应该为自主武器系统引发的战争罪承担责任[①]，或者应在“高层政治领导人、高层军事领导人、武器制造商、武器设计者、军事指挥官、操作者”之间分配责任[②]。让所有主体都承担责任可能导致实际上没有主体承担责任，而且责任如何分配如果不是不可能，也是挑战巨大。还有学者提议起草制定国际公约来规制自主武器系统，特别是规定“两种形式的责任，即产品责任和指挥责任”，以及让自主武器系统自身直接承担责任，如被销毁。[③]有些学者认为，自主武器系统的责任问题类似儿童兵[④]，《第一附加议定书》和《第二附加议定书》都禁止招募15岁以下儿童直接参加敌对行动[⑤]，《罗马规约》也将在国际性和非国际性武装冲突中征募或使用15岁以下儿童直接参加敌对行动规定为战争罪[⑥]。“根据国际法被起诉犯罪的儿童……应该首要地被视为违反国际法的罪行的受害者”[⑦]，“国际刑事法院不会让被诉犯有国际罪行的儿童承担个人责任是清楚的……儿童兵的个人责任可能产生的空缺，是通过在更早的阶段明确禁止儿童兵参与武装冲突来避免的。因此，不管儿童兵实际行为如何，是否遵守国际人道法，《罗马规约》都视让儿童军事化的人为犯罪……个人不是因为与儿童兵共谋或对其进行控制而对儿童兵实施的犯罪负责，相反，是因

---

① Tetyana Krupiy, “Unravelling Power Dynamics in Organizations: An Accountability Framework for Crimes Triggered by Lethal Autonomous Weapons Systems” , *Loyola University Chicago International Law Review* 15, 2017, pp. 1~62.

② Tetyana Krupiy, “Regulating a Game Changer: Using a Distributed Approach to Develop an Accountability Framework for Lethal Autonomous Weapon Systems” , *Georgetown Journal of International Law* 50, 2018, pp. 45~112.

③ Gwendelynn Bills, “LAWS unto Themselves: Controlling the Development and Use of Lethal Autonomous Weapons Systems” , *George Washington Law Review* 83, 2014, pp. 202~205.

④ Robert Sparrow, “Killer Robots” , *Journal of Applied Philosophy* 24, 2007, pp. 73~74.

⑤ 《第一附加议定书》第77条第2款规定，“冲突各方应采取一切可能措施，使15岁以下的儿童不直接参加敌对行动，特别是不应征募其参加武装部队”。《第二附加议定书》第4条第3款第3项规定，“对未满15岁的儿童不应征募其参加武装部队或集团，也不应准许其参加敌对行动”。

⑥ 《罗马规约》第8（2）（b）（xxvi）规定，“征募不满15岁的儿童加入国家武装部队，或利用他们积极参与敌对行动”构成战争罪，第8（2）（e）（vii）规定，“征募不满15岁的儿童加入武装部队或集团，或利用他们积极参加敌对行动”构成战争罪。

⑦ UNICEF, *Paris Principles: Principles and Guidelines on Children Associated with Armed Forces or Armed Groups*, February 2007, para. 3.6.

为将不负责任的实体引入武装冲突而承担责任”[①]。所以，自主武器系统不承担责任，而是由部署或使用的人承担责任。

五、小结

总有人认为新战争科技能够减少战争代价、减轻激情、限制过分行为或罪行的可能性，这并不新鲜，例如，1621年，英国诗人约翰·多恩（John Donne）就曾预言发明更好的大炮将使得战争可以“更快地结束并避免大量流血”[②]，然而事情显然没有按照他的预计发生，因为火力更强的大炮只产生了破坏性更强的冲突。如今的无人机和未来可能完全自主的武器系统，跟几百年前关于大炮的讨论类似。自主武器系统虽然还未出现，但其表现出的能力和潜力无疑是划时代的，对国际人道法也很可能产生颠覆性的影响。

自主武器系统的支持者一般都认为缺乏感情可以使机器严格遵守指令，“只有人才可能没有人性，只有人才可能故意选择不去遵守他们应该去遵守的规则”[③]。自主武器系统自身没有保命的需求，可以只在被开枪时才还击，这样就证实了目标是合法的，即“第二个开枪”（shoot second）一说。[④]据信，自主武器系统“更快、更便宜、能更好地完成任务，射程更长、更能坚持、更能忍耐、精确度更高，能更快与目标交战，不受化学武器、生物武器和其他类似武器的影响”[⑤]，或者“在冲突中保持客观”“更谨慎行事”“能力超过人类生理限制”。更有甚者声称由于具有仁慈、勇气、技能更好、值得信任等优点，自主

---

① Hin-Yan Liu, “Refining Responsibility: Differentiating Two Types of Responsibility Issues Raised by Autonomous Weapons Systems” , in Nehal Bhuta et al., eds., *Autonomous Weapons Systems: Law, Ethics, Policy*, Cambridge, Cambridge University Press, 2016, pp. 343~344.

② Charles J. Dunlap, Jr., *Technology and the 21st Century Battlefield: Recomplicating Moral Life for the Statesman and the Soldier*, Strategic Studies Institute, 1999, p.1.

③ Marco Sassoli, “Autonomous Weapons and International Humanitarian Law: Advantages, Open Technical Questions and Legal Issues to be Clarified” , *International Law Studies* 90, 2014, p. 310.

④ P. W. Singer, *Wired for War: Robotics Revolution and Conflict in the 21st Century*, New York, Penguin Press, 2009, p. 398.

⑤ Ronald Arkin, *Governing Lethal Behavior in Autonomous Robots*, Boca Raton, Chapman & Hall/CRC Press, 2009, p. 30.

武器系统还能“更有效地坚持骑士精神规范”。[①]这个说法的荒谬之处在于，如果自主武器系统因为无须担心“丧命”而被称为有“勇气”，那么所有的子弹、炮弹和导弹等，一旦发射就要直奔目标，同样“值得信任”，而且“更有勇气”。支持自主武器系统的理论中，最有影响的可能是“道德调节器”（ethical governor）一说，其倡导者认为道德调节器可以使机器人区分道德的和不道德的杀戮[②]，还断定“最终这些系统会有更多信息做出比人类更明智的决策”[③]。这种典型的轻信或误判是建立在“一高一低”的基础上的，“一高”是指高估科技进步的能力和速度，“一低”是指低估将国际人道法规则转化为以1和0这样的计算机语言的难度。

许多为自主武器系统辩护的观点其实禁不住深究。例如，有学者认为，“自主武器系统在适用国际法上，和其他武器没什么不同”[④]，这转移了焦点，自主武器系统当然和其他武器一样要适用国际人道法，但由于自主武器系统明显区别于其他武器，如何适用国际人道法才是关键。有学者认为，要求禁止自主武器系统多是基于假设而缺乏具体信息[⑤]，这并不是事实，因为已经有比较充分的信息，至少足够用来讨论，如果具体信息是指设计参数等机密，那当然不会公开。有学者认为自主武器系统的科技现在还很原始，“预先禁止是目光短浅的，因为这可能破坏武装冲突法保护平民的首要意图”，并以战争法调整空袭以失败告终这个“悲剧”为例，认为“这个悲剧更让人丧气的是它原本可以避

---

① Christopher P. Toscano, “Friend of Humans: An Argument for Developing Autonomous Weapons Systems”, *Journal of National Security Law and Policy* 8, 2015, pp. 224~242.

② Ronald Arkin, *Governing Lethal Behavior in Autonomous Robots*, Boca Raton, Chapman & Hall/CRC Press, 2009, pp. 127~153.

③ Eric Bland, “Robot warriors will get a guide to ethics”, http://www.nbcnews.com/id/30810070/ns/technology_and_science-science/t/robot-warriors-will-get-guide-ethics/#.Xoa9KogzZPY, April 3, 2020 .

④ Michael Press, “Of Robots and Rules: Autonomous Weapon Systems in the Law of Armed Conflict”, *Georgetown Journal of International Law* 48, 2017, p. 1365.

⑤ Kenneth Anderson, “Why the Hurry to Regulate Autonomous Weapon Systems - But Not Cyber-Weapons”, *Temple International & Comparative Law Journal* 30, 2016, pp. 17~42; Tyler D. Evans, “At War with the Robots: Autonomous Weapon Systems and the Martens Clause”, *Hofstra Law Review* 41, 2013, pp. 697~734.

免，如果当时的对话关注的是改进空袭科技以防平民伤亡并使空袭遵守已有的武装冲突法，而不是禁止空袭”。总之，“就像19、20世纪之交的空袭，自主武器仍为神话和科幻所掩盖，使得任何此类（禁止）协议都毫无结果”[①]。这个观点部分正确，因为战争法规制空袭的努力的确失败了，但是，空袭和自主武器系统并不存在可比性，空袭是飞行员在操作，而自主武器系统是机器而不是人在运行，况且19、20世纪之交乃至20世纪上半叶的战争法规则远谈不上丰富，更不存在关于空袭的战争法，与空袭有关的规则恐怕仅有当时表述还比较含糊的区分原则和比例原则，认为禁止空袭不如让空袭遵守当时“已有的武装冲突法”更有效，不仅值得怀疑，也有后见之明的嫌疑。有学者认为人要不要在循环中的讨论过于绝对，“全有或全无”，而由于自主有许多等级，可以根据需要，如果“人的注意力放在其他地方更有用时，就可以让人‘不在循环中’”[②]。可问题在于，很难想象在武装冲突中不伤及无辜不是“更有用”的地方，确保遵守国际人道法如果不比进行军事行动“更有用”，至少也和进行军事行动本身同样“有用”。还有学者认为，“飞行员是‘自主的’并不意味着可以操作时没有命令，同样，即使是完全自主的系统也要遵照更高级别的指挥部发布的命令”[③]。这个看法的问题在于只强调遵守命令，而不谈命令的具体内容，同样是命令攻击敌人，飞行员进行攻击是本人或上级决定的目标，但自主武器系统攻击的则是机器自己决定的目标。

自主武器系统的确有一些突出的优点，但其缺陷也十分明显，技术性的缺陷诸如对于通信的依赖使其可能遭到黑客攻击，并转而危害其原本的使用国、友军或平民。[④]在信息过剩的背景下，人类也会更愿意选择相信处理信息能力更

---

① Shane R. Reeves and William J. Johnson, “Autonomous Weapons: Are You Sure Those Are Killer Robots - Can We Talk about It”, *Army Lawyer* 2014, 2014, pp. 26~30.

② William C. Marra and Sonia K. McNeil, “Understanding the Loop: Regulating the Next Generation of War Machines”, *Harvard Journal of Law & Public Policy* 36, 2013, p. 1185.

③ Benjamin Kastan, “Autonomous Weapons Systems: A Coming Legal Singularity”, *University of Illinois Journal of Law, Technology & Policy* 2013, 2013, p. 50.

④ Michael N. Schmitt and Jeffrey S. Thurnher, “Out of the Loop: Autonomous Weapon Systems and the Law of Armed Conflict”, *Harvard National Security Journal* 4, 2013, p. 242

强的电脑，不撤销电脑做出的决定，“期待人类操作者行使重大的否决控制更不用说有多不现实了”[①]。1988年7月3日的伊朗航空655号空难事件就是最典型的例子。当时，配备了“宙斯盾”（Aegis）战斗系统的美国海军文森斯号（USS Vincennes）将伊朗客机655号识别为F-15战斗机，经军官确认后发射了两枚SM-2MR地对空导弹将其击落，而“宙斯盾”是一种典型的“人在循环中”的半自主武器系统。但从根本上来说，自主武器系统引发的“关切不是保护的不对称，而是一方可能免于法律后果。由于一系列部分连贯的原因，‘人的因素’被视为‘不可或缺’：人要判断、克制并最终为决定负责……增加自主并将人的因素移除意味着两个风险：一是失去判断和克制，可能导致不分皂白的攻击数量增加；二是战斗的法律责任弱化会危及国际人道法规范框架”[②]。

自主武器系统不仅是武器平台，它本身也是武器，是否遵守区分原则并不“最终取决于其所配备的弹药”[③]，声称在武器本身非法的情况下“平台和武器的结合可能使自主武器系统本身非法”[④]是转移焦点，避开了对自主武器系统本身合法与否的讨论。自主武器系统一般不会造成过分伤害或不必要痛苦，但预防措施的要求可以用来禁止使用自主武器系统。自主武器系统无法遵守区分原则

① Chantal Grut, “The Challenge to Autonomous Lethal Robotics to International Humanitarian Law”, *Journal of Conflict and Security Law* 18, 2013, p. 15.

② Vik Kanwar, “The Post-Human Humanitarian Law: The Law of War in the Age of Robotic Weapons”, *Harvard National Security Journal* 2, 2011, p. 620.

③ Bradan T. Thomas, “Autonomous Weapon Systems: The Anatomy of Autonomy and the Legality of Lethality”, *Houston Journal of International Law* 37, 2015, p. 256.

④ Michael N. Schmitt and Jeffrey S. Thurnher, “Out of the Loop: Autonomous Weapon Systems and the Law of Armed Conflict”, *Harvard National Security Journal* 4, 2013, p. 245.

和比例原则[①]，也与人道和公众良心相悖[②]，无法遵守国际人道法规则[③]，因此本身非法。谨慎一点的说法认为，"从设计上看，计算机非常擅长定量评估，但在十分易变的冲突情境下要面对的是不断变化的情况，此时计算机是否能够做出定性评估尚不清楚。尽管在认知技术上进步明显，但区分原则和比例原则是否能以数字的格式编码仍有待观察"[④]。但实际上，区分原则和比例原则不是纯粹的技术挑战和类型识别，而从本质上要求人的认知和判断，是无法进行数学运算的。"遵守必要性、区分原则和比例原则意在防止战争中不公平的牺牲，但不遵守的问题不能靠技术解决。道德和法律的本质就在于它们是固有地无法编程的，它们更常是模糊而不是精确，而且只能作为行为的一般指引，而不是在具体的环境中所要求的具体行为的穷尽列表。"[⑤]国际人道法的基本原则，尤其是区分原则和比例原则，十分不确定，但这种弹性恰恰是其生命力的来源，"将主观性质编程至意在提供客观正确答案的程序中，可能困难重重"[⑥]。如何适用标准模糊的区分原则和比例原则，需要参考的是一个"理智的人"（a reasonable person）在当时的情况下会做出怎样的判断[⑦]，而"具有足够的人类特质的系统要成为法律下的'理智的人'极不可能成为现实，让机器可以进行人工思考

---

① Hin-Yan Liu, "Categorization and Legality of Autonomous and Remote Weapons Systems", *International Review of the Red Cross* 94, 2012, p. 643.

② David Akerson, "The Illegality of Offensive Lethal Autonomy", in Dan Saxon, ed., *International Humanitarian Law and the Changing Technology of War*, Leiden and Boston, Martinus Nijhoff Publishers, 2013, pp. 65~98.

③ Thompson Chengeta, "Measuring Autonomous Weapon Systems against International Humanitarian Law Rules", *Journal of Law & Cyber Warfare* 5, 2016, pp. 66~146; Kjolv Egeland, "Lethal Autonomous Weapon Systems under International Humanitarian Law", *Nordic Journal of International Law* 85, 2016, pp. 89~118.

④ Markus Wagner, "The Dehumanization of International Humanitarian Law: Legal, Ethical, and Political Implications of Autonomous Weapon Systems", *Vanderbilt Journal of Transnational Law* 47, 2014, p. 1388.

⑤ Christian Enemark, *Armed Drones and the Ethics of War: Military Virtue in a Post-heroic Age*, New York, Routledge, 2013, p. 110.

⑥ Peter B. Postma, "Regulating Legal Autonomous Robots in Unconventional Warfare", *University of St. Thomas Law Journal* 11, 2014, p. 326.

⑦ *Galić*（*IT-98-29*）, Trial Judgement, 5 Dec 2003, para. 55.

（reasoning）能真正代替人类判断和认知，有着巨大障碍”[①]。

即使技术进步使得部分区分和统计伤亡成为可能，自主武器系统也无法满足区分原则的全部要求，也不可能对人的生命和军事利益进行合理的衡量和比较。已经有太多次人们以为新科技可以拨开“战争迷雾”，然而现实是，21世纪的战争和以往的战争具有许多完全一样的特征，战争仍然是一团迷雾，而由于主体平民化和遵约失衡化，可以说当代战争有着更厚重的迷雾。这些复杂的情形，需要在灵活性、整体性和情境性的基础上，从人类的认知能力出发进行合理的推理，而计算机没有此种能力。不仅如此，机器没有情感，没有真正的社交互动，也无法完全理解“生命”“人道”“牺牲”“尊严”“价值”等人类社会的概念。“不管‘道德调节器’和其他道德程序对自主机器在未来能做出什么承诺，不管机器有多么接近实现认知，先进的机器人永远不会成为人类，也永远不会具有人类的判断本身。”[②]反对和支持自主武器系统的争论，往往都集中于机器的能力，实质上成了技术决定论。比如，质疑者认为“机器识别能力弱、评估能力弱、软件弱”等[③]，支持者就反驳说技术进步可以解决此类问题，而且常常是十分理想化的想象，例如，“运算能力的进步意味着自主武器系统最终有充分的能力区分‘一个充满恐惧的平民和一个造成威胁的敌方战斗员’”[④]或“自主系统可能比人类更能准确识别意图或感情不是不能预见的”[⑤]。“有意思的是，支持自主武器系统的工具主义者对人的行为有多悲观，对科技力量就有

① Jack M. Beard, “Autonomous Weapons and Human Responsibilities”, *Georgetown Journal of International Law* 45, 2014, p. 677.

② Jack M. Beard, “Autonomous Weapons and Human Responsibilities”, *Georgetown Journal of International Law* 45, 2014, p. 674.

③ James Foy, “Autonomous Weapons Systems: Taking the Human out of International Humanitarian Law”, *Dalhousie Journal of Legal Studies* 23, 2014, pp. 57~59.

④ Joel Hood, “The Equilibrium of Violence: Accountability in the Age of Autonomous Weapons Systems”, *Brigham Young University International Law & Management Review* 11, 2015, p. 32.

⑤ Peter C. II Combe, “Autonomous Doctrine: Operationalizing the Law of Armed Conflict in the Employment of Lethal Autonomous Weapons Systems”, *St. Mary's Law Journal* 51, 2019, p. 45.

多乐观；而科技悲观主义者将人类战场行为浪漫化。”①

自主武器系统引发的战争罪问题远比士兵不遵守战争法规惯例的责任复杂，指挥官、制造商、研发者、程序员、自主武器本身、国家等都可能承担责任，而无论让哪一类主体承担责任，都存在各种各样的问题。指挥责任或上级责任首先要求存在上下级关系，并不适用自主武器系统。对于武器的产品质量责任，尽管有理论上的可能性，但即便是如上述伊朗航空655号空难事件之严重的情形，“宙斯盾”的制造商也没有承担相关责任。像自主武器系统这样极为复杂的设备，需要大量研发者或程序员协同分工共同作业，要将自主武器系统的责任具体确定到某个或某些人，在技术上挑战巨大，在法律上也有障碍，特别是战争罪要求行为发生在武装冲突中，而武器的研发一般都在武装冲突前。要求国家承担自主武器系统引发的责任，更多是道德上的呼吁，从国际法角度看，需要首先对现有的国家责任理论进行重大突破，可行性很低。自主武器系统未来可能具有某种主体地位也不再是猜测，有学者已经声称，“采取战斗员立场意味着将自主武器系统作为敌方战斗员看待，这将是理解、预测和最终击败自主武器系统行为的唯一方法，包括考虑自主武器系统有关赢得战争的终极目标的某些信念和愿望，以及它会采取什么样的交战行为来实现这个目标”②。然而，让机器承担责任，如被销毁，似乎除了讽刺，也没有更多的意义可言。解决自主武器系统引发的战争罪责任问题，相对合适的办法是关注对自主武器系统的某种误用或未能采取合适的预防措施，就像宠物狗是一个活的、完全分离于主人的动物，但这并不意味着主人对狗的行为产生的法律问题不承担一点责任。③

国际社会如何应对自主武器系统带来的问题，有三个主要选择：一是禁止

① Eliav Lieblich and Eyal Benvenisti, “The Obligation to Exercise Discretion in Warfare: Why Autonomous Weapons Systems are Unlawful”, in Nehal Bhuta et al., eds., *Autonomous Weapons Systems: Law, Ethics, Policy*, Cambridge, Cambridge University Press, 2016, p. 255.

② Jens David Ohlin, “The Combatant’s Stance: Autonomous Weapons on the Battlefield”, *International Law Studies* 92, 2016, p. 18.

③ P. W. Singer, *Wired for War: Robotics Revolution and Conflict in the 21st Century*, New York, Penguin Press, 2009, p. 410.

自主武器系统，二是进行规制，三是暂停研发。规制的原因是自主武器系统明显的军事效用和潜能以及无人技术和人工智能的军民两用性，“国家更可能接受规制”而不是完全禁止[①]，可以采用缔结新条约或制定新的《常规武器公约》议定书的方式[②]。暂停研发的理由是技术仍在发展中，但影响尚不明确。联合国法外处决、即决处决或任意处决问题特别报告员认为，目前并不清楚自主武器系统如何能够满足国际人道法和国际人权法的要求，但对于其“杀害人口有可能贬损生命本身的价值这一点存在着普遍的关切。这些不知疲倦的战争机器，随时一按按钮就可以投入使用，会带来武装冲突永久化（虽然可能是低水平的）的危险，杜绝了战后重建的机会”，“有可能严重损害国际法律体系维持最低限度的世界秩序的能力”，因此，呼吁各方“暂停（研发）以免做出以后难以逆转的措施”[③]。暂停研发的关键缺陷在于难以核查国家和有关机构是否真的暂停了研发，考虑到一国进行新武器审查的信息都不公开，暂停研发的实际效果恐怕就更低了。

实际上，自主武器系统“没有将战争变得更人道、更道德，而仅仅是在战争去人性化上过了头”[④]。使用自主武器系统的一大关键理由就是其“手术般的精准”可以挽救生命，果真如此的话，也应使用“手术般的标准”来评估自主武器系统。[⑤]自主武器系统不仅涉及传统的“诉诸战争的权利”和“战时法”，也事关新兴的“战后法”，可能引发新一轮军备竞赛从而危害国际秩序，而且

---

① John Lewis, “The Case for Regulating Fully Autonomous Weapons”, *Yale Law Journal* 124, 2015, pp. 1316~1319.

② Metodi Hadji-Janev and Kiril Hristovski, “Beyond the Fog: Autonomous Weapon Systems in the Context of the International Law of Armed Conflicts”, *Jurimetrics* 57, 2017, pp. 325~340.

③ A/HRC/23/47, paras. 109~111.

④ Noel E. Sharkey, “The Evitability of Autonomous Robot Warfare”, *International Review of the Red Cross* 94, 2012, p. 799.

⑤ Christof Heyns, “Autonomous Weapons Systems: Living A Dignified Life and Dying A Dignified Death”, in Nehal Bhuta et al., eds., *Autonomous Weapons Systems: Law, Ethics, Policy*, Cambridge, Cambridge University Press, 2016, pp. 15~16.

由于造成冲突双方人员伤亡不成比例，还会危及冲突的和平解决。①自主武器系统“将战斗员的风险最小化是以敌方平民为潜在的代价，可能首先就使国家更容易进行武装冲突”②。自主武器系统无法遵守战争法的规范，这种法律风险以及地缘政治和军事风险超出任何其可能带来的好处，国际社会应当予以禁止。③“法律调整的是人而不是机器，如果要遵守国际法原则……人类将必须保持对如何、何时以及在哪儿部署自主武器系统的最终控制。”④自主武器系统使用武力与人性这个概念相悖，也侵犯了人的尊严，使用武力只能由人类决定。⑤问题根本不在于自主武器系统是否会比人类做得更好还是更差还是一样，而是首先是否允许自主武器系统成为战斗员。因此，应当以无法遵守区分原则和比例原则为主要根据，将自主武器系统界定为本身非法的武器禁止使用，这样也可以避免更棘手的责任问题。

此外，新科技不只是技术或法律问题，往往涉及政治、经济、文化、道德等诸多方面，转基因作物就是典型的例子。战争领域的新科技更是如此，特别是由于战争事关千千万万的生命。然而，“隔行如隔山”，现代科技和职业高度专业化、细分化加剧了不同技术领域的职业人士之间的疏离感，“可怕的是让受过法律、政治或哲学训练的人去谈论MQ-9‘死神’无人机的设计参数，同

---

① Heather M. Roff, “Lethal Autonomous Weapons and Jus Ad Bellum Proportionality”, *Case Western Reserve Journal of International Law* 47, 2015, pp. 37~52.

② Rebecca Crootof, “War, Responsibility, and Killer Robots”, *North Carolina Journal of International Law and Commercial Regulation* 40, 2015, p. 923.

③ Jay Logan Rogers, “Legal Jugement Day for the Rise of the Machines: A National Approach to Regulating Fully Autonomous Weapons”, *Arizona Law Review* 56, 2014, pp. 1257~1272.

④ Roni A. Elias, “Facing the Brave New World of Killer Robots: Adapting the Development of Autonomous Weapon Systems into the Framework of the International Law of War”, *Trinity Law Review* 21, 2016, p. 92.

⑤ Peter Asaro, “On Banning Autonomous Weapon Systems: Human Rights, Automation, and the Dehumanization of Lethal Decision-Making”, *International Review of the Red Cross* 94, 2012, pp. 687~710; Thompson Chengeta, “Dignity, Ubuntu, Humanity and Autonomous Weapon Systems (AWS) Debate: An African Perspective”, *Brazilian Journal of International Law* 13, 2016, p. 484; Nicholas W. Mull, “The Roboticization of Warfare with Lethal Autonomous Weapon Systems (LAWS): Mandate of Humanity or Threat to It”, *Houston Journal of International Law* 40, 2018, p. 529.

样困难的是让对技术问题熟悉的科学家和工程师去讨论道德困境”[①]。因此，更全面、更有效地应对自主武器系统带来的挑战，也要求不同学科、不同领域进行切实的合作。

第二节　网络攻击与国际法

当代武装冲突的特点之一就是难以识别传统意义上的战场，美国“全球反恐战争”代表了一个极端，声称恐怖分子在哪里，哪里就是战场，换言之，全世界都是战场；而随着网络战和网络攻击的出现，出现了另一个极端，即物理意义上的战场消失了，冲突开始以数字的形式在虚拟的空间进行，但损害并不一定局限于网络空间，也可能在现实中产生类似传统动能打击造成的物理伤害。主权和国家边界的概念似乎已经不能适用于网络战，而在网络战中战斗员与平民、军事目标与民用物体比以往任何形式的战争中都更加混杂、更难以区分。非国际性武装冲突中，尽管难以区分战斗员和平民以及平民和正在直接参加敌对行动的平民，冲突至少是在三维物理空间发生的，人员和物体以及伤害几乎都是肉眼可见、可观察到的，而网络空间并不是物理意义上的空间，只是通过物理的网络基础设施存储、修改和交换数据的虚拟领域，网络战中根本就没有看得见摸得着的人，只有以0和1表现出来的数字流。尽管一般同意网络空间不是法外之地，包括战争法在内的国际法应当适用于网络空间，但关键的问题是如何适用。

2009年以来，提及“网络战”（cyberwar）、“网络战争”（cyberwarfare/cyber warfare）、“网络攻击”“网络间谍”等的新闻呈爆发式增长，而许多新闻似是而非、捕风捉影、互相矛盾。“这些术语被用来描述一系列宽泛的活动，其中很多都不在国际法一般意义中的‘战争’或‘攻击’的含义内”，而媒体

---

① P. W. Singer, “The Five Deadly Flaws of Talking about Emerging Military Technologies and the Need for New Approaches to Law, Ethics, and War”, in Peter L. Bergen and Daniel Rothenberg, eds., *Drone Wars: Transforming Conflict, Law, and Policy*, New York, Cambridge University Press, 2015, p. 217.

广泛使用战争的修辞，“使国家可能更容易对网络威胁或网络行为进行侵略性回应……有严重的风险将明显的敌对行为提升或升级至战争或冲突状态”[①]，以至于产生了“网络攻击会不会是下一次珍珠港”的疑问[②]。一般说来，网络攻击门槛很低，十分便利，如果具有技术手段或代码资源，只需要一台电脑连上网络即可实现。如果说AK47是穷人的武器，网络攻击则是几乎所有人随时可得的“武器”，可能构成对国际和平与安全的独特威胁。因此，目前学界存在着一种倾向，将网络攻击与几乎所有国际法问题联系起来，例如，讨论网络攻击与“保护的责任”[③]，或者如《网络行动国际法塔林手册2.0版》（以下简称《塔林手册2.0版》）一样还涉及海洋法、空间法、外交与领事法等。下文将主要从战争法角度讨论网络攻击，从网络战和网络攻击的定义开始，讨论网络攻击中的区分原则、比例原则和归因问题，并就战争法如何调整网络攻击得出初步的认识。在进一步讨论之前，首先说明两点。一是由于网络技术日新月异，想要穷尽网络攻击的方法可能徒劳，下文将只在必要的时候简短提及某些网络攻击方法；二是许多关于网络攻击的新闻已经成为传说和迷思，从法律角度来看，参考的意义不是太大，下文将只概要地介绍一些例子的关键信息以便讨论。

一、网络攻击的定义和性质

网络攻击（cyber-attack/net-attack），又称计算机网络攻击（Computer Network Attack，CNA）、计算机网络行动（Computer Network Operation，CNO）、网络空间行动（cyberspace operations）等，常与计算机网络刺探（Computer Network Exploitation，CNE）等同时出现，这些术语并未有统一的

---

① Laurie R. Blank, “Cyberwar versus Cyber Attack: The Role of Rhetoric in the Application of Law to Activities in Cyberspace”, in Jens David Ohlin, Kevin Govern and Claire Finkelstein, eds., *Cyber War: Law and Ethics for Virtual Conflicts*, Oxford, Oxford University Press, 2015, pp. 77~78.

② Lawrence J. Trautman, “Is Cyberattack the Next Pearl Harbor”, *North Carolina Journal of Law & Technology* 18, 2016, pp. 233~vi.

③ Peter Z. Stockburger, “Known Unknowns: State Cyber Operations, Cyber Warfare, and the Jus Ad Bellum”, *American University International Law Review* 31, 2016, p.588.

定义。根据红十字国际委员会的看法，计算机网络攻击是指“旨在干扰、拒绝访问、损害或毁掉计算机和计算机网络中的信息或者计算机和网络本身的行动”，计算机网络刺探是指“获取信息系统所存储的信息并利用该系统本身的能力”[①]。2009年的《哈佛空战和导弹战手册》将计算机网络攻击界定为“操纵、干扰、拒绝或破坏在电脑和电脑网络中的信息，或电脑网络本身，或对电脑和电脑网络取得控制的行动”[②]，2013年的《塔林网络战国际法手册》(以下简称《塔林手册1.0版》)将网络攻击界定为“可合理预见会导致人员的伤害或死亡、物体损害或毁坏的进攻性或防御性的网络行动”[③]。有学者认为，“网络攻击由任何为了政治或国家安全的目的（purpose）破坏电脑网络功能的任何行为组成”，包括“黑客、轰炸、切断、感染”等行为，但“行为必须是意图破坏或扰乱电脑网络”。[④]还有更细致的定义，认为计算机网络攻击是指“无论是进攻还是防守，都意在改变、删除、破坏或拒绝访问电脑数据或软件的网络行动，以实现下列目的：1.宣传或欺骗；2.部分或全部扰乱目标计算机、计算机系统或网络以及相关依靠电脑运行的基础设施（如果有的话）的功能；3.产生计算机、计算机系统或网络以外的物理损害”，而计算机网络刺探是“未授权而进入电脑、电脑系统或网络，意在刺探信息，但并不影响所进入的系统的功能，也不修改或删除其中的数据”[⑤]。也有十分精练的界定，如“网络攻击是任何出于政治或国家安全目的而破坏电脑网络功能的行为”[⑥]。为简略起见，本文使用“网络攻击”这一术语，认为网络攻击的目的是通过影响计算机系统和网络以取得某种利益，而网络刺探的目的是刺探信息，并不影响计算机系统和网络。

相比物理空间，网络空间的特点是信息传播速度极快、无处不在、没有地理限制等，网络能力（cyber capabilities）虽然不能满足武器或战争手段的传统

---

① 红十字国际委员会：《解释性指南》，红十字国际委员会2009年版，第46页。

② Rule 1（m）, HPCR Manual on International Law Applicable to Air and Missile Warfare.

③ Rule 30, Tallinn Manual on the International Law Applicable to Cyber Warfare.

④ Oona A. Hathaway et al., “The Law of Cyber-Attack”, *California Law Review* 100, 2012, p. 826.

⑤ Marco Roscini, *Cyber Operations and the Use of force in International Law*, Oxford, Oxford University Press, 2014, pp. 16~17.

⑥ Oona A. Hathaway et al., “The Law of Cyber-Attack”, *California Law Review* 100, 2012, p. 826.

定义，但可以作为战争的方法。[①]“网络行动对攻击定义的特别挑战在于它不直接涉及暴力。这种行为当然可能造成暴力后果，但行为本身与动能行动涉及暴力的方式不一样。”[②]而且，网络攻击与传统作战方法与手段的不同之处在于，“影响范围可能宽泛得多，效果可能根本不可预知，载荷（payload）常常可逆，也难以归因于一个具体来源”[③]。在国际法语境中，网络攻击涉及诉诸战争权利下的“使用武力”和“武力攻击”以及战时法中的攻击，二者涉及的国际法规则存在较大区别。

（一）网络攻击与诉诸战争的权利

诉诸战争权利下的网络攻击问题主要是网络攻击是否构成“使用武力”（use of force）和“武力攻击”（armed attack），以及网络攻击是否引发自卫权。《联合国宪章》第2条第4款规定，“各会员国在其国际关系上不得使用威胁或武力，或以与联合国宗旨不符之任何其他方法，侵害任何会员国或国家之领土完整或政治独立”。《联合国宪章》第51条规定，“联合国任何会员国受武力攻击时，在安全理事会采取必要办法，以维持国际和平及安全以前，本宪章不得认为禁止行使单独或集体自卫之自然权利。会员国因行使此项自卫权而采取之办法，应立即向安全理事会报告，此项办法于任何方面不得影响该会按照本宪章随时采取其所认为必要行动之权责，以维持或恢复国际和平及安全”。然而，国际法中并没有使用武力或武力攻击的定义，但普遍认为第2条第4款中的“使用威胁或武力”只包括物理上的损害，不包括经济或政治上的强制措施，如经济制裁。[④]使用传统武器打击敌人构成使用武力或武力攻击几乎没有疑问，但网

---

① Jeffrey T. Biller and Michael N. Schmitt, “Classification of Cyber Capabilities and Operations as Weapons, Means, or Methods of Warfare”, *International Law Studies* 95, 2019, pp. 179~225.

② Laurie R. Blank, “Cyberwar versus Cyber Attack: The Role of Rhetoric in the Application of Law to Activities in Cyberspace”, in Jens David Ohlin, Kevin Govern and Claire Finkelstein, eds., *Cyber War: Law and Ethics for Virtual Conflicts*, Oxford, Oxford University Press, 2015, p. 93.

③ Reese Nguyen, “Navigating Jus Ad Bellum in the Age of Cyber Warfare”, *California Law Review* 101, 2013, p. 1098.

④ Jason Barkham, “Information Warfare and International Law on the Use of Force”, *New York University Journal of International Law and Politics* 34, 2001, pp. 84~85.

络攻击能否构成使用武力或武力攻击争议巨大，主要有三种学说。

一是工具说。这类观点认为，网络攻击本身几乎总是无法构成《联合国宪章》第51条所指的武力攻击，因为它缺乏与军事强制传统相联系的物理特征，换句话说，“网络攻击一般不使用传统军事武器，只有网络攻击使用军事武器的时候，网络攻击才被视为武力攻击”①。工具论强调的是攻击进行的方式，将传统的动能打击视为唯一的标准，其问题在于完全忽视了网络行动可能对现实产生的完全不亚于传统动能打击的影响，也排除了其他未来新科技适用国际法的可能性，如基因武器、纳米武器等，这些武器都不一定以传统动能武器的方式产生效果。

二是目标说。这类观点主张以目标来决定网络攻击是否构成武力攻击，特别是关键基础设施②，其主要目的是寻找先发制人的自卫依据，但这种方法过于聚焦特定目标，忽略了其他因素，如网络攻击的实际损害或效果。

三是效果说。这类观点认为应该参考网络攻击产生的实际效果来判断是否构成战争法中的攻击，在这三类观点中最有影响力。效果说的主要理论依据来自国际法院在尼加拉瓜案的判决，该案中，国际法院区分了“使用武力”和“武力攻击”，认为使用武力按程度有所不同，只有“最严重形式的使用武力”构成武力攻击③，判断使用武力是否构成武力攻击，应采用“规模与效果”（scale and effects）标准，即“此种行动，由于其规模和效果，如果由常规武装部队进行，将被视为武力攻击而不仅仅是边境事件”④。也就是说，国际法院使用“规模与效果”区别使用武力和武力攻击，但《塔林手册1.0版》采用“规模与效果”标准界定网络攻击是否构成使用武力和武力攻击，即“如果网络行

① Oona A. Hathaway et al., “The Law of Cyber-Attack”, *California Law Review* 100, 2012, pp. 845~846.

② Walter G. Sharp Sr., *Cyberspace and the Use of Force*, Falls Church, Virginia, Ageis Research Corp, 1999, pp. 129~132.

③ *Military and Paramilitary Activities in and against Nicaragua*（*Nicaragua v. United States of America*）, Judgment of 27 June 1986, para. 191.

④ *Military and Paramilitary Activities in and against Nicaragua*（*Nicaragua v. United States of America*）, Judgment of 27 June 1986, para. 195.

动的规模和效果相当于使用武力的非网络行动，则构成使用武力”[①]，以及“网络行动是否构成武力攻击取决于其规模和效果”[②]。《塔林手册1.0版》进而提出“严重性”（severity）、“迅即性”（immediacy）、“直接性”（directness）、“侵入性”（invasiveness）、“效果的可衡量性”（measurability of effects）、“军事性”（military character）、“国家介入性”（state involvement）、“推定合法性”（presumptive legality）八个因素来断定网络行动是否构成使用武力，认为“以上因素并非详尽无遗，国家根据情况可能会考虑其他因素，如主流政治环境、行动是否预示军事力量的未来使用、攻击者的身份和任何网络行动纪录，以及目标的性质（如关键基础设施）”[③]。这些标准均来自讨论制定塔林手册的专家组主席14年前的文章，除了原封不动照搬了其中六个，增加了“军事性”和“国家介入性”。[④]乍看之下，有了一系列因素似乎可以将国际法中禁止使用武力的规范适用于网络行动，然而可能适得其反，“这些因素本身的地位十分不确定。它们明显并非反映国家的法律确信（*opinio juris*），也不是来自确定的国际法渊源”，而且“这些要素本身在（塔林）手册中也极为相对化”，“通过引入政治环境、风险评估以及推测攻击者的地位，（塔林）手册十分明显地从法律考量转到政治考虑和情景分析中了”[⑤]。

也有学者提出相对简单的标准来判断网络攻击是否构成使用武力，即“间接性”（indirectness）、“无形性”（intangibility）、“场所”（locus）和“结果”（result）[⑥]，然而上述对《塔林手册1.0版》中标准的批评也可适用于这个精简的版本。有学者提出更简单的判断网络攻击构成使用武力的标准，即“由国家武

---

① Rule 11, Tallinn Manual on the International Law Applicable to Cyber Warfare.

② Rule 13, Tallinn Manual on the International Law Applicable to Cyber Warfare.

③ Rule 11, Tallinn Manual on the International Law Applicable to Cyber Warfare.

④ Michael N. Schmitt, “Computer Network Attack and the Use of Force in International Law: Thoughts on a Normative Framework”, *Columbia Journal of Transnational Law* 37, 1999, pp. 914~915.

⑤ Oliver Kessler and Wouter Werner, “Expertise, Uncertainty, and International Law: A Study of the Tallinn Manual on Cyberwarfare”, *Leiden Journal of International Law* 26, 2013, pp. 808~809.

⑥ Heather Harrison Dinniss, *Cyber Warfare and the Laws of War*, Cambridge, Cambridge University Press, 2012, pp. 65~74.

装部队、情报机构或行为可归于国家的私人承包商进行，规模和效果与达到使用武力层次的非网络行动有可比性”①，且不论对网络攻击主体的限制是否可行，这种限制本身就不符合进行网络攻击无门槛的特征，从而将许多实际网络攻击排除于该定义之外了。总之，“尚不清楚网络攻击应该达到何种烈度、产生什么后果才能单独引发国际性或非国际性武装冲突”②。

实际上，网络攻击是否构成使用武力或武力攻击只是关于诉诸战争的权利讨论的第一步，其终极目的是论证网络攻击可以引发自卫权，特别是先发制人的自卫或预防性自卫。有学者直接主张网络攻击构成使用武力，因此可以引发自卫权③，有学者论述得更具体一些，提出按照效果的不同将网络攻击分为三个层次，但核心观点也是网络攻击可以引发自卫权④，还有学者主张当一国不能或不愿阻止非国家主体发起网络攻击时，可以对该国进行自卫⑤。有学者讨论了“网络武器”是否构成武力攻击的几种情形，均意在证明在某些情况下网络攻击可以引发先发制人的自卫⑥，或者认为可以基于效果标准来确定网络攻击是否构成武力攻击并因此进行预防性自卫⑦。鉴于网络攻击常常不会产生物理意义上的效果，无法满足国际法中使用武力的传统标准，但又构成《联合国宪章》第39条中的“和平之破坏”，有学者提出，要为网络攻击量身打造一个新的“使

① Gary D. Solis, “Cyber Warfare”, *Military Law Review* 219, 2014, p. 15.

② Yaroslav Radziwill, *Cyber-Attacks and the Exploitable Imperfections of International Law*, Leiden, Brill/Nijhoff, 2015, p. 316.

③ Nazanin Baradaran and Homayoun Habibi, “Cyber Warfare and Self-Defense from the Perspective of International Law”, *Journal of Politics and Law* 10, 2017, pp. 40~54.

④ Christopher M. Sanders, “The Battlefield of Tomorrow, Today: Can a Cyberattack Ever Rise to an Act of War”, *Utah Law Review* 2018, 2018, pp. 503~vii.

⑤ Shaun Roberts, “Cyber Wars: Applying Conventional Laws to War to Cyber Warfare and Non-State Actors”, *Northern Kentucky Law Review* 41, 2014, pp. 535~572.

⑥ Ryan J. Hayward, “Evaluating the Imminence of a Cyber Attack for Purposes of Anticipatory Self-Defense”, *Columbia Law Review* 117, 2017, pp. 399~434.

⑦ John Dever and James Dever, “Cyberwarfare: Attribution, Preemption, and National Self Defense”, *Journal of Law & Cyber Warfare* 2, 2013, pp. 25~63.

用武力”的标准。[①]也有学者提出要“以意图为基础”理解网络攻击是否构成使用武力，不仅要看是否造成动能损害的效果，还要看是否意在损害外国的国家安全利益。[②]

（二）网络攻击与战时法

战时法角度讨论网络攻击是否构成攻击，主要分歧在于判定标准，即什么行为可以引发战时法的适用。实际上，攻击本身含义并不确定，但又十分重要，例如，《第一附加议定书》第57条预防措施、第56条关于对含有危险力量的工程和装置的保护、第54条对平民居民生存所不可缺少的物体的保护、第55条对自然环境的保护等条款都提及“攻击”，那么攻击是什么就非常关键。直到1977年，国际法中才出现“攻击”的定义，根据《第一附加议定书》第49条第1款和第2款，“‘攻击’是指不论在进攻或防御中对敌人的暴力行为”，“适用于不论在什么领土内的一切攻击，包括在属于冲突一方但在敌方控制领土内的攻击”。红十字国际委员会对此的评论中，认为“此处所给的（攻击的）含义并不完全是该词的通常含义，这一点十分清楚”，因为第49条中的攻击“范围更广，既包括防御行为（特别是反击），也包括进攻行为……换句话说，‘攻击’这个术语意味着‘战斗行为’”[③]。但是,《第一附加议定书》和红十字国际委员会的评论以及2005年红十字国际委员会编纂的《习惯国际人道法》都没有界定“暴力行为”，因此，应按照该词的通常含义理解，即“使用武力（physical force）以伤害、虐待、损害或毁坏”[④]。《第一附加议定书》谈判期间，关于攻击的定义争论的焦点是仅适用于陆战还是也包括海战和空战，最终通过的第49条

---

① Priyanka R. Dev, “Use of Force and Armed Attack Thresholds in Cyber Conflict: The Looming Definitional Gaps and the Growing Need for Formal U.N. Response”, *Texas International Law Journal* 50, 2015, pp. 392~395.

② Stephen Petkis, “Rethinking Proportionality in the Cyber Context”, *Georgetown Journal of International Law* 47, 2016, pp. 1452~1454.

③ Yves Sandoz, Christophe Swinarski and Bruno Zimmermann, eds., *Commentary on the Additional Protocols of 8 June 1977 to the Geneva Conventions of 12 August 1949*, Geneva, Martinus Nijhoff Publishers, 1987, p. 603.

④ “Violence”, https://www.merriam-webster.com/dictionary/violence, May 5, 2020.

第3款规定，“本段的规定，适用于可能影响陆地上的平民居民、平民个人或民用物体的任何陆战、空战或海战。这些规定还适用于从海上或空中对陆地目标的任何攻击，但不影响适用于海上或空中武装冲突的国际法规则”[①]。乍看之下，对“陆地上”的强调似乎限制了攻击的范围，但根据当时的谈判记录，可发现强调“陆地上”是为了表明并不想去修改适用于海战或空战的战争法规则[②]，并不意味着不适用于网络空间。“总的来说，第一附加议定书中攻击的定义有两个主要特征，一是构成攻击的行为本身的性质，二是行为的后果。第一要素的核心是‘暴力’，第二要素取决于行为对受害者的效果。”[③]

《第一附加议定书》中攻击的定义深刻影响了学界对网络攻击能否构成战时法意义中的攻击的看法。一般认为，只有产生“暴力”或“暴力效果”的网络攻击才是战时法意义上的攻击[④]，因为“武装冲突法意在对破坏性的战时活动进行广泛法律覆盖以保护平民免于死亡、伤害和财产损毁，而不是禁止干扰和不便”[⑤]，也因为《第一附加议定书》中的许多规定都意在保护平民免受攻击的实际效果影响，所以没有造成物理损害后果的行动，例如，心理战和宣传战，就不构成战时法意义中的攻击。[⑥]“国家实践表明，该条（第49条）意在除

① 《第一附加议定书》的标准中文本没有将第一句话中的“on land”翻译出来，只翻译了第二句话中的“on land”。原文的英文是：“The provisions of this Section apply to any land, air or sea warfare which may affect the civilian population, individual civilians or civilian objects on land. They further apply to all attacks from the sea or from the air against objectives on land but do not otherwise affect the rules of international law applicable in armed conflict at sea or in the air.”

② Yves Sandoz, Christophe Swinarski and Bruno Zimmermann, eds., *Commentary on the Additional Protocols of 8 June 1977 to the Geneva Conventions of 12 August 1949*, Geneva, Martinus Nijhoff Publishers, 1987, pp. 605~606.

③ David Turns, “Cyber War and the Concept of ‘Attack’ in International Humanitarian Law”, in Dan Saxon, ed., *International Humanitarian Law and the Changing Technology of War*, Leiden and Boston, Martinus Nijhoff Publishers, 2013, p. 217.

④ Yoram Dinstein, “The Principle of Distinction and Cyber War in International Armed Conflicts”, *Journal of Conflict and Security Law* 17, 2012, p. 264.

⑤ Gary D. Brown, “International Law Applies to Cyber Warfare: Now What”, *Southwestern Law Review* 46, 2017, p. 370.

⑥ Michael N. Schmitt, “Cyber Operations and the Jus in Bello: Key Issues”, *International Law Studies* 87, 2011, pp. 93~94.

了包括在动能意义上是暴力行为之外，还包括具有暴力后果的行为。例如，国家向来将化学或生物行动（在《第一附加议定书》起草之前就已经出现）视为攻击，即使它们并不释放动能力量”。此外，《第一附加议定书》的其他规定也关注的是损害、破坏、伤害和死亡，特别是第51条第1款中的“危险”和第2款中的“暴力”。①《哈佛空战和导弹战手册》删除了《第一附加议定书》中攻击定义中的“对敌人”一说，将攻击界定为“不论在进攻或防御中的暴力行为”②，认为“攻击”要求“暴力效果，即导致死亡、受伤、损害或毁坏的行为”③，承认“计算机网络攻击”虽然使用了“攻击”一词，但不意味着所有此类行动均构成战时法意义中的攻击，有一些会而有一些不会④，比如，“干扰空中交通管制，但没有导致任何‘死亡、受伤、损害或毁坏’的计算机网络攻击，不能称为攻击”⑤。《塔林手册1.0版》也采取了同样的做法，认为“对敌人”一说会引起混淆和误解，对平民和民用物体进行的暴力行为同样可以构成攻击，因此予以删除，并将网络攻击界定为“可合理预见会导致人员的伤害或死亡、物体损害或毁坏的进攻性或防御性的网络行动”⑥。

不过，这种界定方式存在一些问题。第一，传统战争中区分进攻还是防御十分简单，但网络空间中进攻和防御之间的界限相当模糊，其中一个原因是“在绝大部分情况下，当一国意识到其网络已被侵入或操控时，并不清楚侵入仅仅是出于防御或威慑行为，还是为最终导致真正战争的进一步行为做准备”，“破坏（sabotage）基础设施、拒绝服务、沉睡恶意软件、钓鱼（phishing）以及植入虚假信息”就是最常见的例子。⑦第二，有学者认为，可以从行为的意

① Michael N. Schmitt, “Rewired Warfare: Rethinking the Law of Cyber Attack”, *International Review of the Red Cross* 96, 2014, pp. 194~195.

② Rule 1（e）, HPCR Manual on International Law Applicable to Air and Missile Warfare.

③ Rule 21, HPCR Manual on International Law Applicable to Air and Missile Warfare.

④ Commentary to Rule 1, HPCR Manual on International Law Applicable to Air and Missile Warfare.

⑤ Commentary to Rules 20~21, HPCR Manual on International Law Applicable to Air and Missile Warfare.

⑥ Rule 30, Tallinn Manual on the International Law Applicable to Cyber Warfare.

⑦ Maxwell Montgomery, “Proliferation of Cyberwarfare under International Law: Virtual Attacks with Concrete Consequences”, *Southern California Interdisciplinary Law Journal* 28, 2019, p. 501.

图、行为的本质、行为发生的环境和行为带来的后果来分析网络攻击是否符合《第一附加议定书》中的攻击定义，尤其是是否构成“暴力行为”。从行为本质看，计算机网络攻击“往往只是输入命令行和敲击回车键”或“安装电脑程序”，而这些行为“从本身来看，没一个跟‘暴力’稍微能沾点边，而‘暴力’正是这里的关键词”。从行为发生的环境看，武装冲突中网络行动和传统动能武器结合使用毫无疑问会引发国际人道法的适用，但只有网络行动而不使用传统动能武器能否构成国际人道法意义中的攻击并不确定。“完全依靠以结果为基础的方法论来界定攻击，可能产生国际人道法中更广泛的不良后果……它将导致只看结果而对任何违法行为采用严格责任方法来断定责任，因此与广为接受的适用于军事行动的法律相悖”，这种方法放大了检验“暴力”和“攻击”的四个标准中的效果，忽略了意图，而意图是战争罪的构成要件之一。网络行动中很可能出现非预期的或间接后果，以意图为基础可缩小被定为攻击的行为范围。因此，应将意图和后果结合来判断“武装冲突中的网络行动是否构成‘攻击’”，这将减少把几乎任何网络敌对行动都称为“网络攻击”的可能性，有利于进行更严格的法律分析，也跟《第一附加议定书》的文本解释相一致。①

此外，还有学者主张构成战时法意义中攻击的不仅包括造成死亡或物理损害的网络攻击，还包括干涉电脑系统影响物体功能的网络攻击，例如，使防空体系、电网或银行网络失灵②，也有类似观点主张网络攻击能否构成战时法意义中的攻击，关键在于造成伤害的层级而不是类型，除了直接物理损害或伤亡，还包括“非物理损害”③。也就是说，认为除了效果标准，还应增加功能标准（functionality test）来判断网络攻击是否构成战时法中的攻击。这种观点的逻辑

---

① David Turns, “Cyber War and the Concept of ‘Attack’ in International Humanitarian Law”, in Dan Saxon, ed., *International Humanitarian Law and the Changing Technology of War*, Leiden and Boston, Martinus Nijhoff Publishers, 2013, pp. 222~227.

② Cordula Droege, “Get Off My Cloud: Cyber Warfare, International Humanitarian Law, and the Protection of Civilians”, *International Review of the Red Cross* 94, 2012, p. 560.

③ Noam Lubell, “Lawful Targets in Cyber Operations: Does the Principle of Distinction Apply”, *International Law Studies* 89, 2013, p. 273.

是，长久以来战争法中的损害几乎都是用动能手段造成的物理损害，所以条约对物理损害后果的关注是自然而然的，但现实已经发生了巨大变化，“对军队和平民来说，电脑系统或依靠电脑来运行的物体是因为动能还是非动能而无法运行几乎没有区别”，因此需要以功能标准来判断网络攻击在战时法中的性质，“过去，威胁功用（utility）的手段是动能的，因此以动能的术语表达。现在既然可以用非动能的手段威胁功用，将损害重新解释为使物体永久失去作用即失去功能或需要某种形式的维修是说得过去的”[①]。但是，功能标准的问题在于，“失去功能的下限（threshold）不确定，导致对某些针对或影响平民居民的网络行动法律定性模糊”[②]。

二、网络攻击与区分原则

和传统动能攻击一样，网络攻击也必须遵守区分原则。但是，由于网络空间的特性，区分网络空间中的民用物体和军事目标、战斗员和平民以及平民和正在直接参加敌对行动的平民，极为困难。

（一）网络攻击中物的区分

就物体而言，由于网络空间的互联互通性，民用网络和军用网络高度融合，可能使网络空间中所有民用物体都变成军事目标[③]，《塔林手册2.0版》就认为“军民两用的网络基础设施是军事物体”[④]。跟传统动能打击不一样，网络攻击中可能根本无法区分网络的哪个部分是正在或将要用来进行军事信息或行动传送，这可能意味着整个网络都成为军事目标，而这种武装冲突的地理界限将成为根本问题。

---

① Michael N. Schmitt, “Rewired Warfare: Rethinking the Law of Cyber Attack”, *International Review of the Red Cross* 96, 2014, pp. 202~203.

② Michael N. Schmitt, “Wired Warfare 3.0: Protecting the Civilian Population during Cyber Operations”, *International Review of the Red Cross* 101, 2019, p. 340.

③ Robin Geib and Henning Lahmann, “Cyber Warfare: Applying the Principle of Distinction in an Interconnected Space”, *Israel Law Review* 45, 2012, p. 389.

④ Rule 101, Tallinn Manual 2.0 on the International Law Applicable to Cyber Operations.

为了解决网络空间中区分物体的难题，有学者提出要将“关键基础设施”作为《第一附加议定书》第56条中的“含有危险力量的工程和装置”对待[①]，或是类比或扩大第56条中的“含有危险力量的工程和装置”，使“发挥重要平民功能的两用网络基础设施”免受攻击，并按照《第一附加议定书》第58条采取预防措施，“将军用和民用网络隔离”，这样将能“大大减轻两用（物体）的难题”[②]。类似的看法还有“必要平民功能”（essential civilian functions）一说，认为应对网络攻击的区分物体难题“也许最可能的前景就是最终将攻击的概念扩展到包括对必要平民功能的干扰”[③]。然而，关键基础设施或必要平民功能的界定或是十分模糊，或是无所不包，而且隔离军用和民用网络根本不现实。有学者提出要将网络攻击中的“区分原则扩大”，将军事目标扩大到“传统上界定为民用物体的基础设施和服务设施”[④]，考虑到几乎整个网络都可能因为军民两用而成为军事目标，这个建议没有必要。还有学者提出“允许国家使用网络武器攻击纯粹军事目标”，如果是“平民伤亡风险更高”或“直接或故意造成平民死亡”的网络攻击，区分原则将“在界定军事行动上起主要作用”[⑤]。问题在于，网络空间中“纯粹军事目标”可能不存在，而且区分原则当然对于军事行动有“主要作用”，但如何区分才是关键。总之，“网络战中到底什么构成‘明确的军事利益’‘具体和直接军事利益’‘对军事行动有实际贡献’仍是由政府来决定的，在讨论两用系统时尤其如此”[⑥]。

---

① David A. Wallace and Shane R. Reeves, “Protecting Critical Infrastructure in Cyber Warfare: Is It Time for States to Reassert Themselves”, *UC Davis Law Review* 53, 2020, pp. 1607~1642.

② Robin Geib and Henning Lahmann, “Cyber Warfare: Applying the Principle of Distinction in an Interconnected Space”, *Israel Law Review* 45, 2012, pp. 390~395.

③ Michael N. Schmitt, “The Law of Cyber Warfare: Quo Vadis”, *Stanford Law & Policy Review* 25, 2014, p. 296.

④ Jeffrey T. G. Kelsey, “Hacking into International Humanitarian Law: The Principles of Distinction and Neutrality in the Age of Cyber Warfare”, *Michigan Law Review* 106, 2008, pp. 1447~1448.

⑤ Jeffrey T. G. Kelsey, “Hacking into International Humanitarian Law: The Principles of Distinction and Neutrality in the Age of Cyber Warfare”, *Michigan Law Review* 106, 2008, p. 1438.

⑥ Yaroslav Radziwill, *Cyber-Attacks and the Exploitable Imperfections of International Law*, Leiden, Brill/Nijhoff, 2015, p. 317.

（二）网络攻击中人的区分

就人员而言，网络攻击的进攻方和防御方都不身在攻击中，只是以匿名的、隐形的、电波的方式参与，这又从根本上增加了区分战斗员和平民以及平民和直接参加敌对行动的平民的难度。此外，如前所述，网络攻击本身就十分便利平民进行，而且许多平民的网络能力超出军人，进行网络攻击可能更熟练，这个现实情况进一步侵蚀了平民和战斗员在网络空间中的区别。

网络攻击中的人员区分可以分为两个问题，一是区分战斗员和平民，二是区分平民和直接参加敌对行动的平民。有学者声称，“很明显要将进行计算机网络攻击的武装部队成员视为战斗员。同样，为交战方提供服务的IT安全公司员工，如果在为冲突一方负责之人统率下，也是战斗员”。[①]类似的观点还有以“国家联系”（state affiliation）为标准来进行网络攻击中的区分，但没有对其进行界定，只是将其描述为“战斗员地位的清楚而关键的前提”[②]，以及“进行网络战斗活动的身着制服的军队人员，如无人机操作者、发动病毒或拒绝服务攻击的电脑操作者，以及渗透对手网络的程序员，都是合法目标”，但“将这些人作为目标的挑战更多是实践问题，因为他们可以在远离攻击的地点发挥其战斗职能，而且实际上在绝大部分情况下也不受报复性的后果影响”[③]。进行网络攻击的人员的确一般免于危险，但关键问题是网络攻击中如何能够区分战斗员和平民，而不是谁具有战斗员地位。

实际上，许多网络攻击中战斗员的讨论，常常浮于表面、生搬硬套。例如，声称军队成员进行网络攻击时，“由于无法公开携带武器以便敌人能够将其与平民区分开来，至少要佩戴可识别标志”[④]，或者要求网络空间的战斗员在

---

① Johann-Christoph Woltag, *Cyber Warfare: Military Cross-Border Computer Network Operations under International Law*, Cambridge, Intersentia, 2017, p. 258.

② Sean Watts, “Combatant Status and Computer Network Attack”, *Virginia Journal of International Law* 50, 2010, pp. 434~437.

③ John Richardson, “Stuxnet as Cyberwarfare: Applying the Law of War to the Virtual Battlefield”, *John Marshall Journal of Computer and Information Law* 29, 2011, p. 19.

④ Johann-Christoph Woltag, *Cyber Warfare: Military Cross-Border Computer Network Operations under International Law*, Cambridge, Intersentia, 2017, p. 276.

负责任统帅之下、佩戴固定标志、公开携带武器、遵守战争法规惯例，还宣称“设计和发起网络武器的网络战士，以及用来发起网络行动的准独立团体”是战斗员。[①]这些观点似乎设想的是进行网络攻击的人员就像在战场上一样，彼此能看见，能看到对方是不是穿了制服、佩戴了标志或公开携带了武器。还有一些可行性很低的假想。例如，要求网络行动从军事IP地址发起以便操作者具有战斗员地位[②]，或者将网络攻击以某种标记或在其源代码中显示其军事地位[③]，这些观点未能意识到网络空间的特性，比如，IP地址既可以伪造，也可以层层代理难以追踪，还可以在不知情的情况下被人远程操控，网络行动即便能追溯至某一个IP地址，也不一定是攻击真正发起的来源，而要求网络攻击自带代码表明具有军事性质，和提议隔离军用网络和民用网络一样天真。

网络攻击需要关注的是实际行为，远不是操作者是否身穿制服、佩戴远处可识别标志之类的外观，更不是公开携带武器，穿什么衣服、穿不穿衣服、佩戴什么标志、佩不佩戴标志、有没有武器、是否公开携带武器等传统战斗员标准，对进行网络攻击几乎没有意义。跟传统动能打击不一样，受攻击的一方可以直接回应发起攻击的一方，网络攻击中受攻击的一方，几乎总是只能对攻击的方法、手段或效果进行回应，而无法针对发起攻击的人，即使真的有“人”存在。因此，“计算机网络攻击实际上将战斗员操作者的外观从区分等式中移除”，而且，网络攻击中统帅和内部纪律的作用都有不同程度的削弱，“总之，越来越明显的是，《日内瓦第三公约》（关于战斗员）的四个标准不仅过时，而且是对敌对行动行为的过分简单描述”[④]。

使用背信弃义的方式进行攻击和民众抵抗也是网络攻击中与人的区分有关

---

① Vijay M. Padmanabhan, “Cyber Warriors and the Jus in Bello”, *International Law Studies* 89, 2013, p. 294.

② Heather Harrison Dinniss, *Cyber Warfare and the Laws of War*, Cambridge, Cambridge University Press, 2012, p. 146.

③ Ryan Patterson, “Silencing the Call to Arms: A Shift away from Cyber Attacks as Warfare”, *Loyola of Los Angeles Law Review* 48, 2015, pp. 996~998.

④ Sean Watts, “Combatant Status and Computer Network Attack”, *Virginia Journal of International Law* 50, 2010, pp. 440~441.

的问题。有学者研究了2014年以色列和哈马斯冲突期间黑客团体Anonymous对以色列的网络攻击，认为真正的问题是“发起网络攻击并故意让IP地址看起来是来自平民用户领域”或“发起故意隐藏并伪装在合法平民行动中的DDoS攻击”的人，“是否以背信弃义的方式携带（或者说藏匿）武器以至于产生了混淆战斗员和平民的风险”①。关于民众抵抗，《塔林手册1.0版》直接将其适用于国际性武装冲突中的网络攻击②，并认为民众抵抗是四类可以作为攻击目标的人群之一③。然而，“考虑到网络行动的本质，在来侵军队接近时‘自发’而且只进行网络行动的网络民众抵抗的存在，不仅看似很有问题，而且不切实际”④。网络攻击中的武器是代码，网络空间中的民众抵抗要满足区分要求即公开携带武器是不可能的，网络空间地理位置的无关性以及领土上人口有限的网络知识更进一步加剧了区分问题，因此，“网络民众抵抗根本就是不可行的概念，其持续存在会增加更不分皂白地将平民人口作为目标的可能性……在网络战中主张这种战斗员类别是站不住脚的”⑤。

（三）网络攻击中的直接参加敌对行动

直接声称“涉及网络攻击的平民可被视为执行了改变其战争法中地位的任务，使其成为合法目标”⑥显然缺乏更细致的分析，网络攻击中平民是否成为合法攻击目标，需要以直接参加敌对行动为标准。网络攻击中直接参加敌对行动的绝大部分讨论是按照红十字国际委员会《解释性指南》中提出的“损害下

① Russell Buchan, “Cyber Warfare and the Status of Anonymous under International Humanitarian Law”, *Chinese Journal of International Law* 15, 2016, p. 752.

② Rule 27, Tallinn Manual on the International Law Applicable to Cyber Warfare.

③ 其他三类是武装部队成员、有组织武装团体成员、直接参加敌对行动的平民。Rule 34, Tallinn Manual on the International Law Applicable to Cyber Warfare.

④ Elizabeth Mavropoulou, “Targeting in the Cyber Domain: Legal Challenges Arising from the Application of the Principle of Distinction to Cyber Attacks”, *Journal of Law & Cyber Warfare* 4, 2015, p. 71.

⑤ David Wallace and Shane R. Reeves, “The Law of Armed Conflict's Wicked Problem: Levee en Masse in Cyber Warfare”, *International Law Studies* 89, 2013, pp. 659~661.

⑥ Geoffrey S. Corn, “Unarmed but How Dangerous? Civilian Augmentees, the Law of Armed Conflict, and the Search for a More Effective Test for Permissible Civilian Battlefield Functions”, *Journal of National Security Law & Policy* 2, 2008, pp. 286~287.

限”“直接因果关系”和“交战联系”三个标准展开的，并且研究了时间范围。关于直接参加敌对行动，《哈佛空战和导弹战手册》认为包括“进行将军事目标、战斗员或直接参加敌对行动的平民作为目标的电子战或计算机网络攻击，或意在导致平民死亡或伤害或民用物体毁坏”①，而《塔林手册1.0版》采用了红十字国际委员会《解释性指南》的基本框架②，但“《塔林手册》在损害下限和直接因果关系中增加意图，扩展了直接参加敌对行动框架的范围。《塔林手册1.0版》对交战联系的宽泛描述也降低了什么类型的平民行动可以满足该要求的标准”，其结果是，平民网络行为更容易满足《塔林手册1.0版》中直接参加敌对行动的要求，“使得平民网络参加者比通过动能手段参加敌对行动更经常成为目标”③。《塔林手册2.0版》对直接参加敌对行动时间范围的界定据称包括了存在因果关系的“上游”和“下游”，更符合网络攻击的性质，“给军事指挥官额外的时间调查网络行动和采取行动对抗任何直接参加敌对行动的平民”④，但这其实是误读，因为《塔林手册2.0版》中对直接参加敌对行动的时间范围的扩展，只提及“有些专家认为”而并非共识或多数意见。⑤

事实上，许多讨论经不起推敲或检验。有学者声称“可以十分轻易地分配网络武器操作者以战斗员地位。积极发起并命令（网络）武器明白无误地构成直接参加敌对行动而且必须由合法战斗员进行”⑥，不仅核心概念“网络武器”意义不明，还直接成为武器的一类，缺少坚实的理论支持。有学者提出，网络攻击中直接参加敌对行动的平民应分为政府雇员和承包商以及与政府没有关联的平民两类，前者可能被视为“伴随武装部队之人”，虽然不能具有战斗员地

① Rule 29（c）, HPCR Manual on International Law Applicable to Air and Missile Warfare.

② Rule 35, Tallinn Manual on the International Law Applicable to Cyber Warfare.

③ Collin Allan, “Direct Participation in Hostilities from Cyberspace” , *Virginia Journal of International Law* 54, 2013, p. 193.

④ Colton Matheson, “From Munitions to Malware: A Comparative Analysis of Civilian Targetability in Cyber Conflict” , *Journal of Law & Cyber Warfare* 7, 2019, p. 46.

⑤ Rule 97, Tallinn Manual 2.0 on the International Law Applicable to Cyber Operations.

⑥ Christopher M. Kovach, “Beyond Skynet: Reconciling Increased Autonomy in Computer-Based Weapons Systems with the Laws of War” , *Air Force Law Review* 71, 2014, p. 258.

位，但可以获得战俘地位，后者可能“得不到武装冲突法的保护”，但可能被视为“民众抵抗”。[①]有学者呼应道，“黑客和承包商参加敌对行动享有武装冲突法的保护，如具有战俘地位，却没有引发诸如持续成为合法目标的风险”，因此，“当前的武装冲突法必须针对非国家网络操作者进行改变。国家的选择或是将黑客和网络承包商吸收至其武装部队，或者迫使黑客接受更宽泛地适用直接参加敌对行动标准并去除任何战俘地位的假定”[②]。问题在于如何能够将现实中的战斗员地位映射到网络空间才是关键，而目前似乎并没有可能。有学者认为，如果进行产生暴力的网络攻击，就构成直接参加敌对行动，但“悬而未决的问题是非军事技术人员参与计算机网络攻击操作的限度到什么地步会导致其基于直接参加敌对行动而失去平民保护”[③]。单纯以结果来反推行为的性质，不符合现有的战争法，即使是红十字国际委员会的《解释性指南》，“损害下限”也只是直接参加敌对行动的三个要件之一。有学者甚至提出，国家可以因平民之前的网络敌对行动而将平民作为目标，平民只有通过主动声明不再进行敌对行动，才可以使自己不再成为攻击的目标。[④]这完全抛弃了直接参加敌对行动的时间范围要求，也不符合《第一附加议定书》中在平民地位存疑时应推定享有平民地位的规定。[⑤]还有学者主张在武装冲突中创造或部署恶意软件将构成直接参加敌对行动，因为恶意软件从定义上看就是意在损害目标计算机，因此满足直接参加敌对行动的三个标准的要求，而网络攻击的其他方式则需要具体分

---

① James Emory Jr. Tucker, “The Targeting of Non-State-Affiliated Civilians in Cyberspace: Lagging LOAC Principles Cause Uncertainty on Both Sides”, *North Carolina Journal of International Law* 42, 2017, pp. 1041~1048.

② Logan Liles, “The Civilian Cyber Battlefield: Non-State Cyber Operators’ Status under the Law of Armed Conflict”, *North Carolina Journal of International Law and Commercial Regulation* 39, 2014, p. 1117.

③ Yoram Dinstein, “The Principle of Distinction and Cyber War in International Armed Conflicts”, *Journal of Conflict and Security Law* 17, 2012, p. 276.

④ James Emory Jr. Tucker, “The Targeting of Non-State-Affiliated Civilians in Cyberspace: Lagging LOAC Principles Cause Uncertainty on Both Sides”, *North Carolina Journal of International Law* 42, 2017, pp. 1055~1057.

⑤ 《第一附加议定书》第50条第1款规定，“遇有对任何人是否平民的问题有怀疑时，这样的人应视为平民”。

析。[①]即使恶意软件相对容易满足交战联系的要求，网络攻击意在造成的效果和预料之外的效果可能都需要数个因果步骤才能实现，“网络战是否有丝毫可能满足直接参加敌对行动的直接因果关系要求看来是有疑问的”[②]，更不用说损害下限也需要一事一议地确定了。

一般认为，网络攻击中直接参加敌对行动的“答案十分微妙，而且取决于具体情形”，由于网络攻击的特殊性，“损害下限”中损害的范围可能需要扩大。[③]网络空间中，平民直接参加敌对行动更难以描述，尤其是时间范围难以断定，“对直接参加（敌对行动）的平民或被攻击的国家来说，都不清楚可直接和合法将平民作为目标的时间窗口”[④]。纯粹从理论上看，而且在假设网络攻击归因准确的情况下，可能发生平民不再直接参加网络攻击，但国家并不知道平民已经不再直接参加而仍将其作为攻击目标的情形。总之，直接参加敌对行动的三个要素适用于网络攻击不确定性巨大，“国家可以主观地决定在网络空间中以及网络空间之外什么行为可视为平民……参加敌对行动”[⑤]，“至少就现在而言，需要更有限甚至更保守地将（直接参加敌对行动）概念适用于网络攻击”[⑥]。

（四）网络攻击中的预防措施

进行网络攻击需要采取预防措施。《第一附加议定书》第57条第1款规定：

---

① Emily Crawford, “Virtual Backgrounds: Direct Participation in Cyber Warfare” , *I/S: A Journal of Law and Policy for the Information Society* 9, 2013, pp. 1~20.

② David Turns, “Cyber Warfare and the Notion of Direct Participation in Hostilities” , *Journal of Conflict and Security Law* 17, 2012, p. 288.

③ Ido Kilovaty, “ICRC, NATO and the U.S. - Direct Participation in Hacktivities - Targeting Private Contractors and Civilians in Cyberspace under International Humanitarian Law” , *Duke Law & Technology Review* 15, 2017, pp. 1~38.

④ James Emory Jr. Tucker, “The Targeting of Non-State-Affiliated Civilians in Cyberspace: Lagging LOAC Principles Cause Uncertainty on Both Sides” , *North Carolina Journal of International Law* 42, 2017, pp. 1036~1037.

⑤ Yaroslav Radziwill, Cyber-Attacks and the Exploitable Imperfections of International Law, Leiden, Brill/Nijhoff, 2015, p. 318.

⑥ Elizabeth Mavropoulou, “Targeting in the Cyber Domain: Legal Challenges Arising from the Application of the Principle of Distinction to Cyber Attacks” , *Journal of Law & Cyber Warfare* 4, 2015, p. 91.

"在进行军事行动时，应经常注意不损害平民居民、平民和民用物体。"军事行动的含义要比攻击宽泛，是指"任何活动（movements）、机动（manoeuvres）和其他武装部队进行的意在战斗的活动"[①]。在进行军事行动时，"经常注意"要求指挥官及时掌握有关情报，并适时调整行动，以避免对平民和民用物体造成过分损害，《塔林手册1.0版》[②]和《塔林手册2.0版》[③]中也都详细提及预防措施。然而，在网络空间采取预防措施存在天然的障碍，因为几乎所有网络行动都会穿过、影响、使用或损害某种民用网络基础设施，例如，"美国国防部网络和民用网络普遍混合，极大比例的国防部通信通过民用通信线路进行……使得在武装冲突中将军事和民用目标分开不可行"[④]。实际上，网络空间中采取预防措施的可行性存疑，"在网络情境中适用攻击规则中的预防措施存在问题，这部分是因为军事指挥官和行动计划者不像深刻理解动能攻击那样理解网络行动。因此，当网络行动是（军事）行动的一部分时，他们更难以理解怎么才能最好地核验潜在的网络目标是合法军事目标，确认关于网络武器和潜在网络目标的不同选项，并评估拟进行的网络行动的附带效果。此外，网络空间的复杂性和难以评估意外效果更加剧了在攻击中采取预防措施义务的复杂性"[⑤]。

三、网络攻击与比例原则

初看之下，可能会觉得网络攻击不像动能武器会造成致命的伤害，因此有学者认为绝大多数网络攻击直接造成的附带伤害是极小的，甚至根本不存在。[⑥]

---

① Yves Sandoz, Christophe Swinarski and Bruno Zimmermann, eds., *Commentary on the Additional Protocols of 8 June 1977 to the Geneva Conventions of 12 August 1949*, Geneva, Martinus Nijhoff Publishers, 1987, p. 680.

② Rules 51~59, Tallinn Manual on the International Law Applicable to Cyber Warfare.

③ Rules 114~121, Tallinn Manual 2.0 on the International Law Applicable to Cyber Operations.

④ Eric Talbot Jensen, "Cyber Warfare and Precautions against the Effects of Attacks", *Texas Law Review* 88, 2010, p. 1535.

⑤ Michael N. Schmitt and Sean Watts, "The Decline of International Humanitarian Law Opinio Juris and the Law of Cyber Warfare", *Texas International Law Journal* 50, 2015, p. 229.

⑥ Michael Gervais, "Cyber Attacks and the Laws of War", *Berkeley Journal of International Law* 30, 2012, pp. 572~573.

但这显然不符合现实，尽管有些网络攻击好比精确制导导弹一样，针对的是特定的网络或目标以进行精准打击，但并不是所有的网络攻击都是这样，或者不产生实际损害。如果网络攻击导致电网瘫痪或者导致大坝决堤，必然会导致对平民和民用物体的伤害。因为网络空间中军用和民用网络的重合以及军民两用物体和系统极多，网络攻击对民用物体造成影响的可能性非常大，“尽管军民两用物体可以成为合法军事目标，在考虑比例原则和网络攻击时会产生两个明显的问题：一是对平民基础设施的影响可能增加，二是难以辨别两用系统中哪部分是民用哪部分是军用”[①]，这增加了网络攻击满足比例原则要求的难度，有学者干脆建议“如果网络军事目标实际上和民用网络利益缠绕在一起，国家就应该不去发动进攻性网络攻击”[②]。

评估网络攻击是否符合比例原则，主要问题是在难以区分网络空间中的军事目标和民用物体或者说网络空间中的军民两用物体都成为军事目标的情况下，如何估算给民用物体造成的附带损害。网络空间的互联互通性意味着难以估计网络攻击的效果，这种估计甚至可能不具有丝毫的准确性。“几乎不可能有能力去精确计算（网络）这种性质的攻击造成的附带损害。因此，尽管战时法中比例原则一般有利于网络攻击的精准和接近于无的伤亡率，但也可能出现许多适用该原则十分复杂的情形。”[③]应对比例问题的提议常常浮于表面，比如，有学者提出的解决办法是，一是在进行所有网络攻击前进行全面分析，二是雇用网络专家，三是制定一个调整网络战的国际协议，其中需要包含网络攻击的统一定义和详尽的标准以评价网络攻击中的比例问题。[④]有学者补充，除了进行“全面分析”和“聘请专家”，为了解决网络攻击中的比例问题，还应该进行不

---

① Eric Boylan, “Applying the Law of Proportionality to Cyber Conflict: Suggestions for Practitioners”, *Vanderbilt Journal of Transnational Law* 50, 2017, p. 232.

② Stephen Petkis, “Rethinking Proportionality in the Cyber Context”, *Georgetown Journal of International Law* 47, 2016, p. 1457.

③ Matthew Rinear, “Armed with a Keyboard: Presidential Directive 20, Cyber-Warfare, and the International Laws of War”, *Capital University Law Review* 43, 2015, p. 705.

④ Hensey A. III Fenton, “Proportionality and Its Applicability in the Realm of Cyber-Attacks”, *Duke Journal of Comparative and International Law* 29, 2019, pp. 353~359.

构成战争法中"攻击"的网络攻击，以从根本上杜绝比例原则的适用。[①]这仿佛是认为，只要在专家建议下进行了"全面分析"，或者只要有了条约，就全然解决了网络攻击的比例问题。有学者干脆提出将网络攻击中的"区分原则扩大"，将军事目标扩大到"传统上界定为民用物体的基础设施和服务设施"，从而满足比例原则，"这将确保平民生命得到适当保护"[②]。也有学者主张恰恰相反，认为"绝大部分已知的网络行动集中于或导致了损害，所以应聚焦法律标准中的损害要件……对民用物体的损害要求应宽泛理解。因特网，包括网线、服务器和路由器，绝大部分由民用物体组成，由平民拥有、运行和维护。任何对这些因特网基础设施的损害都将被视为比例分析中的平民损害"[③]。

网络攻击的比例问题相关讨论中最常出现的就是主张用"连锁效果"（knock-on effects）或"意料之外的效果"来代替附带损害，即攻击产生的次级或三级效果。这种效果在计划攻击阶段未曾考虑到，是由于意料之外的主体或情况而发生，虽然也适用于传统动能打击，不过由于网络攻击的特性，应予以特别考虑。[④]"与使用传统的、动能的战争手段进行的攻击相比，在武装冲突中使用或可能使用网络能力作为武器将有某些非常显著的特征。最明显的是计划网络行动时的高度不确定性，因为产生的（绝大部分）间接后果常常比任何直接后果更严重、影响更深远。"[⑤]因此，间接损害也要计入比例原则的评估[⑥]，或

---

① Eric Boylan, "Applying the Law of Proportionality to Cyber Conflict: Suggestions for Practitioners", *Vanderbilt Journal of Transnational Law* 50, 2017, pp. 237~242.

② Jeffrey T. G. Kelsey, "Hacking into International Humanitarian Law: The Principles of Distinction and Neutrality in the Age of Cyber Warfare", *Michigan Law Review* 106, 2008, pp. 1447~1448.

③ Eric Talbot Jensen, "Cyber Attacks: Proportionality and Precautions in Attack", *International Law Studies* 89, 2013, p. 205.

④ Eric Talbot Jensen, "Unexpected Consequences from Knock-on Effects: A Different Standard for Computer Network Operations", *American University International Law Review* 18, 2003, pp. 1176~1177.

⑤ David Turns, "Cyber War and the Concept of 'Attack' in International Humanitarian Law", in Dan Saxon, ed., *International Humanitarian Law and the Changing Technology of War*, Leiden and Boston, Martinus Nijhoff Publishers, 2013, p. 212.

⑥ Ian Henderson and Kate Reece, "Proportionality under International Humanitarian Law: The Reasonable Military Commander Standard and Reverberating Effects", *Vanderbilt Journal of Transnational Law* 51, 2018, pp. 846~854.

称之为“间接效果”，即“从攻击的要件中产生的损害”，而“估计网络战中的间接影响可能是适用比例原则最困难的问题之一”[①]，《塔林手册2.0版》也认为“附带损害包括直接和间接效果”[②]。间接损害或间接效果本质上和连锁效果或意料之外的效果应无区别，这种损害或效果要计入比例原则并不合适，因为间接或连锁的判定标准模糊，甚至可以说几乎无穷无尽，例如，即使是连锁效果的支持者，也承认其范围过大，以至于“有更高的可能导致无法下令攻击”[③]。

除了选择哪种效果来评价网络攻击的比例问题，如何断定效果是讨论网络攻击和比例问题的另一个主要角度。“自然，适用比例原则不应该考虑给平民造成的各种不便……只有失去生命、给人造成伤害以及对财产的（超出名义上的）伤害才算。”[④]但是，以比例原则的传统考量标准，即“平民生命受损失、平民受伤害、平民物体受损害或三种情形均有”[⑤]来判断网络攻击，可能十分困难，动能打击造成的损害是可以观察到的，而网络攻击造成的损害往往是无形的，例如，电脑和网络无法使用或者功能故障，或者根本察觉不到被渗透或者获取了系统权限等。“网络攻击的典型直接效果可能是非致命的或短暂的，但可能严重。特别是关键系统暂时失灵该怎么评价？”[⑥]因此，有学者提出，由于网络攻击产生的效果可能与传统动能打击差别巨大，“功能方法似乎是在网络领域适用比例规则的最佳办法”[⑦]，或是建议将失去功能作为比例原则的评估要

---

① Eric Talbot Jensen, “Cyber Attacks: Proportionality and Precautions in Attack”, *International Law Studies* 89, 2013, p. 207.

② Rule 113, Tallinn Manual 2.0 on the International Law Applicable to Cyber Operations.

③ Benjamin Weitz, “Updating the Law of Targeting for an Era of Cyberwarfare”, *University of Pennsylvania Journal of International Law* 40, 2019, pp. 765~770.

④ Yoram Dinstein, “The Principle of Distinction and Cyber War in International Armed Conflicts”, *Journal of Conflict and Security Law* 17, 2012, p. 270.

⑤ 《第一附加议定书》第51条第5款第2项。

⑥ Oona A. Hathaway et al., “The Law of Cyber-Attack”, *California Law Review* 100, 2012, p. 851.

⑦ Eric Talbot Jensen, “Cyber Attacks: Proportionality and Precautions in Attack”, *International Law Studies* 89, 2013, p. 207.

素,“动态解释”网络攻击造成的“民用物体受损害”①。此外，还有学者怀疑从效果来考察网络攻击与区分原则是否合适，“网络情境中以效果为标准的首要问题是网络攻击的性质和严重性在攻击发生时非常难以断定。与动能行为不一样，网络侵入的真正‘效果’可能需要在其首次被发现的数星期、数月或者数年后才能知道……而且，从实践角度也非常难以预计网络攻击是否会造成动能损害”②。

四、网络攻击的归因问题

网络攻击的归因大致分为两个层面：一是技术上的问题，即查明攻击的真正来源以及攻击者的真实身份；二是法律上的问题，即攻击能否和如何归于国家，以根据国际法追究国家的责任。网络攻击“归因的主要问题是缺乏无可置疑的信息以及需要绝对的确定”③。网络空间是“匿名性是标准而距离和临近几乎无关的媒介”④，匿名性是网络空间的基本特征，通过层层代理和加密，以及常常在别人不知情的情况下控制对方的电脑和网络（“僵尸网络”和“肉鸡”），网络攻击的来源不仅极为分散，而且十分隐秘，难以溯源。只要有足够的技术能力，位于一国的个人，完全可以控制着一台或多台位于另一国或许多其他国家的电脑和网络，并用这些被控制的电脑和网络发起攻击。不仅如此，一些恶意软件或电脑病毒还有自动学习和适应的能力，确定源代码或为其行为归因也更困难。此外，许多攻击的效果是潜伏的、延后的，很大程度上或者可以完全取决于发动者选择何时让效果出现。具体说来，网络空间行为的归因大

① Robin Geib and Henning Lahmann, “Cyber Warfare: Applying the Principle of Distinction in an Interconnected Space”, *Israel Law Review* 45, 2012, pp. 395~398.

② Stephen Petkis, “Rethinking Proportionality in the Cyber Context”, *Georgetown Journal of International Law* 47, 2016, pp. 1448~1449.

③ Levi Grosswald, “Cyberattack Attribution Matters under Article 51 of the U.N. Charter”, *Brooklyn Journal of International Law* 36, 2011 p. 1177.

④ Heather Harrison Dinniss, “Participants in Conflict–Cyber Warriors, Patriotic Hackers and the Laws of War”, in Dan Saxon, ed., *International Humanitarian Law and the Changing Technology of War*, Leiden and Boston, Martinus Nijhoff Publishers, 2013, p. 252.

致有三种情形：一是最常见的以网络为基础发起的攻击的归因；二是不通过网络进行的网络攻击，例如，通过USB等移动设备进行的攻击；三是通过供应链直接在硬件和软件内植入“后门”程序等恶意代码。[①]而在网络攻击中，“即使能够确定攻击的地点，确定攻击者本人也绝不可能。攻击可能追溯至某台电脑，但这并没有提供是谁在键盘前的证据”[②]。“在网络战中，攻击的归因问题以及攻击者的意图构成令人生畏的障碍。如果检方不能提供司法证据在合理怀疑之外证明一人或多人从特定的电脑或网络发起了特定的攻击，法庭就不可能判决该人‘实施’了非法网络攻击。”[③]因此，从技术上看，网络空间中归因极为困难，网络攻击的一大吸引力就是发起者否认攻击说得过去，从而“像披了隐形斗篷一样隐藏起来”[④]。大概是由于国际法学者普遍不具有必要的计算机知识，在讨论网络攻击的归因问题时，往往显得十分理想化。例如，认为“未来的技术进步将可能使确定攻击者是谁容易得多”[⑤]，或者声称“新的互联网协议即IPv6的引入，也可能使确定（攻击者）更容易”[⑥]，或者假想“可追溯至国家IT系统的网络行动”和“可追溯至私人IT系统的网络行动”[⑦]。在网络攻击归因的技术问题和可靠性没有解决的情况下，甚至有学者已经开始讨论是应该将网络攻击的归因集中于某一个国际实体还是让国家和非国家主体各自对网络攻击归因。[⑧]

---

① Erik M. Mudrinich, “Cyber 3.0: The Department of Defense Strategy for Operating in Cyberspace and the Attribution Problem”, *Air Force Law Review* 68, 2012, pp. 197~199.

② Thomas P. Jordan, “The Law of Armed Conflict, Unconventional Warfare, and Cyber Attacks”, *National Security Law Brief* 6, 2016, p. 55.

③ Dan Saxon, “Violations of International Humanitarian Law by Non-State Actors during Cyberwarfare: Challenges for Investigations and Prosecutions”, *Journal of Conflict and Security Law* 21, 2016, p. 568.

④ Marco Roscini, *Cyber Operations and the Use of force in International Law*, Oxford, Oxford University Press, 2014, pp. 39~40.

⑤ Yoram Dinstein, “Computer Network Attacks and Self-Defense”, *International Law Studies* 76, 2002, p. 112.

⑥ Marco Roscini, *Cyber Operations and the Use of force in International Law*, Oxford, Oxford University Press, 2014, p. 33.

⑦ Hans-Georg Dederer and Tassilo Singer, “Adverse Cyber Operations: Causality, Attribution, Evidence, and Due Diligence”, *International Law Studies* 95, 2019, pp. 454~464.

⑧ Kristen E. Eichensehr, “Decentralized Cyberattack Attribution”, *AJIL Unbound* 113, 2019, pp. 213~217.

网络攻击归因之难有一些著名的例子。2007年春，爱沙尼亚政府准备将首都塔林市中心的一座纪念“二战”中击败纳粹的青铜士兵雕像移除，引发爱沙尼亚和俄罗斯关系紧张，随后爱沙尼亚的电网和政府网站等受到DDoS攻击陷入瘫痪，尽管爱沙尼亚指责攻击来自俄罗斯，但并无确凿证据[①]，最后一名20岁的爱沙尼亚公民、同时也是一位俄罗斯族的学生，被认为应对攻击负责[②]。2008年，俄罗斯和格鲁吉亚的军事冲突中也发生了DDoS攻击，格鲁吉亚的议会网站被黑客攻击，代之以格鲁吉亚的政治人物和希特勒的图片，格鲁吉亚指责俄罗斯发起了网络攻击，但攻击者到底是谁仍不清楚。[③]2010年，伊朗纳坦兹的核设施受到“震网”（Stuxnet）病毒袭击，而美国和以色列的情报机构据称与此有关，但并无确切证据。[④]“在所有这些例子中，不仅对攻击是否构成间谍活动（espionage）、干涉、使用武力或武力攻击有疑问，对于攻击是否可以（从法律上）归因于一个可辨认的主体也有疑问。”[⑤]

从国际法看，归因的问题在于如何将行为归于国家进而产生国家责任。国际法委员会起草的《国家对国际不法行为的责任》虽然不具有法律效力，但可作为有关国际习惯法的编纂，因此具有重要的参考价值。《国家对国际不法行为的责任》中归因的总体原则是“在国际一级上归于国家的唯一行为是国家政府机关，或在其指挥、指使或控制下的其他人的行为”[⑥]，具体包括：第4条规定的一国国家机关的行为、第5条规定的行使政府权力要素的个人或实体的行为、

---

① Joshua Davis, “Hackers Take Down the Most Wired Country in Europe” , https://www.wired.com/2007/08/ff-estonia/, May 7, 2020.

② BBC, “Estonia fines man for ‘cyber war’ ” , http://news.bbc.co.uk/2/hi/technology/7208511.stm, May 7, 2020.

③ John Markoff, “Before the Gunfire, Cyberattacks” , https://www.nytimes.com/2008/08/13/technology/13cyber.html, May 7, 2020.

④ David E. Sanger, “Obama Order Sped up Wave of Cyberattacks against Iran” , https://www.nytimes.com/2012/06/01/world/middleeast/obama-ordered-wave-of-cyberattacks-against-iran.html?_r=1, May 7, 2020.

⑤ Oliver Kessler and Wouter Werner, “Expertise, Uncertainty, and International Law: A Study of the Tallinn Manual on Cyberwarfare” , *Leiden Journal of International Law* 26, 2013, p. 799.

⑥ A/56/10, Chapter 2, para. 2.

第6条规定的由另一国交由一国支配的机关的行为、第7条规定的国家机关逾越权限或违背指示的行为。私人的行为一般不能归于国家，但根据第8条，"如果一人或一群人实际上是在按照国家的指示或在其指挥或控制下行事，其行为应视为国际法所指的一国的行为"。此外，还存在一些特殊情形，如第9条规定的正式当局不存在或缺席时实施的行为、第10条规定的成为或建立了新国家的叛乱运动或其他运动的行为以及第11条规定的经一国确认并当作其本身行为的行为。

这其中难度最大的当数涉及私人行为归于国家的第8条。尽管常常会将第8条中的"指示""指挥"（direction）和"控制"三者混同，尤其是后两个，但"指示"意味着国家发布具体命令要求非国家主体行动，是单个的行为，而"控制"对国家和非国家主体之间的联系比其他两个要求得更近，这三个标准的共同点则是需要确立国家和非国家主体之间的上下级关系，这也意味着训练和支持等不能满足任何一种标准。①《塔林手册2.0版》采用了《国家对国际不法行为的责任》第8条的标准以将非国家主体进行的网络行动归于国家，即指示、指挥和控制，以及第11条的标准，即经一国承认并作为自己行动的非国家主体进行的网络行动。②值得注意的是，《塔林手册2.0版》认为在网络行动产生的国家责任问题上，没有足够的国家实践和法律确信认为存在提供证据的国际法义务，而这很大程度上是因为网络能力在绝大部分时候都是不能公开的高度机密。③"网络归因的国际法规制短期看来前景并不让人觉得欢欣鼓舞。一国未能提供归因的令人信服的证据本身不是国际不法行为。也不存在举证责任或确定归因的额外法律标准。"④

私人决定行为能否归于一国，有两个不同的标准，即"有效控制"

① Kubo Macak, "Decoding Article 8 of the International Law Commission's Articles on State Responsibility: Attribution of Cyber Operations by Non-State Actors", *Journal of Conflict and Security Law* 21, 2016, pp. 426~427.

② Rule 17, Tallinn Manual 2.0 on the International Law Applicable to Cyber Operations.

③ Section 1, para. 13, Tallinn Manual 2.0 on the International Law Applicable to Cyber Operations.

④ William C. Banks, "The Bumpy Road to a Meaningful International Law of Cyber Attribution", *AJIL Unbound* 113, 2019, p. 195.

（effective control）和“全面控制”（overall control）。有效控制是国际法院在尼加拉瓜案中提出的标准，要求国家“指示（direct）或实施（enforce）”私人的行为，包括资助、组织、训练、供应和装备等行为。①全面控制是前南刑庭在塔迪奇案中提出的标准，包括装备和资助以及“协调或帮助该团体计划一般军事活动”和“计划和监督军事行动”②。在判定私人是否属于冲突一方时，全面控制无疑要比有效控制宽松，因为有效控制要求私人完全依靠国家，而全面控制只涉及装备、资助以及有限的协调和监督军事行动。考虑到网络活动归因困难，适用全面控制标准会导致可归于国家的网络行为范围过大，而且就国家责任而言，“是有效控制标准（而不是全面控制）符合既有的判例法”③，因此，网络攻击的归因应该采取有效控制而不是全面控制标准。

也恰恰是由于网络归因的难度，有学者反对全面控制和有效控制标准，提出“虚拟控制”（virtual control）一说，认为“当一国资助和装备或者故意给私人实体提供庇护，而该私人实体随后对另一国发起了网络攻击时”，举证责任就会倒置，受害国可以要求虚拟控制的国家提供进一步信息证明自己是否参与了网络攻击，只有在确实没有参与或无法控制对攻击负责的个人或实体时，才不产生国家责任。④还有学者在此基础上增加了“合理注意”标准，主张如果国家采取了善意措施防止在其领土上的非国家主体进行网络攻击，也不应产生国家责任。⑤这实际上是“严格责任”（strict liability）的翻版，在美国“反恐战争”的背景下，有学者主张在一国未能预防恐怖分子从其境内对他国发起攻击的情况下，不适用国际法上的传统归因要求，而要求该国直接承担责任，即严

---

① *Case Concerning Military and Paramilitary Operations in and against Nicaragua*（*Nicaragua v. United States of America*）, Judgment, 27 June 1986, para. 115.

② *Tadić Case*（*Judgment of 15 July 1999*）, para. 131; para. 145.

③ 黄志雄：《论网络攻击在国际法上的归因》，载《环球法律评论》2014年第5期，第162页。

④ Peter Margulies, “Sovereignty and Cyber Attacks: Technology’s Challenge to the Law of State Responsibility”, *Melbourne Journal of International Law* 14, 2013, p. 514.

⑤ Delbert Tran, “The Law of Attribution: Rules for Attribution the Source of a Cyber-Attack”, *Yale Journal of Law and Technology* 20, 2018, pp. 420~421.

格责任。[①]也有学者提出直接适用严格责任，认为如果一国对网络攻击寻求非武力手段或通过外交渠道进行救济，就可以降低归因的要求，适用严格责任，因为“这种模式带来的强烈刺激使国家积极合作防止网络攻击十分明显”[②]，适用严格责任使举证倒置以实现法律救济“将会是成功的多得多的途径”[③]。

然而，虚拟控制或严格责任首先不具有技术上的可行性，“要求一国监视和控制其管辖范围内每一台电脑的适用既不现实，也不适宜。即便是对互联网使用进行了严格控制的国家，也无法可靠地防止非技术人员用户访问特定的、可轻易识别的网站。一国领土边界内的老练的网络攻击者可以轻易地这么做而不被发现”[④]。这个标准也不具有政治上的可能性，因为国家出于各种原因特别是之前提及的保密原因，不会选择公开有关信息。而最重要的是，“尽管根据现有国际法规则，如果一国未能采取必要措施防止其领土被用于从事对他国有害的行为，那么该国的确应当对其不作为承担相应的法律责任，但以国家的此种审慎义务为由主张对从一国领土内发起的网络攻击实行转嫁责任，则不仅在法理上有‘挂羊头卖狗肉’之嫌，也极有可能在实践中进一步加大国家之间的分歧和对立，因而是不可取的”[⑤]。

除了网络攻击如何归因，对网络攻击采取反措施是另一个主要问题。《国家对国际不法行为的责任》明确规定“一国不遵守其对另一国国际义务的行为，在并且只在该行为构成……对该另一国采取的一项反措施的情况下，其不法性才可解除”[⑥]。一国对另一国采取反措施是回应另一国在先的国际不法行为，

---

① Vincnet-Joel Proulx, “Babysitting Terrorists: Should States be Strictly Liable for Failing to Prevent Trans-border Attacks”, *Berkeley Journal of International Law* 23, 2005, pp. 643~659.

② Lorraine Finlay and Christian Payne, “The Attribution Problem and Cyber Armed Attacks”, *AJIL Unbound* 113, 2019, p. 206.

③ Christian Payne and Lorraine Finlay, “Addressing Obstacles to Cyber-Attribution: A Model Based on State Response to Cyber-Attack”, *George Washington International Law Review* 49, 2017, p. 567.

④ Christian Payne and Lorraine Finlay, “Addressing Obstacles to Cyber-Attribution: A Model Based on State Response to Cyber-Attack”, *George Washington International Law Review* 49, 2017, p. 564.

⑤ 黄志雄：《论网络攻击在国际法上的归因》，载《环球法律评论》2014年第5期，第165页。

⑥ 《国家对国际不法行为的责任》第22条。

其目的是促使另一国遵守国际法义务或作为对该另一国国际不法行为的救济。[①]在采取反措施之前，受害国应要求责任国履行义务，并将采取反措施的任何决定通知责任国并提议与该国进行谈判[②]，而《塔林手册2.0版》没有提及在采取反措施时通知的义务[③]。根据《国家对国际不法行为的责任》，即使是紧急反措施，也不得违反《联合国宪章》中规定的不得实行武力威胁或使用武力的义务，或禁止报复的人道主义性质的义务等。[④]允许国家在其关键基础设施受到网络攻击时可以“不首先对攻击归因和界定”而进行“善意”自卫以及预防性自卫的提议[⑤]，与《国家对国际不法行为的责任》的这些条款截然相悖，更不用说如果对象不明确的话，又该对谁行使自卫权。即使网络攻击构成使用武力或武力攻击，“使用武力对其回应的合法性最严峻的挑战就是……侵略性武力攻击可以确定地归于一国。没有归因，就不能针对国家进行自卫”[⑥]。整体上，“关于使用武力的争论中，归因几乎消失了，其目的就是产生更大的权利以便对那些对不法行为没有法律责任的国家的领土使用武力”[⑦]。

五、小结

如果将诉诸战争的权利中使用武力或武力攻击的认定标准放宽，或者将战时法中攻击的定义扩大，许多网络攻击就可能被纳入其中，这是危险的举动，有可能危及国际和平与安全，将本来并不严重的情形升级。“网络战与一般的战争或武装冲突不够相似，没理由放松关于故意杀害的规则和法律”，网

① 《国家对国际不法行为的责任》第49条。

② 《国家对国际不法行为的责任》第52条第1款。

③ Rules 20~26, Tallinn Manual 2.0 on the International Law Applicable to Cyber Operations.

④ 《国家对国际不法行为的责任》第50条第1款。

⑤ Matthew Hoisington, “Cyberwarfare and the Use of Force Giving Rise to the Right of Self-Defense”, *Boston College International and Comparative Law Review* 32, 2009, pp. 439~454.

⑥ Waseem Ahmad Qureshi, “Cyberwarfare: A Tortuous Problem for the Law of Armed Conflict”, *Tulane Journal of International and Comparative Law* 28, 2019, p. 38.

⑦ Mary Ellen O’Connell, “Attribution and Other Conditions of Lawful Countermeasures to Cyber Misconduct”, *Notre Dame Journal of International & Comparative Law* 10, 2020, pp. 12~13.

络攻击也“不是战争历史上所涉及的那种类型的致命攻击……将网络攻击同化（assimilate）为战争范式所产生的十分严重的后果将使这个世界更不安全”①。当然，不是说对网络攻击等网络空间的威胁视而不见，但一方面，不应将战争、武装冲突、武力和攻击概念任意扩大，特别是对网络攻击应该持一种谨慎的态度，而且意识到迄今为止还没有发生过一场类似于传统武装冲突的网络攻击。有学者提出，根据严重程度的不同，可将网络攻击分为低层级、中层级、高层级和军事级四种，但都应以相应的网络行动作为回击，正是为了避免冲突的升级。②另一方面，应该优先考虑如何将已有的战争法适用于网络攻击和网络空间，而不是去创建新的规则或缔结新的条约。尽管国际法特别是战争法能否以及在多大程度上可以规则网络攻击仍然有待观察，但寄希望于缔结新条约更不现实。国际法学者往往很理想化地设想缔结专门规制网络攻击的国际条约③，国际政治、国际关系学者则往往从现实出发，认为网络战和网络攻击的国际规范是不可能出现的④，而有些军人则认为网络空间、网络战、武力攻击被高估了，

① Larry May, “The Nature of War and the Idea of ‘Cyberwar’ ”, in Jens David Ohlin, Kevin Govern and Claire Finkelstein, eds., *Cyber War: Law and Ethics for Virtual Conflicts*, Oxford, Oxford University Press, 2015, p. 3.

② Nicole Softness, “How Should the U.S. Respond to a Russian Cyber Attack”, *Yale Journal of International Affairs* 12, 2017, pp. 99~114.

③ Rex Hughes, “A Treaty for Cyberspace”, *International Affairs* 86, 2010, pp. 523~541; Bradley Raboin, “Corresponding Evolution: International Law and the Emergence of Cyber Warfare”, *Journal of the National Association of Administrative Law Judiciary* 31, 2011, pp. 662~666; Stephen Moore, “Cyber Attacks and the Beginnings of an International Cyber Treaty”, *North Carolina Journal of International Law and Commercial Regulation* 39, 2013, pp. 223~［viii］; Brett Epstein, “The Rules of Cyber-Warfare: What are the Issues with These Rules, How Can the United States Respond to an Attack When Applying These Rules, and Should New Rules be Enacted”, *Holy Cross Journal of Law and Public Policy* 18, 2014, pp. 247~304; Ido Kilovaty, “Cyber Warfare and the Jus Ad Bellum Challenges: Evaluation in the Light of the Tallinn Manual on the International Law Applicable to Cyber Warfare”, *National Security Law Brief* 5, 2014, pp. 90~124; Grant Hodgson, “Cyber Attack Treaty Verification”, *I/S: A Journal of Law and Policy for the Information Society* 12, 2016, pp. 231~260; Alexi Franklin, “An International Cyber Warfare Treaty: Historical Analogies and Future Prospects”, *Journal of Law & Cyber Warfare* 7, 2018, pp. 149~164.

④ Brian M. Mazanec, “Constraining Norms for Cyber Warfare are Unlikely”, *Georgetown Journal of International Affairs* 17, 2016, pp. 100~110.

“尽管同意认为网络空间可以投射力量和影响，但迄今为止有关事例远没有被视为武力攻击。甚至从‘震网’产生的动能效果也没有被受害国描述为武力攻击”[①]。“也许当国家苦思冥想如何规制网络战时，其面临的最大问题就是网络空间的犯罪、间谍活动和战争一定程度上是一模一样的。不像动能行动在种类和规模上都与犯罪和间谍活动不一样，网络战行动可能全然无法区分于网络犯罪和和平时期的网络间谍活动。”[②]

网络攻击更大的可能是引发数字格式的全面战争。“僵尸网络（botnet）导致其使用的世界上数百万台电脑都成为可被攻击的军事目标，结果就是某种全面网络战争……将与国际性武装冲突中的中立法或非国际性武装冲突的战场地理限制这些基础概念相悖”，因此，“清楚的是，网络空间中，区分原则似乎没有什么希望去保护民用网络基础设施和所有依靠民用网络基础设施的民用设施”[③]。网络攻击中人的区分也很不乐观，“曾经存在并作为武装冲突法基础的平民和战斗员的两分法，多年来一直受到削弱，在真实的世界中可能很快消失……网络战是这个趋势的下一步，也可能是终极一步……实际上，网络战将是全面战争，因为将不存在战斗员和非战斗员以及军事和民用目标原则上的区别”[④]。将整个网络和网络基础设施作为攻击目标，网络攻击可能更多是违反而不是符合比例原则，而生搬硬套传统的战斗员标准，在网络攻击中只能得出荒谬的结论。研究网络攻击中的战斗员，不能只停留于宣布谁是战斗员，而是怎么能表现出来这种地位，讨论网络攻击中的平民和直接参加敌对行动同样如此。对于网络攻击的归因，必须首先意识到技术上的难题才是最关键的地方所

---

① Chris McGuffin and Paul Mitchell, “On Domains: Cyber and the Practice of Warfare”, *International Journal* 69, 2014, p. 411.

② Gary D. Brown, “International Law Applies to Cyber Warfare: Now What”, *Southwestern Law Review* 46, 2017, p. 358.

③ Cordula Droege, “Get Off My Cloud: Cyber Warfare, International Humanitarian Law, and the Protection of Civilians”, *International Review of the Red Cross* 94, 2012, pp. 565~566.

④ Susan W. Brenner and Leo L. Clarke, “Civilians in Cyberwarfare: Conscripts”, *Vanderbilt Journal of Transnational Law* 43, 2010, pp. 1070~1071.

在，跟讨论网络攻击的其他国际法问题一样，有关建议和对策应该以最基本的技术知识为基础，否则只能是空想和愿望。同时，也应意识到网络攻击的归因和断定网络攻击是否构成使用武力或攻击具有同样的重要性，都可能引发或激化国家间的紧张或矛盾，因此应该在具有确凿证据的情况下，保守地对网络攻击进行归因。

第三章 当代武装冲突的遵约失衡化

18、19和20世纪早期的传统战争遵循了大致对称的模式，即民族国家垄断战争，通过其军队进行军事对抗。[①]“战争”一词只用来描述独立国家间通过其职业军队进行的完整的冲突，与之相伴随的战争法的发展，调整的也是这样的国家间通过正规军对抗的情形，对非正规军、内战、叛乱等问题几乎不关注。1936—1939年间爆发的西班牙内战，叛军和政府军力量几乎对等，各自控制着部分领土，似乎说明内战完全可能以类似国家间战争的形式出现。也许正因如此，“二战”后，战争法开始调整非国际性武装冲突，如1949年日内瓦四公约共同第三条和1977年《第二附加议定书》。尽管如此，国际性武装冲突仍然是战争法最关注的部分，而且根据殖民地半殖民地争取独立运动的现实，其范围得以扩大，包括了根据民族自决权“对殖民统治和外国占领以及对种族主义政权作战的武装冲突”[②]，但条件是代表了有关人民的当局“得通过向保存者送致单方面声明的方法，承诺对该冲突适用各公约和本议定书”[③]。

非常明显，战争法产生和发展于国家间通过其军队进行大规模军事对抗的年代，其制度设计聚焦于国家及其武装部队，是以国家为中心的，日内瓦四公约和《第一附加议定书》就是典型的例子。战争法的国家中心主义也带来了战争法的政治化（politicized/politicization），国家是否遵守战争法规则，遵守哪些规则，是政策选择，取决于国家是否认为某个冲突或某个对手是合法

---

① Herfried Münkler, *The New Wars*, trans. by Patrick Camiller, Cambridge, Polity, 2005, pp. 66~70.

② 《第一附加议定书》第1条第4款。

③ 《第一附加议定书》第96条第3款。

的。[①]“决定战争法何时适用于任何特定军事行动的标准，是基于这么一种假设，即武装冲突要么发生于国家的武装部队之间，要么发生在国家武装部队和内部不同政见团体之间。”[②]战争法只适用于两种类型的冲突也是以国家为标准来定义的，国际性武装冲突涉及两个或更多冲突的国家，包括军事占领，而非国际性武装冲突涉及在一个国家领土内部的非国际性对峙，不涉及其他国家的武装部队。这意味着，在国际性武装冲突中，交战双方，即两个国家，虽然军事力量并不一定对等，但在战争法中的权利义务是对等的，并可以互惠地遵守或不遵守战争法规惯例，而在非国际性武装冲突中，冲突一方的国家与其他国家之间一般不存在战争法的适用问题。问题在于，当代武装冲突中，不遵守战争法的行为越来越多，甚至不遵守战争法本身就成为一种战术或战略，引起了“遵约失衡化”的争议。

本章将首先分析遵守国际人道法的模式和逻辑，特别是互惠在国际性武装冲突和非国际性武装冲突中发挥了什么作用，然后讨论非国家主体遵守国际人道法有哪些障碍，目前遵守国际人道法有哪些形式，最后分析未来可能促进非国家主体遵守国际人道法的路径。

第一节　遵守国际人道法的模式和逻辑

战争法的国家中心主义暗含的前提是，武装冲突需要至少两方参与，冲突方“意味着最低的组织层次以使该实体能够执行法律义务”，如果“战争中没有可确定的当事方的话，根据国际人道法就无法对权利和责任进行评估”[③]。这种方法的关键，或者说隐含的前提，就是互惠的遵守模式，它没有考虑到非国

① Corri Zoli, “The God Gap in International Affairs: Missing Cross-Cultural Conversations in International Humanitarian Law and Islamic Jurisprudence”, *Florida Journal of International Law* 28, 2016, p. 300.

② Geoffrey S. Corn and Eric Talbot Jensen, “Untying the Gordian Knot: A Proposal for Determining Applicability of the Laws of War to the War on Terror”, *Temple Law Review* 81, 2008, p. 788.

③ Gabor Rona, “Interesting Times for International Humanitarian Law: Challenges from the War on Terror”, *Fletcher Forum of World Affairs* 27, 2003, p. 60.

家主体成为冲突的一方时，互惠模式还能不能起作用，特别是当代武装冲突中，能不能确认非国家武装团体可能都成问题。例如，许多号称基地组织的分支或关联组织，都只不过是相信或者崇拜基地组织的个人组成的松散团体而已。以往的国家间战争中，至少有一方会觉得适用战争法是“公平的”，现在，国家和非国家主体间的武装冲突中，各方都可能觉得战争“不公平”。国家一方的战斗员要遵守战争法，尤其是遵守区分原则和比例原则，然而，像基地组织这样的非国家主体往往选择不遵守战争法以获取行动上的便利，甚至不知战争法为何物。国家一方的战斗员在与非国家主体一方作战时，受到更多的法律限制和约束，因为非国家主体的一方成员通常只能在直接参加敌对行动时才可成为合法目标，这就导致不遵守战争法的非国家主体可以获得不合理的优势，比严格遵守战争法的国家一方战斗员得到的法律保护更多，进而出现一个有违常识的、反逻辑的结论，即越不遵守国际人道法，非国家主体一方获得的来自战争法的保护越多。这可能解释了为什么美国和以色列在打击恐怖分子时，竭力将战斗员和战俘地位相分离、扩大直接参加敌对行动的范围等，因为这么做，就是为了抵消非国家主体获得的国际人道法不合理或不相称的保护，使战争“公平”。然而，对非国家武装团体来说，它们要遵守自己从未参与制定的国际人道法规则，也会觉得“不公平”。“近期的武装冲突类型表明，军事上较弱一方为了避开具有无可匹敌的优势的敌人攻击，或为了消减军事力量的不对等，往往特别会去利用和故意操纵区分原则……同样，较强一方可能降低比例原则的障碍，以回应系统性地滥用区分原则及其导致的无法对付敌人。”[①]这些本质上都涉及国际人道法中的“互惠”。

一、国际人道法中的互惠

“互惠是指一个法律制度所创设的方案里参与方承担义务的相互依存性”[②]，

---

① Robin Geib, “Asymmetric Conflict Structures”, *International Review of the Red Cross* 88, 2006, pp. 763~764.

② Rene Provost, *International Human Rights and Humanitarian Law*, Cambridge, Cambridge University Press, 2002, p. 121.

换句话说，义务的创设、实施和终止，如果一般取决于其他方相关义务的存在，那么这些义务就是互惠的。“互惠和报复的动力是国际法的基础”①，国际人道法中互惠与报复②密切相关。报复是一种反向的互惠③，它意味着在非法行为发生后，回之以表面看起来同样非法的行为，但由于对方的非法行为在先而具有了合法性。报复是在国际社会缺乏高于国家的权威时，国家自助采取的矫正正义的实用方式，也是通过威吓来阻止对手将来违反战争法的方法，对国家来说是一种终极救济手段。战争中的报复不仅历史悠久，战争法也长期以来都允许报复，而且实际上“报复是人道法中对互惠原则最明确的承认”④。在战争法发展的奠基阶段，即1899年和1907年两次海牙和会所通过的海牙公约体系，战争法还通过普遍参加条款规定了正向的互惠，每一个缔约国同意限制其在战时的行为，作为回报，它可以合理期待它的对手，即另一个缔约国，在战时也会这么做。如果一个国家不受规则约束，那么其他国家也可以不受规则约束，这就在整体上保持了“公平竞争”。例如，1899年海牙《陆战法规惯例公约》第2条规定：“各条款只对缔约国在它们之中两个或两个以上国家之间发生战争的情况下具有拘束力。在缔约国之间的战争中，一俟一个非缔约国参加交战一方

---

① W. Michael Reisman, “Assessing Claims to Revise the Laws of War”, *American Journal of International Law* 97, 2003, p. 86.

② 也称“交战报复”(belligerent reprisal)，本文为方便起见，称之为“报复”，也可能会交替使用二者。

③ 有学者称之为“消极互惠”(negative reciprocity)，并认为“消极互惠”与报复虽然常常混用，但各自依据的法律规则有很大不同：报复只有当违反规则的国家持续违反的时候才可以进行，但消极互惠完全暂停或终止法律义务；消极互惠不需要国家用尽其他制裁手段；消极互惠不得暂停或终止不相关的或间接的法律规范，但报复可以采取违反完全分离的或不相关的法律规定。Sean Watts, “Reciprocity and the Law of War”, *Harvard International Law Journal* 50, 2009, pp. 384~385. 本文并不认同这种观点，主要是因为，一方面，作者完全是从条约法的角度、基于《维也纳条约法公约》第60条理解所谓的“消极互惠”，实际上指的是条约因违约而终止或停止施行。另一方面，作者只从战争法角度讨论报复。这样，作者所谓的“消极互惠”实际上取决于是否首先存在条约，而战争法条约出现的时间要明显晚于战争惯例，直到19世纪中后期才陆续出现，在没有战争法条约的情形中讨论“消极互惠”，存在逻辑问题。此外，在将二者进行对比时，作者几乎都是列举有关报复的学说，对于“消极互惠”则含糊其词。

④ Mark Osiel, *The End of Reciprocity: Terror, Torture, and the Law of War*, Cambridge, Cambridge University Press, 2009, p. 36.

时，此章程的条款就失去拘束力。”1907年海牙《陆战法规惯例公约》第2条更精练地规定：“本公约各条款，应在缔约国之间，并且只有在交战各方都是缔约国时方能适用。”《关于易于膨胀或变形的投射物的1899年7月29日海牙第三宣言》、1899年《禁止使用专用于散布窒息性或有毒气体的投射物的宣言》、1906年《关于改善战地武装部队伤者和病者境遇的公约》第24条、1907年《禁止从气球上投掷投射物和爆炸物宣言》等都有同样的规定。“无疑，互惠作为社会实践在战争中历史悠久，作为一项规范性原则，其历史几乎与战争法一样长。”

因此，18世纪的苏格兰哲学家休谟（David Hume，1711—1776）认为，“如果文明国家与不遵守战争规则的野蛮人交战，前者必须也暂停遵守规则，因为规则不再服务于任何目的”[①]。同样，20世纪的英国国际法学家劳特派特也认为，“无法设想一方的敌对行动将受战争规则约束而不从中受益，另一方从战争规则中受益却不受其约束”[②]。战争法的遵守模式以国家为中心，而互惠预设了遵守规则是有前提条件的，但“二战”后，非国家武装团体成为战场的一大主体，使得国际人道法的遵守模式出现了问题。例如，自美国在伊拉克打响“反恐战争”后，国家和非国家主体都直接参加了敌对行动，但恐怕任何一方都不会真的期待互惠，或者说期待的是反向互惠：“通过在世界范围内将美国和其他西方国家的平民作为目标，基地组织取得了不公平的优势，这与长期以来确立的、毫无争议的人道法规则相悖。允许美国将基地组织头目作为目标，而不仅仅是将其俘获和起诉，有助于解决这个不利之处。也是由于这个不利之处，美国有理由长期行政关押基地组织成员，甚至可能以不符合日内瓦规范的方式对其进行讯问。”[③]也就是说，酷刑就是对恐怖分子的互惠。

一些学者认为，互惠在当代武装冲突中不能发挥作用，温和的表达如“非

---

① David Hume, *An Enquiry Concerning the Principles of Morals*, § 3, pt. 1, 1777.

② H. Lauterpacht, “The Limits of the Operation of the Law of War”, *British Year Book of International Law* 30, 1953, p. 212.

③ Mark Osiel, *The End of Reciprocity: Terror, Torture, and the Law of War*, Cambridge, Cambridge University Press, 2009, p. 392.

对称战争基本上是背弃了对互惠的期待”[①]，也有斩钉截铁般的判断，如“互惠……在非对称冲突中不起作用”[②]。有学者从诉诸战争的权利和战时法的关系着眼，提出“二价互惠”（dyadic reciprocity）的概念无法适用非对称冲突，即“为确保遵守战时法，双方都应得到战时法的同等保护。如果防御者不受战时法限制，那么侵略者就没有动机去遵守战时法。而因为双方都常把自己视为正义的一方，除非诉诸战争的权利和战时法绝缘，否则双方会立即堕落到残忍的暴行中去……但是，常规军队和非国家主体之间的战争不受二价互惠原理约束。不对称的关系事实上促使双方都逃避互惠的考虑：非国家主体诉诸恐怖主义，而较强的常规军队一方被诱使对非战斗员造成过分的伤害，将军事目标与杀害战斗员合并，将俘获的战斗员视为不受法律保护的人”[③]。问题的核心是，战争法是应被视为一套互相依存的权利和义务，还是一个单边的、无条件的保证。要回答互惠在当代武装冲突遵守国际人道法中有没有作用，以及有多大作用，需要分析其在不同性质的武装冲突中具有何种地位。

二、互惠在国际性武装冲突中的边缘化

“二战”后，整个国际法领域，特别是国际公法领域对人权的强调，使得战争法也不可避免地要考虑战争和武装冲突中的人权保护问题，而对基本人权的保护是绝对的，这在整体上必然会影响战争法的传统遵守方式，即互惠。从名称上看，用来称呼规制战争行为和保护战争受难者的国际法术语，除了传统的“战争法”，还出现了“国际人道法”“武装冲突人道法”“武装冲突法”等，这些术语反映了关于这一套规范的焦点在哪儿的分歧，究竟是侧重保护根本个人权利，还是实现能够有效进行战争和保证基本人道考量之间的微妙平衡。长

---

① Toni Pfanner, “Asymmetrical Warfare from the Perspective of Humanitarian Law and Humanitarian Action”, *International Review of the Red Cross* 87, 2005, p. 161.

② Marco Sassoli, “The Implementation of International Humanitarian Law: Current and Inherent Challenges”, *Yearbook of International Humanitarian Law* 10, 2007, p. 49.

③ Eyal Benvenisti, “Rethinking the Divide between Jus ad Bellum and Jus in Bello in Warfare against Nonstate Actors”, *Yale Journal of International Law* 34, 2009, pp. 545~546.

期以来，战争法都被视为调整战争和武装冲突的“特别法”（*lex specialis*），在此期间关于和平的国际法都不适用，然而二战后，国际人权法作为“一般法”（*lex generali*），在战争和武装冲突中也得到了越来越多的适用，出现了“国际人道法的人性化”一说，将个人特别是武装冲突受害者置于国际人道法整个法律体系的核心地位，更加强调对武装冲突受害者的保护并将其视为国际人道法存在的意义，实际上要求重新调整军事必要和人道考量的平衡，使天平向人道精神倾斜。①从更宏观的角度来看，“二战”后，不仅是战争法领域，几乎所有的国际公法领域都开始注重人权保护，例如，贸易、劳工标准、环境保护等，而因为人权的国际保护和国际人道法根本目标的相似性，二者在武装冲突中可以兼容、同时适用已经为越来越多的人所接受。

除了大环境的变化，就互惠而言，其在战争法中的核心地位边缘化，首先体现在“二战”后，战争法条约抛弃了普遍参加条款，否定了传统战争法要求的绝对互惠。实际上废止普遍参加条款“二战”前就已经有了尝试，1929年《日内瓦战俘公约》第25条规定，“缔约各国应在任何情况下尊重本公约的各项规定。战时遇有一交战国并未参加本公约，则本公约的规定仍应在参加本公约的交战国之间具有拘束力”。然而这个做法并未普及，1929年《日内瓦战俘公约》仅仅是孤例，但到了1949年，情况就发生了巨大变化。日内瓦四公约共同第一条规定，“各缔约国承诺在一切情况下尊重本公约并保证本公约之被尊重”，这一条非常关键。红十字国际委员会对此评论道，“这不是以互惠为基础缔结的约定，只有其他当事方遵守义务的时候，任何一方才受协定的约束。相反，它是一系列在其他缔约国所代表的世界面前神圣缔结的单方面约定，每个国家对自己同时也对其他国家课以义务。公约的动机是如此高尚并被普遍承认为文明所迫切需要，需要的是对于公约的主张，认为其来自对缔约国本身的尊重，也同样期待此等尊重能够来自对手，实际上，可能更多来自前一个原因”②。可

① Theodor Meron, “The Humanization of Humanitarian Law”, *American Journal of International Law* 94, 2000, pp. 239~278.

② Jean S. Pictet, ed., *The Geneva Conventions of 12 August 1949, Commentary IV: Geneva Convention relative to the Protection of Civilian Persons in Time of War*, Geneva, ICRC, 1958, p. 15.

以看出，日内瓦四公约的遵守逻辑完全抛弃了互惠，强调缔约国自身对于公约的遵守，对手遵守与否不是缔约国遵守的条件。其中，“一切情况下”不仅意味着一个缔约国无论如何自己都要“尊重”公约，它还要“保证本公约之被尊重”，如果一缔约国没有遵守公约中的义务，“其他缔约国（中立、盟国或敌国）可以，而且应该，尽力让其重新尊重公约……实际上，缔约国……应该竭尽所能确保四公约中的人道原则得以普遍适用”①。对于遵守战争法有直接利害关系的国家，如敌国，采取一切可能措施要求或者确切说是迫使不遵守的一方重新遵守战争法，是传统战争法的遵守逻辑，这是一种绝对的互惠。日内瓦四公约进步的地方在于，虽然否定了绝对互惠，表面上看对于遵守战争法的国家不公平，但另一方面，它鼓励和要求对于是否遵守日内瓦四公约没有直接利害关系的缔约国，比如，中立国，甚至是盟国，也要采取所有必要措施来确保不遵守的国家重新遵守战争法。非常明显，这些没有直接利害关系的国家在采取行动确保遵守时，不是出于互惠的考虑。因此，共同第一条也被称为“反对互惠的典范”②。

《第一附加议定书》也采取了同样的措辞，“缔约各方承诺，在一切情况下，尊重本议定书并保证本议定书被尊重”③。日内瓦四公约也都各自规定了“任何缔约国不得自行推卸，或允许任何其他缔约国推卸，其本身或其他缔约国”因为“严重破坏公约行为”而承担的责任。④尽管这主要涉及的是严重破坏公约行为产生的国家责任，但很明显，“严重破坏公约的行为产生的责任是绝对的，绝不能通过任何法律手段，例如，减损条约或协定，而废止”⑤。

日内瓦四公约共同第二条规定：“冲突之一方虽非缔约国，其他曾签订本公

① Jean S. Pictet, ed., *The Geneva Conventions of 12 August 1949, Commentary IV: Geneva Convention relative to the Protection of Civilian Persons in Time of War*, Geneva, ICRC, 1958, p. 16.

② Theodor Meron, “The Humanization of Humanitarian Law”, *American Journal of International Law* 94, 2000, p. 248.

③《第一附加议定书》第1条第1款。

④《日内瓦第一公约》第51条、《日内瓦第二公约》第52条、《日内瓦第三公约》第131条、《日内瓦第四公约》第148条.

⑤ *Kupreškić et al.*（*IT-95-16*）, Trial Judgement, 14 Jan 2000, para. 517.

约之国家于其相互关系上，仍应受本公约之拘束。设若上述非缔约国接受并援用本公约之规定时，则缔约各国对该国之关系，亦应受本公约之拘束。”正是这个规定使得前南刑庭认为，“到1949年日内瓦四公约通过时，仍有对互惠的强调，但‘进步’在于，非缔约国参加武装冲突并不完全排除公约的适用……互惠这个概念仍是关键”①。这实际上是从否定普遍参加条款的角度而言，但共同第二条应当结合共同第一条的规定来解读，共同第一条明确地强调了国际人道法义务的绝对化和单边化，因此，互惠这个概念恐怕已经不是“关键”。

不仅如此，“二战”后的战争法禁止报复，这进一步边缘化了互惠。在1974年日内瓦外交会议召开前一年，国际法学家就已经认识到，“迄今为止，根据有效的武装冲突法，留给合理的交战报复的余地已经不多了”②。报复实际上是一种反向的互惠，根据传统战争法，武装冲突一方有权采取一般被禁止的措施回应敌人违反战争法规惯例的行为，以制止此类违反行为，迫使对方遵守，从这个角度看，报复是执行战争法的方式。③尽管“二战”以前，实施报复有一些或多或少的条约④和习惯规则，如只能由国家机构进行、必须成比例、必须首先进行谈判要求赔偿⑤，或者，存在敌方先前的违反战争法行为、目的必须是确保遵守战争法、不能对合法的报复进行反报复、必须由层级足够高的政府或军队官员授权、只能作为其他强制性较弱的救济手段失败后的辅助措施、符合比例原则（尽管具体和什么成比例并不确定）、符合人道和道德。⑥但是，由于这些

---

① *Hadžihasanović & Kubura*（*IT-01-47*）, Interlocutory Appeal on Decision on Joint Challenge to Jurisdiction, 27 Nov 2002, para. 39.

② F. Kalshoven, “Belligerent Reprisals”, *Military Law and Law of War Review* 12, 1973, p.272.

③ Rudiger Wolfrum and Dieter Fleck, “Enforcement of International Humanitarian Law”, in Dieter Fleck, ed., *The Handbook of International Humanitarian Law*, Second Edition, Oxford, Oxford University Press, 2008, p. 690.

④ 例如，1899年和1907年《陆战法规惯例公约》附件第50条均规定：“不得因为个人行为，而对居民给以任何罚款和其他的一般性惩罚，居民对个人的行为并不承担连带责任和由某几个人共同负责。”

⑤ Edward Kwakwa, “Belligerent Reprisals in the Law of Armed Conflict”, *Stanford Journal of International Law* 27, 1990, p. 52.

⑥ Shane Darcy, “The Evolution of the Law of Belligerent Reprisals”, *Military Law Review* 175, 2003, pp. 189~196.

规则并不确定，而且十分模糊，对其加以曲解并滥用相当容易，“历史教训是，报复笼罩于悖论中”，而“这悖论的列表几乎无穷无尽”，例如，“习惯法禁止反报复，但几乎两次世界大战中所有声称的报复都遭到了反报复和无谓的暴力升级……报复意在实施战争法，但现代史几乎没有针对实际战斗员合法报复的例子”①。

实际上，报复比战争法中任何其他术语都有“更深层的虚伪和口是心非（duplicity）”②。允许交战报复的危险在于，交战方会以报复为借口对敌方的每一个违反战争法规惯例的行为“以牙还牙”“以眼还眼”，而这可能形成恶性循环，从根本上威胁战争法的存在，并给国际社会和整个人类带来难以挽回的灾难。日内瓦四公约都规定了禁止报复各自所保护的人和物③，《第一附加议定书》更是反复强调禁止报复④。红十字国际委员会的《习惯国际人道法》研究表明，习惯国际人道法禁止国际性武装冲突中的报复，但并未完全禁止，对战斗员和军事目标的报复，受到严格的条件限制，例如，其目的必须是作为最后的措施针对在先的严重违反国际人道法的行为以使对方遵守该法、合乎比例、由最高级别的政府做出决定、在对方遵守时即告终止等。习惯国际人道法禁止对日内瓦四公约和《保护文化财产的海牙公约》所保护的人员和物体的报复。在非国际性武装冲突中，即使《第二附加议定书》没有提及报复，冲突方也没有权利进行报复，还禁止针对未参加或已停止直接参加敌对行动的人采取其他敌对措

---

① Matt C. C. III Bristol, “The Laws of War and Belligerent Reprisals against Enemy Civilian Populations”, *Air Force Law Review* 21, 1979, pp. 421~422.

② Geoffrey Best, *War and Law since 1945*, Oxford, Clarendon Press, 1994, p. 203.

③ 《日内瓦第一公约》第46条规定，“对于本公约所保护之伤者、病者、工作人员、建筑物或设备之报复行为，均予禁止”。《日内瓦第二公约》第47条规定，“对于本公约所保护之伤者、病者、遇船难者、工作人员、船只或设备之报复行为，均予禁止”。《日内瓦第三公约》第13条规定，“对战俘之报复措施应予禁止”。《日内瓦第四公约》第33条规定，“禁止对被保护人及其财产采取报复行为”。

④ 《第一附加议定书》第20条一般规定“对本部所保护的人和物体的报复，是禁止的”。第51条第6款和第52条第1款又分别规定禁止对平民和民用物体的报复，即“作为报复对平民居民的攻击，是禁止的”，“民用物体不应成为攻击或报复的对象”。第53条第3款、第54条第4款、第55条第2款、第56条第4款又具体规定了禁止对文物和礼拜场所、对平民居民生存所不可缺少的物体、对自然环境和对含有危险力量的工程和装置（即使是军事目标）的报复。

施。[①]“交战报复好处和坏处的平衡现在已经变得完全负面，以至于无法再将其视为哪怕是战争法稍稍有效的制裁……在整个国际法律秩序中，交战报复已经完全成为无政府主义”[②]，因此，“交战报复在关于武装冲突的现代人道法中没有一席之地”[③]，这就使得报复作为战争法中互惠的一个重要体现，或者说一个迫使遵守的工具，其重要性已经大大减弱，可以说，战争法中的互惠已经消亡了[④]。

司法实践中，早在1948年，美国军事法庭在纽伦堡审判的国防军最高统帅部案就已经明确判定，“根据一般法律原则，被告不能以他人实施了类似的犯罪为由，为自己实施的犯罪行为开罪，无论他人实施犯罪行为发生于被告实施犯罪行为之前还是之后”[⑤]。前南刑庭在马尔蒂奇（*Martić*）案1996年的判决中就明确指出，“在任何情况下都禁止对平民居民或个人的报复，甚至遭遇到另一方错误行为的时候也是如此。这个规则是国际习惯法必不可少的一部分，必须在所有的武装冲突中予以尊重”[⑥]。2001年前南刑庭的库普利斯科奇（*Kupreškić*）案更为典型。前南刑庭在判决中首先讨论了战争法的互惠问题，认为尽管“二战”后，战犯会以“你也一样”（*tu quoque*）为由辩解，但遭到了普遍反对，而且既没有国家实践也没有公法学家支持此种观点。“‘你也一样’的辩解存在原则上的缺陷，它将人道法设想为基于权利和义务的狭义的双边交换。恰恰相反，人道法绝大部分都规定了绝对义务，即不附条件的义务，或换句话说，不基于互惠的义务。”[⑦]在前南刑庭看来，“一战”后，战争法的适用不依靠互惠，而在整体上，不管对方是否遵守，自己仍然适用战争法，是因为“对

① Jean-Marie Henckaerts and Louise Doswald-Beck, eds., *Customary International Humanitarian Law: Rules*, Cambridge, Cambridge University Press, 2005, pp. 513~529.

② Frits Kalshoven, *Belligerent Reprisals*, Leiden and Boston, Martinus Nijhoff Publishers, 2005, p. 377.

③ Shane Darcy, “The Evolution of the Law of Belligerent Reprisals”, *Military Law Review* 175, 2003, p. 250.

④ J. de Preux, “The Geneva Conventions and Reciprocity”, *International Review of the Red Cross* 25, 1985, pp. 25~29.

⑤ United Nations War Crimes Commission, *Law Reports of Trials of War Criminals*, Volume XII, London, His Majesty’s Stationery Office, 1949, p. 64.

⑥ *Martić*（*IT-95-11*）, Trial Chamber Decision, 8 Mar 1996, para. 17.

⑦ *Kupreškić et al.*（*IT-95-16*）, Trial Judgement, 14 Jan 2000, para. 517.

国家而言，国际人道法规范不是为了保护国家利益，而主要是使作为人类的个人受益，这一点很清楚。不像其他国际规范，例如，商业条约中的规范可合法地以保护国家互惠利益为基础，遵守人道规则不能依靠互惠或其他国家相应履行这些义务。这个趋势标志着康德提出的道德领域的‘定言令式’（categorical imperative）被移植到法律规范中：不管其他人是否遵守义务，一人应该履行义务”[①]。不仅如此，前南刑庭也认为本案不具有进行报复的条件，特别是最根本的规则，即平民绝不能成为报复的目标。[②]前南刑庭在2008年马尔蒂奇案的判决中重申，“基于互惠的辩解，包括‘你也一样’的辩解，不能为严重违反国际人道法的行为辩护”[③]。不过，报复仍然具有顽强的生命力。例如，2010年5月，在巴基斯坦出生的美国公民费萨尔·沙扎德（Faisal Shahzad）试图在纽约时代广场引爆炸弹，他的理由是“美国无人机攻击看不到儿童，他们看不到任何人，他们杀妇女、儿童，他们杀所有人”[④]。这与1998年5月电视采访本·拉登时的声明如出一辙：“美国历史不区分平民和军队……我们抵御这些攻击的唯一的方法就是使用类似手段……我们不区分身穿军装的人和平民，根据伊斯兰教令（fatwa），他们都是目标。”[⑤]这两种观点暗含的前提是，如果冲突中一方有非法行为在先，比如，杀害平民，那么另一方就因此获得了道德或法律的许可，能够用同样的方式回应对方，即“以牙还牙、以眼还眼”式的报复。

此外，由于战争法中许多规范已经成为习惯国际法、强行法或对一切义务，通过条约的保留而维持战争法中的互惠实际效用也大打折扣。“称‘保留’者，谓一国于签署、批准、接受、赞同或加入条约时所做之片面声明，不论措辞或名称如何，其目的在摒除或更改条约中若干规定对该国适用时之法律

---

① *Kupreškić et al.*（*IT-95-16*）, Trial Judgement, 14 Jan 2000, para. 518.

② *Kupreškić et al.*（*IT-95-16*）, Trial Judgement, 14 Jan 2000, paras. 527~536.

③ *Martić*（*IT-95-11*）, Appeals Chamber Judgement, 8 Oct 2008, para. 111.

④ Thomas Darnstädt, Marc Hujer and Gregor Peter Schmitz, “Are Obama’s Efforts to Justify Drone Warfare Aimed at Iran?” , https://www.spiegel.de/international/world/obama-drone-rationale-hints-at-war-with-iran-a-821151.html, March 13, 2020.

⑤ Anthony Burke, *Beyond Security, Ethics and Violence: War against the Other*, London, Routledge, 2007, p. 148.

效果”[①]，对条约进行保留，是缔约国行使主权的表现，保留国和接受保留的缔约国之间，适用的是经过保留修改的条约规定，本质上是一种双边的互惠。然而，“保留为条约所禁止者”“条约仅准许特定之保留而有关之保留不在其内者”以及“保留与条约目的及宗旨不合者”不得保留。[②]日内瓦四公约和两个附加议定书都不禁止与条约目的和宗旨相兼容的保留，但是其中所包含的成为习惯国际法一部分的规范，或者具有强行法或对一切义务性质的规范，则不能进行保留，甚至非缔约国也要受其约束。例如，美国至今尚未批准《第一附加议定书》，但美国仍然在各种场合援引其中的规范，并表示愿意遵守。除了众多有关区分原则和比例原则的规则，对于伤病员、遇船难者、宗教人员和医务人员的保护，以及日内瓦四公约共同第三条和《第二附加议定书》等，都极大地限制了对有关国际人道法条约的保留，这些规范中所包含的义务，是对所有其他国家和整个国际社会的义务，不能进行保留也无法被双边化。简而言之，就这些义务而言，不存在互惠，这也是当代国际人道法最显著的特点之一。

三、非国际性武装冲突中互惠的作用微弱

近年来，适用于非国际性武装冲突的国际法逐渐增加，除了日内瓦四公约共同第三条和《第二附加议定书》以及1954年《关于发生武装冲突时保护文化财产的公约》[③]，一方面，新缔结的国际人道法条约如1997年《渥太华禁雷公约》、2003年《战争遗留爆炸物议定书》以及2008年《集束弹药公约》等，适用范围都包括非国际性武装冲突；另一方面，一些较早的条约，如1980年《常

---

① 《维也纳条约法公约》第2条第1款（d）项。

② 《维也纳条约法公约》第19条。

③ 该公约第19条规定，“1. 如果一缔约国领土内发生非国际性武装冲突，每一冲突方应至少有义务适用本公约关于尊重文化财产的各项规定。2. 冲突各方应尽力通过特别协议以实施本公约所有或部分其他条款。3. 联合国教育、科学及文化组织可以向冲突各方提供服务。4. 上述条款的适用不应影响冲突各方的法律地位”。

规武器公约》，其适用范围也进行了修正，扩展到非国际性武装冲突。[①]适用于非国际性武装冲突的习惯国际人道法规则也有类似增长，1995年，前南刑庭在塔迪奇案中明确指出，“在国际性战争中不人道并因此被禁止的，在国内冲突中只能是非人道的和不允许的”[②]。之后，1998年起草《罗马规约》和建立国际刑事法院的外交会议也采取了这个思路，并将战争罪分为国际性武装冲突中的战争罪和非国际性武装冲突中的战争罪两类。[③]红十字国际委员会在其2005年出版的《习惯国际人道法》中，确认和编纂了大量既适用于国际性武装冲突也适用于非国际性武装冲突的习惯国际人道法规则。尽管适用于非国际性武装冲突的国际人道法规则增加，但是国际人道法的遵守模式也延续了下来，互惠虽然在国际性武装冲突中地位已经边缘化，但仍然是遵守国际人道法时无法忽视的问题。非国际性武装冲突中，互惠发挥作用的空间非常有限，如前南刑庭2003年所言，“内部武装冲突现在是国际法关切的事项，没有任何互惠的问题”[④]。

适用于非国际性武装冲突的最重要的国际人道法规则就是日内瓦四公约共同第三条及《第二附加议定书》。共同第三条的适用不以互惠为前提，而且对战斗员规定了绝对的义务，即“冲突之各方最低限度应遵守下列规定”，但适用这些规定“不影响冲突各方之法律地位”。这个规定明显不是针对冲突的缔约国，而是非国家主体，即像叛乱运动这样的非国家主体不能仅仅因为遵守了共同第三条的规定，就可以期待其法律地位特别是在国际法中的地位能出现改变。《第二附加议定书》也有类似规定，只是标准更高，根据第1条，非国家主

① 该公约第1条原来规定“本公约及其所附各项议定书适用于1949年8月12日关于保护战争受难者的日内瓦四公约共有的第二条所指的场合，包括日内瓦四公约第一号附加议定书第一条第四款所指的场合”。2001年，除了原有的规定，该条经修正而增加了新的规定，即“本公约及所附议定书除了适用于本条第1款所指的情况外，还应适用于1949年8月12日《日内瓦四公约》所共有的第三条中所指的情况”和“如果缔约方之一的领土内发生非国际性的武装冲突，冲突各当事方应遵守本公约及所附议定书的禁止和限制规定”等。

② *Prosecutor v Tadić*, No IT-94-1-AR72 (Decision on the Defence Motion for Interlocutory Appeal on Jurisdiction) (2 October 1995), para. 119.

③ 《罗马规约》第8条第2款。

④ *Hadžihasanović & Kubura* (*IT-01-47*), Decision on Interlocutory Appeal Challenging Jurisdiction in Relation to Command Responsibility, 16 July 2003, para. 19.

体必须对缔约国“该方一部分领土行使控制权，从而使其能进行持久而协调的军事行动并执行本议定书”。

然而，共同第三条的起草过程一开始是以互惠为思路的。在1946年红十字国际委员会为筹备起草日内瓦四公约而召开的国内红十字会预备会议上，规定“在一国境内武装冲突之场合，除非非国际性武装冲突一方明确宣布不遵守公约，所有当事方均应适用公约”，1947年召开的政府专家会议将该规定修改为“缔约方将在内战中适用公约的原则，如果内战中的另一方也如此行事的话”[①]。这种做法显然是传统的国家间互惠模式。1948年在斯德哥尔摩召开的第17届国际红十字大会上，又对上述规定进行了修改，“在所有不具有国际性特征的武装冲突中，特别是可能发生于一个或多个缔约方领土上的内战、殖民冲突或宗教战争，实施本公约原则对所有敌对方都是强制性的。在这种情形下公约的适用不取决于冲突方的法律地位，对其法律地位也不应有影响”。红十字国际委员会在提交1949年日内瓦外交会议的草案中，删去了该条中“特别是可能发生于一个或多个缔约方领土上的内战、殖民冲突或宗教战争”那句话，认为删除此等字句“远非削弱了文本，而是扩大了其范围”[②]。最后通过的日内瓦四公约共同第三条与斯德哥尔摩会议上提出的版本本质上一致，即公约自动适用、没有任何互惠的条件，如红十字国际委员会所言，共同第三条中“互惠条款是被故意忽略的”[③]。

共同第三条不以互惠为条件，并不意味着非国家主体就自然会去遵守和执行其规定。由于叛乱往往招致政府最严厉的对待，就算根据共同第三条，政府

① Jean S. Pictet, ed., *The Geneva Conventions of 12 August 1949, Commentary I: Geneva Convention for the Amelioration of the Condition of the Wounded and Sick in Armed Forces in the Field*, Geneva, ICRC, 1952, pp. 41~42.

② Jean S. Pictet, ed., *The Geneva Conventions of 12 August 1949, Commentary I: Geneva Convention for the Amelioration of the Condition of the Wounded and Sick in Armed Forces in the Field*, Geneva, ICRC, 1952, pp. 42~43.

③ Jean S. Pictet, ed., *The Geneva Conventions of 12 August 1949, Commentary I: Geneva Convention for the Amelioration of the Condition of the Wounded and Sick in Armed Forces in the Field*, Geneva, ICRC, 1952, p. 51.

也可以“经具有文明人类所认为必需之司法保障的正规组织之法庭之宣判”，对叛乱分子“遽行判罪及执行死刑”[①]。《第二附加议定书》也规定，对犯有罪行的人，“遵照具备独立和公正的主要保证的法院定罪宣告”，可进行判刑和处罚。[②]因此，非国家主体尽可以“破罐子破摔”，选择不遵守战争法。换句话说，非国家主体遵不遵守适用于战争法，可能不会产生国际法意义上的实质区别，遵守不会改变非国家主体的法律地位，但不遵守，甚至是因严重违反而构成了战争罪，受到惩罚的可能性也不大。仅仅通过特设的国际刑事法庭，如前南刑庭、卢旺达刑庭和常设的国际刑事法院，以追究个人的国际刑事责任为手段，确保战争法的遵守可能作用十分有限，因为现实中，所有被诉犯下战争罪的嫌疑人中，实际定罪和受到刑事处罚的少之又少。

日内瓦四公约的起草者注意到了这一点，共同第三条规定，“冲突之各方应进而努力，以特别协定之方式，使本公约之其他规定得全部或部分发生效力”。也就是说，共同第三条设想的是在非国际性武装冲突的各方之间创造一个特别的法律机制，交战方共同选择在冲突中应该适用哪些人道法规范。然而，这种设想很少在现实中实现，尽管共同第三条明确规定特别协议不影响冲突各方之法律地位，但国家总是认为双边特别协议就意味着赋予签字的叛军一定程度的政治合法性，因此竭力避免。《第二附加议定书》中针对非国家主体进行非国际性武装冲突可能面临“横竖都是死”的处境，特意规定，“在敌对行动结束时，当权当局对参加武装冲突的人或基于有关武装冲突的原因而自由被剥夺的人，不论被拘禁或被拘留，都应给以尽可能最广泛的赦免”[③]。红十字国际委员会也注意到这一点，认为“作为非国际性武装冲突一方的武装团体成员，他们即便遵守了人道法，最终很可能还是会因参加了冲突而受到国内刑事追诉与严厉惩罚。考虑到这一点，这些人几乎没有遵守人道法的法律动机”，因此“赦免参与敌对行动的人可能有助于为武装团体成员提供遵守人道法的法律动机。

---

① 日内瓦四公约共同第三条第一款丁项。

② 《第二附加议定书》第6条第2项。

③ 《第二附加议定书》第6条第5款。

赦免可能还有助于促进和平谈判或开启冲突后的国家和解进程”，但当然，“战争罪或国际法中规定的其他罪行是不能被赦免的”①。这种做法实质上是互惠，即一方选择遵守国际人道法，另一方因此对其给予豁免，这也可能一定程度上解决非国家主体不遵守国际人道法的问题，因为如果严重违反国际人道法，不仅可能构成战争罪，也不可能受到赦免，反过来，违反国际人道法的行为越少，就越可能被赦免。但问题在于，如果非国家主体一方坚信自己会获胜而不是失败，或者根本没有设想过要“胜利”，而是将进行武装冲突视为目的，那么这个以互惠为基础的“尽量赦免”的规定，就可能会失去实际价值了。

四、小结

“战争法的大部分是人道考量。”②“二战”结束后，国际人道法受到国际人权法的影响，而二者在保护人类尊严与价值等共同关切事项上的重合，也预示着互惠，这个曾经在战争法的遵守机制中居于核心地位的概念，将不可避免地走向衰落。由于许多规范已经成为习惯法，以及国际人道法一般禁止报复，互惠在国际性和非国际性武装冲突中作用都已大大减弱，以至于“国际人道法已经失去绝大部分互惠的特征”③。国际人道法不是基于互惠，而是基于人道，互惠“与人道法的人道使命难以调和，而且实际上也被人道法移除，因为普遍参加条款早该寿终正寝了”④。战争法的国家中心主义及其产生的战争法的政治化“是当代人道法及其所要保护的易受伤害人群的最大威胁”⑤。因此，国际人道法

---

① 红十字国际委员会：《在非国际性武装冲突中促进遵守国际人道法》，红十字国际委员会2008年版，第28页。

② H. Lauterpacht, “The Limits of the Operation of the Law of War”, *British Year Book of International Law* 30, 1953, p. 213.

③ Gerald L. Neuman, “Humanitarian Law and Counterterrorist Force”, *European Journal of International Law* 14, 2003, p. 285.

④ Jan Klabbers, “Rebel with a Cause? Terrorists and Humanitarian Law”, *European Journal of International Law* 14, 2003, pp. 311~312.

⑤ Corri Zoli, “The God Gap in International Affairs: Missing Cross-Cultural Conversations in International Humanitarian Law and Islamic Jurisprudence”, *Florida Journal of International Law* 28, 2016, p. 301.

的遵守不能采取互惠的方式，不能允许在冲突一方不遵守的时候，另一方以此为由也不遵守。期待任何时候、任何一方都能够以同样的方式、同等程度地遵守规则是不现实的，而且，以互惠为前提、为条件适用国际人道法显然也背离了该法的人道本质，并最终危及对平民的保护。套用俾斯麦的话，“政治是一门追求次好的艺术”[①]，国际人道法也是一门追求次好的艺术，在最好的情况即禁止战争无法实现的情况下，追求减轻战争和武装冲突带来的灾难这个次好的目标。这就要求所有冲突方都应以人道精神为指引，尽量遵守国际人道法，从整体上减少人类因为武装冲突而遭受的苦难。

在强调人权保护的时代，国际人道法的国家本位做法的确有些不合时宜，也因此暴露出很多问题，受到了责难与非议。但是，也应该意识到，国际人道法的根本原则即区分战斗员和平民，恰恰就是来源于国家，经过国家授权、代表国家杀戮的人和未经授权、因此不能被故意杀害的人，在国家看来截然不同。因此，国际人道法尽管有程度不等、或多或少的问题，但这个名称本身就标志着这部分国际法对人权和人的价值的重视，这种时代精神明显有别于“战争法”的年代，彼时“强权即公理”，战争是国家间解决冲突的固有且合法的手段。

就当代武装冲突更多地发生于国家和非国家主体之间并因此产生了遵守国际人道法失衡而言，一方面当然应该考虑如何增加非国家主体遵守国际人道法的动机。除了明确直接参加敌对行动的概念和含义，将战俘地位和遵守国际人道法与否连接起来可能缓解非国家主体不遵守国际人道法的问题。也就是说，将战俘地位和战斗员地位相分离，区分遵守国际人道法的非国家主体成员和不遵守国际人道法的非国家主体成员，前者可以获得战俘地位，后者则不可以。不过，这种方式的问题很可能和直接参加敌对行动一样，需要一事一议才能确定。另一方面也要认识到，遵守包括国际人道法在内的国际法，不仅会产生法律上的影响，更会产生道德、政治等方面的影响。国家区别于恐怖组织“进行战争的方式在于，前者战斗时尊重法律，后者战斗时违反法律。当局战斗的道

---

① 这句话的英文原文是“Politics is the art of the possible, the attainable — the art of the next best”。

德力量和实质正当理由取决于遵守国家的法律：放弃这种力量和正当理由，当局就正中敌人的下怀。道德武器与其他任何武器同样重要，甚至还要强于这些武器，而没有比法治更有道德、更有效的武器”①。事实和历史证明，违反战争法不会带来战略优势，带着道德感而战的一方，尊重法律、像“职业人士”那样行事，胜利的时候更多。②

第二节　非国家武装团体遵守国际人道法的障碍与路径

如今，非国际性武装冲突成为冲突的主要形态，国际人道法规则的遵守更多的是取决于冲突的非国家武装团体一方。然而，“因为与其整体战略相悖，进行当代武装冲突的非国家主体不可能自愿遵守国际人道法。而且，没有相互利益关系的话，自愿遵守也不可能存在”③。国际人道法的条约中根本没有非国家武装团体的定义，但正是这些主体活跃在战场上，它们种类多样，“差别极大，既有高度集权的团体（等级森严、具备有效的指挥系统与通信能力），也有权力分散的团体（半独立或分裂的小集团在不明确的领导构架下各自为政）。不同团体对于领土控制的程度、训练成员的能力以及对违反人道法的成员采取的纪律或惩罚措施也有所不同”④。非国家武装主体遵守国际人道法的障碍，主要体现在被排除于国际人道法规则的制定过程，以及习惯国际人道法的发展对其重视程度也不够。

---

① *HCJ 320/80 Kawasma v. Minister of Defence* [*1981*] *IsrSC 35*（*3*）, p. 132.

② P. W. Singer, “The Five Deadly Flaws of Talking about Emerging Military Technologies and the Need for New Approaches to Law, Ethics, and War”, in Peter L. Bergen and Daniel Rothenberg, eds., *Drone Wars: Transforming Conflict, Law, and Policy*, New York, Cambridge University Press, 2015, p. 225.

③ M. Cherif Bassiouni, “The New Wars and the Crisis of Compliance with the Law of Armed Conflict by Non-State Actors”, *Journal of Criminal Law and Criminology* 98, 2008, p. 769.

④ 红十字国际委员会：《在非国际性武装冲突中促进遵守国际人道法》，红十字国际委员会2008年版，第11页，第28页。

一、非国家武装团体缺乏对国际人道法的归属感

国际社会向来要求非国家武装团体尊重并实施国际人道法，并对其严重违反行为进行谴责与制裁，这本身并没有什么错。然而，从国际人道法的制定和发展过程来看，非国家武装主体几乎总是被排除在外，但又一直被要求去实施，这就产生了问题。如果实施国际人道法的压力或者动力一直都来自外界，比如，国家或国际组织，是以一种不情愿、被强迫的方式，并且非国家武装团体本身又缺乏对国际人道法的归属感，那么其遵守国际人道法的情况不理想，实属自然。

首先，非国家武装团体没有参与起草日内瓦四公约及其两个附加议定书的过程，这可能是此种团体遵守和实施国际人道法的先天障碍，因为完全被排除在规则制定过程之外，而制定的规则又要求它们遵守，会产生一种天然的不公平感。不过实际上，在日内瓦四公约的起草过程中，的确考虑过邀请非国家武装团体参与。1946年红十字国际委员会为筹备起草日内瓦四公约而召开的国内红十字会预备会议上，曾提议“在内战中，当事方应受邀来陈述它们准备好在互惠的基础上适用（日内瓦）公约的原则”，认为明确的宣言将会“鼓励当事方与人道主张结合，因此明显减少来自内战的苦难”[①]。但最终，非国家武装团体未能参加日内瓦四公约的讨论与通过，因为允许此类团体与国家坐在同一张桌子前讨论公约，无异意味着授予其一定程度的合法性，与此类团体正在发生冲突的国家当然竭力反对。1949年日内瓦外交会议也的确考虑过“叛乱分子是否会受其自身未签署的公约之法律约束”这样的问题，但最终，共同第三条不以互惠为前提。红十字国际委员会对此的看法，仍然主要是从国家的角度出发，认为如果叛乱分子能够以全部或部分代表国家方式有效行使主权，当其所建立的政府受到国际社会承认时，只有按照公约规定的退出程序，才可以停止公约的适用，而如果叛乱分子不适用共同第三条，“就会证明视其行为为纯粹的

---

① Jean S. Pictet, ed., *The Geneva Conventions of 12 August 1949, Commentary I: Geneva Convention for the Amelioration of the Condition of the Wounded and Sick in Armed Forces in the Field*, Geneva, ICRC, 1952, p. 41.

无政府状态或抢劫的人观点是对的”[①]。总之，对非国家主体来说，无论是遵守日内瓦四公约共同第三条还是《第二附加议定书》，遵守只是一项纯粹的义务，是不能寻求互惠的，而遵守所可能产生的唯一好处就是不被视为纯粹的罪犯。

其次，习惯国际人道法规则的形成和确认，也没有重视非国家武装团体。红十字国际委员会在其《习惯国际人道法》研究中，在证明具体规则成为习惯国际法时，所列举的材料按先后顺序分别是“条约和其他文件”“国家实践”“国际组织和会议的实践”“国际司法和准司法机构的实践”“国际红十字和红新月运动的实践”，最后也是第六个是“其他实践”，各种非国家主体包括非国家武装团体的实践均在此列。[②]也就是说，非国家武装团体的行为对于确定习惯国际人道法有点作用，但又明显不如国家的实践重要，可是也不能直接忽略。这其中的原因，可能跟国际人道法规则制定过程中国家不愿让非国家武装团体参与如出一辙，不过，从另一个角度来看，即使在确定习惯国际人道法时充分考虑非国家武装团体的实践，也存在一系列实际问题，因为国家之间至少在主权上是平等的，而非国家武装团体，如前所述，种类繁多差别巨大，在国际人道法中地位并不一致，例如，根据《第二附加议定书》第一条，有“持不同政见的武装部队”和“其他有组织的武装集团”两类，但必须满足若干条件才能够具有此种地位，即“在负责统率下对该方一部分领土行使控制权，从而使其能进行持久而协调的军事行动并执行本议定书”，现实中无法满足或部分满足《第二附加议定书》所规定的高标准的非国家武装团体很多，而这些团体确确实实活跃在武装冲突中。因此，对于习惯国际人道法的形成，应考虑哪个武装团体的实践？其实践有多大分量？其实践与国家实践相比，效力如何？如果其实践与国家实践不一致，又该如何处理？要回答这些问题，需要重新审视包括武装团体在内的非国家主体在国际法中的地位和作用，以及习惯国际法的

① Jean S. Pictet, ed., *The Geneva Conventions of 12 August 1949, Commentary I: Geneva Convention for the Amelioration of the Condition of the Wounded and Sick in Armed Forces in the Field*, Geneva, ICRC, 1952, p. 52.

② Jean-Marie Henckaerts and Louise Doswald-Beck, eds., *Customary International Humanitarian Law: Practice*, Cambridge, Cambridge University Press, 2005.

确定方式，而现有的国际法对此远没有做好准备。

二、非国家武装团体遵守国际人道法的传统方式

尽管如此，非国家武装团体的确通过各种方式、在不同程度上遵守了国际人道法，比如，国家和非国家武装团体之间缔结了一些双边协定，这些团体还发布了一些单方声明和行为准则，在这些过程中，非国家武装团体常常是以一种主动、积极的姿态而不是被迫参与，这增强了此类团体遵守国际人道法的动力和可能性。武装冲突期间，冲突方之间缔结关于国际人道法的协定最著名的例子当数1992年5月22日，波斯尼亚和黑塞哥维那共和国，塞尔维亚民主党、民主行动党，克罗地亚民主共同体各方代表就发生在波斯尼亚和黑塞哥维那共和国境内的冲突缔结的特别协议。协议文本第1条完整援引了日内瓦四公约共同第三条，并将其作为一般原则，要求当事方承诺和确保尊重，各方还同意实施其他关于保护伤者、病者和遇船难者、医院和其他医疗队、平民居民、被俘的战斗员等规定，日内瓦四公约或其附加议定书的具体条款，只要与此相关，均在援引之列。[①]不过，即便有了这样一份特别协议，由于复杂的战场形势和政治角力等因素，虽然“其内容是有教育意义的”，但“从阻止违法的角度看，协议的作用有限”[②]。

然而，大部分时候冲突方并不愿意坐在一起达成特别双边协定，因此，单边声明一方愿意遵守国际人道法规则更常见。单边声明可以援引共同第三条，例如，1956 年阿尔及利亚民族解放阵线发表的单边声明即是如此，或者像1989 年萨尔瓦多法拉本多·马蒂民族解放阵线（Frente Farabundo Martí para la Liberación Nacional，FMLN）和1991年菲律宾民族民主阵线那样，发表的单

① 马尔科·萨索利、安托万·布维耶：《战争中的法律保护》（第2卷）（第2版），红十字国际委员会2010年版，第1756~1760页。

② 红十字国际委员会：《在非国际性武装冲突中促进遵守国际人道法》，红十字国际委员会2008年版，第17页，第28页。

边声明同时援引了共同第三条和《第二附加议定书》。[①]如果不能达成双边协定，或者不能或不愿进行单边声明，通过在冲突方的行为准则里引入国际人道法有关规定，也可以促进非国家武装团体对国际人道法的遵守。非国家武装团体行为准则里最著名的例子，是中国人民解放军发布的“三大纪律八项注意”，前南刑庭在塔迪奇案的判决中，就引用了“三大纪律八项注意”。[②]

三、促进非国家武装团体遵守国际人道法的新路径

如上所述，越来越多的国际人道法条约和习惯国际人道法开始调整非国际性武装冲突，但无论是条约还是习惯法都没有充分考虑过非国家武装团体的参与。另一方面，非国家武装团体缔结的双边协定、发布的单方声明和行为准则持续出现，尽管常常不具有任何正式的国际法地位或效力。国际人道法的运行，似乎是在两个平行的层面各自展开的。此外，要促进非国家武装团体对国际人道法的遵守，关键是要“防患于未然”，考虑如何增加其遵守的动机，而不是等违反行为实际发生后，再通过对其进行惩罚而以儆效尤。近期出现的两种做法，代表了今后促进非国家武装团体遵守国际人道法的两种可能路径。

第一，“日内瓦呼吁”（Geneva Call）的承诺书（Deeds of Commitment）模式。日内瓦呼吁是一家成立于2000年、总部位于瑞士日内瓦的非政府组织，它的宗旨是提高“武装非国家主体”（Armed Non-State Actors，ANSAs）对国际人道法规则的尊重，来加强对武装冲突中对平民的保护[③]，其工作思路是“挑选最有潜力对保护平民产生积极人道影响”的武装非国家主体并与其接触[④]，通过经常的接触和有关国际人道法规范的培训，提高这些主体“对国际人道规范的

---

① 红十字国际委员会：《在非国际性武装冲突中促进遵守国际人道法》，红十字国际委员会2008年版，第20页，第28页。

② *Prosecutor v Tadić*, No IT-94-1-AR72（Decision on the Defence Motion for Interlocutory Appeal on Jurisdiction）（2 October 1995）, para. 102. 不过由于对有关历史事实不甚了解，前南刑庭以为1947年中国人民解放军才颁布“三大纪律八项注意”，也将其作为国家实践，但众所周知，中华人民共和国1949年10月1日才成立，而1947年，中国人民解放军的实践显然也不能成为中华民国的实践。

③ Geneva Call, “Mission”, https://www.genevacall.org/mission/, May 10, 2020.

④ Geneva Call, “What we do”, https://www.genevacall.org/what-we-do/, May 10, 2020.

意识，并使其信服遵守这些规范的价值”，一旦时机成熟，武装非国家主体就可以采取承诺书、单方声明、内部规则规章、双边或多边协定等方式，表明其愿意遵守国际人道法规范。[①]当然，日内瓦呼吁的大部分做法与历史更悠久、在国际人道法领域声誉卓著的红十字国际委员会的实践相比，谈不上新鲜。红十字国际委员会多年来一直在跟各种各样的非国家武装团体接触，红十字国际委员会也建议，由于武装团体不能正式签署或批准人道法条约，在非国际性武装冲突中，可以选择采取缔结特别协议、做出单边声明、将人道法纳入武装团体的行为守则、将人道法纳入停火或和平协定这四种法律手段，做出“明确承诺”（express commitment），表明其遵守人道法的意愿或打算，从而促进冲突各方遵守国际人道法。[②]

然而，承诺书是日内瓦呼吁在促进非国家主体遵守国际人道法这个问题上最值得重视的手段，而且这个做法比红十字国际委员会更进一步。承诺书是“武装非国家主体的政治和军事领导层签署、日内瓦州作为保管者会签的标准化单方声明。所有承诺书都复制了关于具体主题的国际标准，并包含积极和消极义务”，最关键的地方是“承诺书中包括允许日内瓦呼吁监测遵守情况的具体条款”[③]。红十字国际委员会虽然经常邀请或主持武装冲突各方谈判关于国际人道法的特别协议，例如，前述1992年波黑各方特别协议就是在红十字国际委员会邀请下实现的，1962年在也门和1967年在尼日利亚签订的承诺遵守1949年日内瓦四公约的协议也都由红十字国际委员会主持谈判，甚至有时也会以双边且保密的形式要求武装团体发表愿意遵守人道法的书面声明[④]，但是，红十字国际委员会一般都避免直接与非国家武装团体签订协议，而日内瓦呼吁恰恰相反，它与非国家武装团体签署了大量的承诺书。2000年日内瓦呼吁成立伊始，

---

① Geneva Call, “How we work” , https://www.genevacall.org/how-we-work/, May 10, 2020.

② 红十字国际委员会：《在非国际性武装冲突中促进遵守国际人道法》，红十字国际委员会2008年版，第16~27页，第28页。

③ Geneva Call, “How we work” , https://www.genevacall.org/how-we-work/, May 10, 2020.

④ 红十字国际委员会：《在非国际性武装冲突中促进遵守国际人道法》，红十字国际委员会2008年版，第18~20页，第28页。

将禁止杀伤人员地雷作为工作重点，迄今为止，53个非国家武装团体与日内瓦呼吁签署了禁止杀伤人员地雷的承诺书，并采取了诸如销毁库存的执行措施；2004年，日内瓦呼吁开始关注性暴力，迄今已有25个非国家武装团体与日内瓦呼吁签署了关于在武装冲突中禁止性暴力的承诺书并采取了执行措施；2010年，日内瓦呼吁开始关注儿童，目前已有27个非国家武装团体与日内瓦呼吁签署了关于在武装冲突中保护儿童的承诺书，并采取了诸如遣散儿童兵的实施措施；日内瓦呼吁的最新关注是2018年发起的保护武装冲突中的医疗人员与设施，目前有1个非国家武装团体与日内瓦呼吁签署了该主题的承诺书。[①]

2014年，日内瓦呼吁召开第三次承诺书签署方会议，签署方和会议各自发布了宣言，这两份宣言都刻意尽量不提日内瓦四公约及其附加议定书，而代之以相关的日内瓦呼吁承诺书，也都特别强调“武装冲突的所有冲突方对国际人道规范的意识和所有权（ownership）对于提高遵守至关重要”[②]。根据日内瓦呼吁2013年12月公开的关于在武装冲突中保护儿童的承诺书模板[③]，以及2019年7月公开的关于禁止杀伤人员地雷的承诺书[④]和保护武装冲突中的医疗人员与设施承诺书[⑤]，可以发现承诺书都明确引用了日内瓦四公约共同第三条，载明承诺书不会影响非国家武装团体的法律地位。承诺书都规定了签署文件的非国家武装团体，应允许与配合日内瓦呼吁和其他有关的国际和国内独立组织在非国

① Geneva Call, “What we do”, https://www.genevacall.org/what-we-do/, May 10, 2020.

② “The Third Meeting of Signatories to Geneva Call’s Deeds of Commitment, Summary Report, 17– 20 November 2014”, https://www.genevacall.org/wp-content/uploads/2019/02/3rd-Meeting-of-Signatories-Report.pdf, May 10, 2020.

③ “Deed of Commitment under Geneva Call for the Protection of Children from the Effects of Armed Conflict”, https://www.genevacall.org/wp-content/uploads/dlm_uploads/2013/12/DoC-Protecting-children-in-armed-conflict.pdf, May 10, 2020.

④ “Deed of Commitment under Geneva Call for Adherence to a Total Ban on Anti-personnel Mines and for Cooperation in Mine Action”, https://www.genevacall.org/wp-content/uploads/2019/07/DoC-Banning-anti-personnel-mines.pdf, May 10, 2020.

⑤ “Deed of Commitment under Geneva Call for the Protection of Health Care in Armed Conflict”, https://www.genevacall.org/wp-content/uploads/2019/07/Deed-of-Commitment-for-the-protection-of-health-care-in-armed-conflict-final-version-4.pdf, May 10, 2020.

家武装团体活动的所有区域进行的监测和核查，出于“透明度和问责性”的考虑，还需要提供必要的信息和报告。根据承诺书的规定，非国家武装团体是否遵守承诺书，日内瓦呼吁只是有权公开此类情况，并无任何其他措施。如此看来，承诺书其实是非国家武装团体单边声明的一种特殊形式，本质上也是非互惠的，而其遵守模式类似国际人权机制中的“点名批评”（naming and shaming），虽然具有一定的舆论、道德和政治等方面的影响力，但不具有法律约束力。

第二，联合国安理会的“行动计划”（Action Plan）模式，主要涉及保护女性在武装冲突中免于性暴力及禁止在武装冲突中招募和使用儿童兵。2000年10月，联合国安理会通过了1325号决议，这是安理会通过的第一个要求武装冲突各方防止侵犯妇女和女孩权利的正式法律文件，并要求支持她们参加和平进程和冲突后重建。决议呼吁武装冲突各方“充分尊重适用于平民，尤其是妇女和女孩的权利和保护的国际法”，并列举了日内瓦四公约及其附加议定书、《罗马规约》和《消除对妇女一切形式歧视公约》等诸多国际条约，“呼吁武装冲突各方采取特别措施，保护妇女和女孩在武装冲突局势下免受基于性别的暴力，特别是强奸和其他形式的性凌虐以及所有其他形式的暴力”，并强调在可行时必须把“包括对妇女和女孩施加性暴力和其他暴力在内的战争罪负责者排除在大赦条款之外”①。2008年，联合国安理会通过1820号决议，要求武装冲突各方“立即彻底停止针对平民的一切性暴力行为”，并“立即采取适当措施，保护包括妇女和女孩在内的平民免受一切形式的性暴力”②。2009年，联合国安理会通过1888号决议，要求联合国秘书长任命一名特别代表处理武装冲突中的性暴力问题，并在征得东道国政府同意的情况下，“迅速部署专家组处理在武装冲突中的性暴力问题方面尤其值得关注的局势”③。同年的安理会1889号决议“再次呼吁武装冲突所有各方全面遵守与妇女和女童的权利和保护有关的国际法”，并

① S/RES/1325（2000）, paras. 9~11.

② S/RES/1820（2008）, paras. 2~3.

③ S/RES/1888（2009）, para. 4; para. 8.

"强烈谴责所有在武装冲突中和冲突后违反相关国际法侵害妇女和女童的行为，要求冲突所有各方立即停止这类行动"①。2010年的1960号决议有两个值得注意的地方。一是安理会直接呼吁武装冲突各方做出打击性暴力的承诺，即"吁请武装冲突各方做出并履行打击性暴力行为的具体和有时限的承诺，承诺除其他外，应包括通过指挥系统发布禁止性暴力的明确命令，并在《行为守则》、野战手册或相应的文件中禁止性暴力；还吁请各方做出并履行关于及时调查所述侵害行为的具体承诺，以追究有侵害行为的人的责任"。二是授权联合国秘书长监测武装冲突中的性暴力行为，即"请秘书长追踪和监测在安全理事会议程所列武装冲突中一再实施强奸或其他形式性暴力行为的当事方履行这些承诺的情况，并通过相关报告和情况通报会，定期向安理会报告最新情况"②。安理会随后通过的一系列决议，也都重申了保护武装冲突中妇女和女孩免于性暴力的立场。③2016年，安理会成立"妇女、和平与安全问题非正式专家小组"，以便安理会在自己的工作中更加系统地处理妇女、和平与安全问题，加强对执行工作的监督与协调④，此后该工作组与安理会保持了经常的工作联系。

在禁止在武装冲突中招募和使用儿童兵方面，安理会起步略早，而且成立了专门的工作组监测儿童与武装冲突问题。1999年8月，安理会通过1261号决议，要求武装冲突各方"严格遵守其国际法义务"，特别是日内瓦四公约及其附加议定书以及《联合国儿童权利国际公约》，"敦促武装冲突各方采取特别措施保护儿童，尤其是女童"，"确保终止在武装冲突中违反国际法招募和使用儿童的行为"⑤。2004年，安理会通过1539号决议，授权联合国秘书长"制订一项建立系统、全面的监测和汇报机制的行动计划……及时就违反适用的国际法招募和使用儿童兵的行为及其他对受武装冲突影响的儿童实施的侵犯和虐待行为提供客观、准确、可靠的信息，以供考虑采取适当行动"，并"拟订一项有具

---

① S/RES/1889（2009）, paras. 2~3.

② S/RES/1960（2010）, paras. 5~6.

③ 如S/RES/2106（2013）、S/RES/2122（2013）、S/RES/2242（2015）、S/RES/2245（2015）等。

④ S/RES/2242（2015）, para. 5.

⑤ S/RES/1261（1999）, para. 3; para. 10; para. 13.

体时限的行动计划，以停止违反对其适用的国际义务招募和使用儿童”①。2005年，根据安理会1612号决议，儿童与武装冲突问题监测和报告机制行动计划付诸实施，并成立由安理会所有成员组成的安全理事会工作组，审议行动计划提交的报告并决定可能采取的措施，秘书长每年应向安全理事会报告关于实施该机制情况的独立审查的结果和建议。此外，还强调“联合国实体为保护儿童和与之建立联系，在监测和报告框架内同非国家武装集团开展的对话，必须在和平进程（倘若有这种进程）和联合国与有关政府之间的合作框架范围内进行”②。2006年，安理会通过1674号决议，重申要求武装冲突各方停止基于性别的暴力和性暴力以及招募和使用儿童兵等行为。③和对待性暴力问题一样，安理会也强调“大赦法和其他类似规定要把侵害儿童的……滔天罪行排除在外”④，随后通过的一系列决议中也都重申对武装冲突中儿童的保护⑤。

应该说，安理会在保护武装冲突中的儿童权利方面，特别是在禁止招募和使用儿童兵问题上取得的成就，超过了其在武装冲突中保护妇女和女孩的成就，这并非否定或者批判安理会在武装冲突中保护妇女和女孩方面付出的努力，只是相比之下，禁止招募和使用儿童兵进展更大。联合国儿童与武装冲突问题行动计划是联合国秘书长在儿童与武装冲突问题年度报告中所列出的冲突方与联合国签署的书面承诺，规定了有时间限制的各种具体措施，例如，要求冲突方宣告招募和使用儿童兵构成犯罪，发布命令终止和防止招募儿童兵，调查和起诉招募及使用儿童兵的人，释放所有儿童兵并帮助其重新融入社会等。⑥签署行动计划后，联合国会发布行动计划参与方名单，经联合国确认冲突方已执行了所有要求后，会将冲突方从名单中移除。自联合国儿童与武装冲突问题行动计划宣布实施后，共有32个冲突方和联合国签署了行动计划，尤其值得注

① S/RES/1539（2004）, para. 2; para. 5（a）.

② S/RES/1612（2005）, para. 2; para. 3; para. 8.

③ S/RES/1674（2006）, para. 5.

④ S/RES/2143（2014）, para. 11.

⑤ 如S/RES/1882（2009）、S/RES/1998（2011）、S/RES/2068（2012）、S/RES/2225（2015）、S/RES/2427（2018）等。

⑥ “About Us”, https://childrenandarmedconflict.un.org/about-us/, May 15, 2020.

意的是，其中只有12份来自政府军，另外20份都来自非国家武装团体，其中12个非国家武装团体完全遵守了其承诺而被移出名单，另外8个已经停止存在。截至2019年6月，共有16个儿童与武装冲突问题行动计划正在实施，涉及中非共和国、苏丹、南苏丹等11个国家。[①]监测和报告机制则是行动计划最重要的组成部分，对于促进包括非国家武装团体在内的冲突方遵守国际人道法意义十分重大，联合国秘书长不仅每年向安理会报告儿童与武装冲突的监测与实施情况，还会报告具体国家儿童与武装冲突的监测与实施情况，例如，索马里、哥伦比亚、也门、伊拉克、阿富汗、叙利亚等国。如果武装冲突各方没有准备行动计划或者不遵守行动计划，安理会则"考虑通过针对具体国家的决议，实施目标明确和逐步升级的措施，例如，禁止向那些拒绝进行对话、没有制订行动计划或没有履行其行动计划所载承诺的各方出口或供应小武器、轻武器和其他军事设备，以及禁止军事援助"[②]。例如，2006年，安理会儿童与武装冲突问题工作组向安理会建议，"考虑对一再违反安全理事会关于儿童与武装冲突决议的刚果革命运动（刚果革运）领导人实行定向制裁"，并提请安理会制裁"叛乱领导人劳伦特·恩孔达（Laurent Nkunda）"[③]。

四、小结

非国家武装团体对国际人道法没有多少归属感，它们被排除于国际人道法的条约制定过程，习惯国际人道法的确定和发展也并不重视其实践。如果能从这两方面增强非国家武装团体对国际人道法的归属感，当然可能会产生"标本兼治"的效果，然而，这都涉及对国际法的产生方式、习惯国际法的确定方式、非国家主体在国际法中的地位等根本性的问题，国际法，包括国际人道法，还没有做好这种准备。设想以制定新的日内瓦四公约附加议定书的方式让国际人道法平等对待所有类型的武装冲突、以是否遵守国际人道法为标准来取

① "Action Plans", https://childrenandarmedconflict.un.org/tools-for-action/action-plans/, May 15, 2020.

② S/RES/1539（2004）, para. 5（c）.

③ A/61/529–S/2006/826, para. 124.

得战斗员和战俘地位等同样过于理想化。[①]更现实的途径是，梳理非国家武装团体已有的遵守国际人道法的主要模式，分析新出现的方式能否以及在多大程度上可以促进非国家武装团体对国际人道法的遵守。

非国家武装团体遵守国际人道法的传统方法主要是特别协议、单边声明、行为守则以及停火或和平协定这四种。武装冲突各方达成关于国际人道法的特别协议当然是一种比较好的做法，但实现的难度很大，它要求冲突方首先具有坐下来谈判的意愿，如果一方是国家另一方是非国家武装团体，国家常常担心特别协议就意味着赋予非国家武装团体某种合法性，所以在实践中，订立特别协议不如其他法律手段那么常见。非国家武装团体发表单边声明表示愿意遵守人道法规定的做法由来已久，这种做法难度相对小，因此比较普遍，不过有时武装团体是出于政治原因而发表单边声明的，这样一来，声明中所做承诺能被成功兑现的概率就微乎其微了，而且声明本身往往也都比较抽象和宽泛。非国家武装团体的行为守则实用性更强，因为它意味着将具体的国际人道法规则付诸实际行动，而且武装团体领导层主动制定或赞同一项行为守则，在一定程度上表明了其认可的态度以及对保证守法的承诺，与被认为是从“外部”强加给他们的东西相比，遵守和执行“自己的”规则更能对武装团体成员的行为产生影响。和特别协议类似，将人道法纳入停火或和平协定需要出现一个特定的时机，实现的概率不如单边声明和行为守则大。

日内瓦呼吁的承诺书和联合国安理会的行动计划是促进非国家武装团体遵守国际人道法的新模式，也是两种不同的路径，从性质上说，前者是“平等的”路径，即非政府组织和其他民间团体、个人等与非国家武装团体接触，它们都不是国际法主体，也都没有强制力，这一点是平等的；后者则是“不平等的”路径，因为联合国是国际法主体，在国际社会拥有广为认可的权威，并可采取某些强制措施保证执行，而非国家武装团体并不是国际法主体，二者之间地位并不对等。二者覆盖范围也不一样，日内瓦呼吁的承诺书主要涉及杀伤人

① M. Cherif Bassiouni, “The New Wars and the Crisis of Compliance with the Law of Armed Conflict by Non-State Actors”, *Journal of Criminal Law and Criminology* 98, 2008, p. 808.

员地雷、禁止性暴力、保护儿童和医疗人员及设施等，而联合国安理会的行动计划主要集中在保护儿童以及妇女和女童。从援引的国际人道法规范来看，日内瓦呼吁的承诺书尽量避免提及各项国际人道法条约，以增强非国家武装团体对于规则的归属感，而联合国安理会的行动计划则明确援引各项有关国际人道法条约。这两种模式一致的地方在于，其基本思路都是保持和非国家武装团体的接触，通过接触来促进其遵守国际人道法。

日内瓦呼吁比红十字国际委员会"激进"的地方在于，它直接与非国家武装团体签署了大量的承诺书，并根据承诺书中的规定对非国家武装团体遵守承诺书的情况进行监测和核查，但没有保证实施的强制机制。因此，承诺书在本质上可被视为非国家武装团体单边声明的一种特殊形式。联合国安理会的行动计划也是联合国和武装冲突方直接签署的书面承诺，通过联合国各机构广泛而系统的监测和报告机制，每年都对签署行动计划的武装冲突方执行情况进行核查和评议，和日内瓦呼吁不同的地方在于，联合国安理会可以采取制裁措施，来确保武装冲突方执行行动计划。不过，以制裁措施来促进非国家武装团体遵守国际人道法的实际效果并非"立竿见影"，一些非国家武装团体常年出现在安理会所列武装冲突中严重侵害儿童的行为方名单里，例如，阿富汗的"哈卡尼网络"（Haqqani Network）、哥伦比亚的"民族解放军"（Ejército de Liberación Nacional）、中非共和国的"上帝抵抗军"（Lord's Resistance Army）、刚果的"民主同盟军"（Allied Democratic Forces）、索马里的"青年党"（Al-Shabaab）等。[①]在促进非国家武装团体遵守国际人道法事宜上，没有强制约束力的日内瓦呼吁的承诺书和有一定强制执行机制的联合国安理会的行动计划，究竟哪一个更有效，仍有待时间观察，但毫无疑问的是，只有通过保持和加强与这些武装团体的接触，促进其对国际人道法的遵守才有可能。

① 参见联合国秘书长关于儿童和武装冲突的年度报告，如A/73/907–S/2019/509、A/72/865–S/2018/465、A/72/361–S/2017/821、A/70/836–S/2016/360等。

结　论

现代战争形式多样，人员复杂，特征各异。国际法学界对当代武装冲突的整体概括十分匮乏，本研究认为从国际法的角度，当代武装冲突有主体平民化、手段非人化和遵约失衡化三大特征。

当代武装冲突中，主体平民化一方面是指非国家主体一方在战争和武装冲突中，其成员因为不满足战争法中战斗员的条件而无法具有战斗员地位，并因此按照战争法中的人员两分法被视为平民，这些平民又实际直接参加敌对行动；另一方面，国家一方在战争和武装冲突中，也常常让武装部队之外的人员，如情报人员和私营军事安保公司人员等，直接参加敌对行动或深度参与战斗行动。这从根本上挑战了战争法的一大基本假设，即战斗员和平民之间应该而且能够做出区分，战争法中许多具体的规则也都源自这个绝对原则，例如，平民和民用物体的保护、战俘地位、宗教和医疗人员的保护、预防措施等。毫无疑问，当战争为国家所垄断并只在国家间进行的时候，区分原则运行得足够好，总结了“一战”和“二战”教训的日内瓦四公约就是基于国家间的战争来界定战斗员和平民的权利义务，其暗含的前提是战斗员和平民是截然分离的、可清楚识别的群体，但很快，民族解放运动就暴露出这个前提已经不符合现实，战斗员和平民并不截然分离，识别起来也不容易。《第一附加议定书》进行了相应调整，但当代武装冲突进一步加剧了区分的难度，这种战争不再是传统的国家间的战争，很少发生身着制服的军队在大平原上列阵排开而平民则安全地待在远离前线的后方这样的场景。恰恰相反，现代战场上，从南亚的游击队和恐怖组织，到在伊拉克的美国私营军事安保公司，再到加沙地带的人盾，一系列非国家主体在战斗中起到主要作用，这些主体的法律地位完全不像之前那么清楚。现代战场常常位于城市或村镇中，军事行动往往是以巷战的方式进行，战斗员可以轻易地藏匿于平民之中，或者干脆与平民融合，而平民还主动或被动参与战斗。在网络空间中，平民参与网络攻击除了技术能力的要求，几乎没有其他限制。当代武装冲突中，主体平民化使得从理论上区分战斗员和平民也都越发困难，定点清除和人盾都涉及许多弹性很大或含义模糊的战争法原则、规则和概念，以至于就同一个事实可能有完全相反的判断。武装冲突中，进行定点清除的中央情报局人员和私营军事安保公司人员并不具有战斗员地位，他们同被清除的恐怖分子一样，都更应被视为直接参加敌对行动的平民，而美国使用的特征攻击和个性攻击标准不符合区分原则和比例原则，不能取代直接参加敌对行动。人盾自愿与否对于直接参加敌对行动、区分原则、比例原则和预防措施没有影响，没有必要区分，而且任何人盾一般都不构成直接参加敌对行动。战争法将战斗员地位完全分离于个人的角色和职能，不太符合逻辑，在实践中也不切实可行，战斗员地位应该充分考虑正式成员身份和职能之间的关系，最关键的是，直接参加敌对行动应有更清楚的指引。

当代武装冲突中，手段非人化一方面是指进行战斗不需要身临其境，半自主和自主武器系统将敌人非人化为图像和数字，而在网络空间，几乎一切都是代码和电波，“人”消失了；另一方面，未来的自主武器系统将可能具有某种主体地位，战争将可能是机器之间的战斗。手段非人化对战争法的挑战是前所未有的，可能完全颠覆以人为前提的战争法。无论是支持还是反对自主武器系统，都应避免陷入技术决定论的泥淖，争论的焦点不应放在假设的技术进步上，而应放在如何保持军事必要和人道平衡上，并适度考虑更深层的、超出法律范围的伦理和哲学问题，如让机器决定人的生与死是否道德。在可预见的将来，机器无法具有人的认知能力，更无法进行区分原则和比例原则这样强调定性、主观居多的判断，适用国际人道法原则和规则显然不是进行简单的数学计算。寄希望于通过《第一附加议定书》第36条规定的新武器审查的义务来规制自主武器系统，显然过于乐观，实际上迄今为止，只有极少数的国家进行了此类审查，而且国家没有义务披露有关信息。让机器承担违反战争法的责任毫无意义，这样做完全是转移焦点，要解决的是哪个人或哪类人应该承担战争罪。暂停自主武器系统的研发听起来比较可行，但根本的问题在于缺乏有效的执行与核查机制。应当以无法遵守区分原则和比例原则为主要根据，将自主武器系统界定为本身非法的武器禁止使用，这样既可以避免更棘手的责任问题出现，也防患于未然，防止自主武器系统对人类的威胁大到难以应对。和自主武器系统可能具有主体地位并使归责成为难题不同，网络战和网络攻击可能无法区分战斗员和平民、军事目标和民用物体，或者区分难度太大。网络空间的虚拟性、即时性、匿名性、无界限和互联互通等特点，意味着网络本身就因为军民两用或者军用网络无法与民用网络分开而成为军事目标，而国际法学界在讨论网络空间问题时，由于相关技术知识的欠缺，往往表现出惊人的天真，分析问题或提出建议时常常不切实际。如果区分网络空间的物体是军用还是民用还有一些基本的线索可言，如某个网络是控制交通信号灯、某个网络是传输军事卫星的数据等，区分网络空间的人是战斗员还是平民几乎没有意义，在技术上也不可行。已有的讨论似乎都想象的是交战双方进行网络攻击的人员在一个房间里操作电脑，彼此看得见对方，然后声称是否佩戴可识别标志、是否公开携带武器等标准是判断此类人员战斗员地位的依据。这忽略了网络攻击的特点，因为首先在网络空间中并不存在具体的人，具体的人是谁也根本不影响网络攻击的效果。同时，网络行为的归因分为技术上和法律上两步，即技术上能确定网络攻击源于某一个主体，法律上能确定该行为可归于国家，这些如果不是不可能，也极为困难。

当代武装冲突中，遵约失衡化是指国家一方在战争和武装冲突中遵守战争法规惯例，而非国家主体作为另一方故意选择不遵守战争法规惯例以获取行动上的优势。产生和发展于国家中心主义时代的战争法，暗含的前提是国家根据对其他国家遵守战争法的期待而去遵守战争法，即正向的互惠，同理，当一个国家不遵守战争法时，另一个国家可以进行报复迫使对方停止违法行为，即反向的互惠。然而，一方面，战争法在“二战”之后越来越强调对人权的保护，军事必要和人道精神之间的平衡越来越倾向于后者，“一战”后的战争法抛弃了普遍参加条款，“二战”后的战争法甚至连名称都变成了国际人道法。另一方面，许多原则和规则已经具有习惯国际法的地位，互惠对于保证战争法实施的作用大大削弱，而且随着报复被一般禁止，反向互惠也失去可能。在非国际性武装冲突中，互惠的作用更加微弱。对非国家主体而言，没有参加战争法的制定和发展，但又一直被要求去遵守和实施，战争法无疑意味着外来的、强加的包袱，非国家主体或是觉得自己不受战争法约束，或是觉得没有能力去通过遵守战争法而受益，或者益处大于代价。尽管越来越多的条约和习惯法开始调整非国际性武装冲突，但无一充分考虑过非国家主体的参与，尽管非国家主体缔结了双边协定、发布了单方声明和行为准则以示遵守战争法，但常常不具有任何正式的国际法地位或效力。要促进非国家主体遵守战争法，关键是要增加其遵守的动机，而不是惩罚其违法行为。日内瓦呼吁的承诺书方式和联合国安理会的行动计划方式代表了未来促进非国家主体遵守战争法的新路径，二者都通过与非国家主体保持接触来促进其遵守战争法，都有监督措施，但后者由于是国际法主体与非国家主体之间的不平等模式，因此有制裁手段，前者是非国际法主体之间的平等模式，没有此等办法；前者所涉领域范围较大，但刻意不提及战争法规则，后者范围虽小，但明确援引有关战争法条约。二者孰高孰低，仍有待时间的检验。相比当代武装冲突的前两个特征，遵约失衡化给战争法的挑战可能最小，当然，解决遵约失衡化十分重要，但应该思考，战争法的首要目标究竟是让国家合法进行战争，还是减少战争的伤害以进行人道保护？也许这是一个硬币的两面，但何者优先能反映出基本立场的不同。如果考虑到战争从未公平过这么一个事实，那么遵约失衡化给国家和非国家主体带来的不公平感，只是这个时代战争不公平的表现之一。假如这个说法成立，至少国家不应该继续抱怨非国家主体没有同等遵守战争法，毕竟，互惠在战争法中几乎已无立足之地。

当代武装冲突并不意味着战争法已经过时或者无力应对，虽然战争法的确需要进一步明确某些模糊不清的原则和规则，特别是区分原则和比例原则的具体内涵，以及战斗员、平民和直接参加敌对行动等概念的确切含义，但是，要切忌“歧路亡羊”，面对复杂多变的情形，必须找到正确的方向才能避免误入歧途。对出现的新问题总是倾向于制定新的规则或缔结新的条约，暗含着“新的就是好的”这么一种假定，这和自主武器系统支持者“大量信息就是好的信息”或“运算更快因此更好”的逻辑一样，将两个不具有必然联系或因果关系的事物连接在一起，而且，这也忽略了上述战争法原则和概念的另一个特点，即模糊性和不确定性恰恰保证了其持久的生命力和普遍的适用性。战争法需要进一步发展，也需要增加新的规则，但应优先考虑的是如何将已有的战争法适用于新的现实情况，在可能的情况下，再去谈判缔结新的条约。同时，战争法不能成为量子力学，其原则必须保持必要的弹性，而规则和制度不能复杂到连学者都难以厘清，毕竟，战争法几乎完全是靠士兵和将军来遵守和执行。正如1945年设在德国汉堡审判战犯的英国军事法庭所言，“很明显，没有水手和士兵可以随身带着一个国际法的图书馆，或者能立即找到该领域的教授告诉他某个具体的命令是否合法”[①]。

---

① British Military Court, Hamburg, *The Peleus Trial, 17th-20th October 1945*, p. 12.

参考文献

一、中文部分

（一）著作类

1.［德］克劳塞维茨：《战争论》（第1卷），中国人民解放军军事科学院译，商务印书馆1982年版。

2.［德］克劳塞维茨：《战争论》（第3卷），中国人民解放军军事科学院译，商务印书馆1982年版。

3.［德］乌维·维瑟尔：《欧洲法律史——从古希腊到〈里斯本条约〉》，刘国良译，中央编译出版社2016年版。

4.［法］保罗·维利里奥：《战争与电影》，孟晖译，南京大学出版社2011年版。

5.［美］斯塔夫里亚诺斯：《全球分裂：第三世界的历史进程》（上册），迟越等译，商务印书馆1993年版。

6.［西］胡安·卡洛斯·洛萨达·马尔瓦莱斯：《从投石索到无人机：战争推动历史》，宓田译，中国社会科学出版社2019年版。

7.［英］F. H. 欣斯利编：《新编剑桥世界近代史》（第11卷），中国社会科学院世界历史研究所组译，中国社会科学出版社1987年版。

8.［英］杰里米·布莱克：《军事革命：1550—1800年的军事变革与欧洲社会》，李海峰、梁本彬译，北京大学出版社2019年版。

9.［英］托马斯·莫尔：《乌托邦》，戴镏龄译，商务印书馆1982年版。

10.［英］约翰·基根：《战争史》，林华译，中信出版股份有限公司2015年版。

11. 曾华锋、石海明：《制脑权：全球媒体时代的战争法则与国家安全战略》，解放军出版社2014年版。

12. 曾令良主编:《21世纪初的国际法与中国》,武汉大学出版社2005年版。

13. 方滨兴主编:《论网络空间主权》,科学出版社2017年版。

14. 何志鹏:《国家利益维护:国际法的力量》,法律出版社2018年版。

15. 红十字国际委员会:《国际人道法中直接参加敌对行动的解释性指南》,红十字国际委员会2009年版。

16. 红十字国际委员会:《在非国际性武装冲突中促进遵守国际人道法》,红十字国际委员会2008年版。

17. 黄德明主编:《国际人道法若干问题研究》,武汉大学出版社2013年版。

18. 黄惠康:《中国特色大国外交与国际法》,法律出版社2019年版。

19. 黄志雄、郭阳主编:《国际人道法前沿问题研究》,中国政法大学出版社2012年版。

20. 黄志雄主编:《网络空间国际规则新动向:〈塔林手册2.0版〉研究文集》,社会科学文献出版社2019年版。

21. 黄志雄主编:《网络主权论——法理、政策与实践》,社会科学文献出版社2017年版。

22. 贾兵兵:《国际公法:和平时期的解释与适用》,清华大学出版社2015年版。

23. 贾兵兵:《国际公法:理论与实践》,清华大学出版社2009年版。

24. 林学忠:《从万国公法到公法外交:晚清国际法的传入、诠释与应用》,上海古籍出版社2009年版。

25. 马尔科·萨索利、安托万·布维耶:《战争中的法律保护》(第2卷)(第2版),红十字国际委员会2010年版。

26. 乔良、王湘穗:《超限战》(十五周年纪念版),长江文艺出版社2014年版。

27. 盛红生、肖凤城、杨泽伟:《21世纪前期武装冲突中的国际法问题研究》,法律出版社2014年版。

28. 唐启华:《巴黎和会与中国外交》,社会科学文献出版社2014年版。

29. 王健编:《西法东渐——外国人与中国法的近代变革》,中国政法大学出版社2001年版。

30. 杨泽伟:《国际法史论》，高等教育出版社2011年版。
31. 杨泽伟:《中国国家权益维护的国际法问题研究》，法律出版社2019年版。
32. 张卫明:《晚清对外交涉中的国际法运用》，人民出版社2016年版。
33. 赵白鸽主编:《中国国际人道法：传播、实践与发展》，人民出版社2012年版。
34. 朱路:《昨日重现：私营军事安保公司国际法研究》，中国政法大学出版社2017年版。
35. 朱文奇:《国际人道法》，中国人民大学出版社2007年版。

（二）论文类

1. 畅红:《浅析阿富汗普什图瓦里的内涵与功能》，载《世界民族》2018年第1期。
2. 董青岭:《新战争伦理：规范和约束致命性自主武器系统》，载《国际观察》2018年第4期。
3. 管建强、郑一:《国际法视角下自主武器的规制问题》，载《中国海洋大学学报》（社会科学版）2020年第3期。
4. 郭晓兵:《中国为什么要加入〈武器贸易条约〉》，载《世界知识》2019年第21期。
5. 韩健青:《打赢未来战争靠什么?》，载《中国科技信息》1998年第13期。
6. 何蓓:《困境与出路：论马尔顿条款在国际法中的地位和适用》，载《武大国际法评论》2017年第4期。
7. 何志鹏、都青:《从自由到治理：海洋法对国际网络规则的启示》，载《厦门大学学报》（哲学社会科学版）2018年第1期。
8. 何志鹏:《论中国国际法心态的构成因素》，载《法学评论》2014年第1期。
9. 黄志雄:《2011 年“伦敦进程”与网络安全国际立法的未来走向》，载《法学评论》2013年第4期。
10. 黄志雄:《国际法在网络空间的适用：秩序构建中的规则博弈》，载《环球法律评论》2016年第3期。
11. 黄志雄:《论网络攻击在国际法上的归因》，载《环球法律评论》2014年第5期。
12. 黄志雄:《网络空间负责任国家行为规范：源起、影响和应对》，载《当代法学》2019年第1期。

13. 蒋圣力:《外层空间军事化及其国际法规制的模式和路径》，载《北京理工大学学报》(社会科学版)2017年第1期。
14. 李鸣:《当代国际法的发展：人权定向对主权定向》，载《武大国际法评论》2011年第2期。
15. 李寿平:《外空安全面临的新挑战及其国际法律规制》，载《山东大学学报》(哲学社会科学版)2020年第3期。
16. 梁西:《国际法的危机》，载《法学评论》2004年第1期。
17. 刘杨钺、杨一心:《网络空间"再主权化"与国际网络治理的未来》，载《国际论坛》2013年第6期。
18. 刘正:《网络战的国际法应对》，载《山东社会科学》2006年第3期。
19. 罗孝如:《"禁核条约"因何遭一致反对》，载《解放军报》2018年11月5日。
20. 毛维准、卜永光:《负责任主权：理论缘起、演化脉络与争议挑战》，载《国际安全研究》2014年第2期。
21. 齐爱民、祝高峰:《论国家数据主权制度的确立与完善》，载《苏州大学学报》(哲学社会科学版)2016年第1期。
22. 邵沙平、黄颖:《新多边主义时代中国国际法的使命》，载《暨南学报》(哲学社会科学版)2011年第1期。
23. 邵怿:《网络空间自卫权与国际法的规制考量》，载《国际论坛》2017年第5期。
24. 苏金远、朱莉欣:《外层空间的军备控制与环境保护》，载《北京理工大学学报》(社会科学版)2012年第2期。
25. 王国语:《外空、网络法律属性与主权法律关系的比较分析》，载《法学评论》2019年第5期。
26. 王国语:《外空活动中的网络安全国际规则探析》，载《当代法学》2019年第1期。
27. 王孔祥:《计算机网络攻击的法律规制》，载《西安政治学院学报》2013年第3期。
28. 王孔祥:《平民参与网络战的法律问题及其规制》，载《法治研究》2013年第5期。

29. 王孔祥：《区分原则在网络战中的适用》，载《国际安全研究》2013年第1期。
30. 王孔祥：《信息战中的中立原则》，载《法学评论》2009年第5期。
31. 王岩：《适用于网络空间行动的国际法》，载《武大国际法评论》2019年第6期。
32. 徐崇利：《人道主义干涉：道德与政治"合法婚姻"的产儿?——以北约空袭利比亚为例的分析》，载《法商研究》2011年第4期。
33. 杨宽：《论国际人道法在外空武装冲突中的适用》，载《人大法律评论》2018年第1期。
34. 余民才：《自卫权适用的法律问题》，载《法学家》2003年第3期。
35. 俞正山：《对国际人道法基本原则及其研究的几点看法》，载《西安政治学院学报》2010年第5期。
36. 张晓君：《网络空间国际治理的困境与出路——基于全球混合场域治理机制之构建》，载《法学评论》2015年第4期。
37. 张新宝、许可：《网络空间主权的治理模式及其制度构建》，载《中国社会科学》2016年第8期。
38. 朱磊：《论国际法上的反措施在网络空间的适用》，载《武大国际法评论》2019年第4期。
39. 朱莉欣：《构建网络空间国际法共同范式——网络空间战略稳定的国际法思考》，载《信息安全与通信保密》2019年第7期。
40. 朱莉欣：《信息网络战的国际法问题研究》，载《河北法学》2009年第1期。
41. 朱路：《论国际法中战俘制度的发展及其当代挑战》，载《法学评论》2014年第2期。
42. 朱路：《论国际人道法中的平民概念——兼评红十字国际委员会〈解释性指南〉》，载《暨南学报》（哲学社会科学版）2013年第6期。
43. 朱路：《论国际人道法中的战斗员概念及其当代挑战》，载《广西大学学报》（哲学社会科学版）2015年第4期。
44. 朱路：《论国际人道法中的直接参加敌对行动——以红十字国际委员会〈解释性指南〉为视角》，载《河北法学》2014年第11期。
45. 朱路：《无人机攻击问题国际人道法研究》，载《南京理工大学学报》（社会科学版）2013年第6期。

46. 朱雁新:《国际法视野下的网络主权问题》，载《西安政治学院学报》2017年第1期。

47. 朱雁新:《计算机网络攻击构成“使用武力”之分析 》，载《西安政治学院学报》2011年第4期。

48. 朱雁新:《网络攻击国际立法是否可能》，载《西安政治学院学报》2012年第6期。

49. 朱雁新:《战争法下网络战的类型及其合法性》，载《中国信息安全》2015年第10期。

二、英文部分

（一）著作类

1. Alberico Gentili, *De Jure Belli Lihri Tres*（1612）, trans. by John C. Rolfe, reprinted in *The Classics of International Law*, Oxford, Clarendon Press, 1933.

2. Alexander Moseley, *A Philosophy of War*, New York, Algora, 2002.

3. Alexis Heraclides and Ada Dialla, *Humanitarian Intervention in the Long Nineteenth Century: Setting the Precedent*, Manchester, Manchester University Press, 2015.

4. Andrew Barros and Martin Thomas, eds., *The Civilianization of War: The Changing Civil–Military Divide, 1914—2014*, Cambridge, Cambridge University Press, 2018.

5. Anne Orford, ed., *International Law and Its Others*, Cambridge, Cambridge University Press, 2006.

6. Anthony Burke, *Beyond Security, Ethics and Violence: War against the Other*, London, Routledge, 2007.

7. Anthony Pagden, *The Enlightenment and Why It Still Matters*, New York, Random House, 2013.

8. Antonia Chayes, *Borderless Wars: Civil Military Disorder and Legal Uncertainty*,

Cambridge, Cambridge University Press, 2015.

9. Antony Anghie, *Imperialism, Sovereignty and the Making of International Law*, Cambridge, Cambridge University Press, 2005.

10. Armin Krishnan, *Killer Robots: Legality and Ethicality of Autonomous Weapons*, Farnham, Ashgate, 2009.

11. Arthur C. Clarke, *Profiles of the Future: An Inquiry into the Limits of the Possible,* Revised Edition, New York, Henry Holt & Co, 1984.

12. Avery Plaw, *Targeting Terrorists: A License to Kill?*, Florence, Routledge, 2008.

13. Bardo Fassbender and Anne Peters, eds., *The Oxford Handbook of the History of International Law*, Oxford, Oxford University Press, 2012.

14. Bob Woodward, *Bush at War*, London, Simon & Schuster, 2002.

15. Carl Schmitt, *The Nomos of the Earth in the International Law of Jus Publicum Europaeum*, trans. by G. L. Ulmen, New York, Telos Press Publishing, 2006.

16. Caroline Harvey, James Summers and Nigel D. White, eds., *Contemporary Challenges to the Laws of War: Essays in Honour of Professor Peter Rowe*, Cambridge, Cambridge University Press, 2014.

17. Charles J. Dunlap, Jr., *Technology and the 21st Century Battlefield: Recomplicating Moral Life for the Statesman and the Soldier*, Strategic Studies Institute, 1999.

18. Chris Hables Gray, *Postmodern War: The New Politics of Conflict*, New York, The Guilford Press, 1997.

19. Christian Enemark, *Armed Drones and the Ethics of War: Military Virtue in a Post-heroic Age*, New York, Routledge, 2013.

20. Christopher Ford and Amichai Cohen, eds., *Rethinking the Law of Armed Conflict in an Age of Terrorism*, Lanham, Lexington Books, 2011.

21. Claire Finkelstein, Andrew Altman and Jens David Ohlin, eds., *Targeted Killings: Law and Morality in an Asymmetrical World*, Oxford, Oxford University Press, 2012.

22. Dan Saxon, ed., *International Humanitarian Law and the Changing Technology of*

War, Leiden and Boston, Martinus Nijhoff Publishers, 2013.

23. Daniel Byman, *A High Price: The Triumphs and Failures of Israeli Counterterrorism*, New York, Oxford University Press, 2011.

24. Daniel Klaidman, *Kill or Capture: The War on Terror and the Soul of the Obama Presidency*, Boston, Houghton Mifflin Harcourt, 2012.

25. David Hume, *An Enquiry Concerning the Principles of Morals*, 1777.

26. Dieter Fleck, ed., *The Handbook of International Humanitarian Law*, Second Edition, Oxford, Oxford University Press, 2008.

27. Emer de Vattel, *The Law of Nations: or, Principles of the Law of Nature, Applied to the Conduct and Affairs of Nations and Sovereigns*, Philadelphia, T. & J. W. Johnson, 1844.

28. Frits Kalshoven, *Belligerent Reprisals*, Leiden and Boston, Martinus Nijhoff Publishers, 2005.

29. Geoffrey Best, *War and Law since 1945*, Oxford, Clarendon Press, 1994.

30. Gerard Delanty, *Inventing Europe: Idea, Identity, Reality*, London, Palgrave Macmillan, 1995.

31. Gerd Oberleitner, *Human Rights in Armed Conflict: Law, Practice, Policy*, Cambridge, Cambridge University Press, 2015.

32. Gerrit. W. Gong, *The Standard of 'Civilization' in International Society*, Oxford, Clarendon Press, 1984.

33. Hans J. Morgenthau, *Politics among Nations: The Struggle for Power and Peace*, 4th Edition, New York, McGraw-Hill, 1967.

34. Heather Harrison Dinniss, *Cyber Warfare and the Laws of War*, Cambridge, Cambridge University Press, 2012.

35. Hedley Bull, Benedict Kingsbury and Adam Roberts, eds., *Hugo Grotius and International Relations*, Oxford, Clarendon Press, 1990.

36. Hedley Bull, *The Anarchical Society: A Study of Order in World Politics*, Basingstoke, Palgrave Macmillan, 2002.

37. Helen Duffy, *The 'War on Terror' and the Framework of International Law*, Second Edition, Cambridge, Cambridge University Press, 2015.

38. Helen Durham and Timothy L. H. McCormack, eds., *The Changing Face of Conflict and the Efficacy of International Law*, The Hague, Kluwer Law International, 1999.

39. Henry Dunant, *A Memory of Solferino*, ICRC.

40. Herfried Münkler, *The New Wars*, trans. by Patrick Camiller, Cambridge, Polity, 2005.

41. Hugo Grotius, *De Jure Belli ac Pacis Libri Tres*, rev. ed.（1646）, reprinted in *The Classics of International Law*, trans. by Francis W. Kelsey, Oxford, Clarendon, 1925.

42. Hugo Grotius, *The Rights of War and Peace, Book III*, Indianapolis, Liberty Fund, 2005.

43. International Committee of the Red Cross, *A Guide to the Legal Review of New Weapons, Means and Methods of Warfare: Measures to Implement Article 36 of Additional Protocol I of 1977*, Geneva, International Committee of the Red Cross, 2006.

44. International Committee of the Red Cross, *Conference of Government Experts on the Reaffirmation and Development of International Humanitarian Law Applicable in Armed Conflicts, Second Session, Geneva, 3 May-3 June 1972, Report on the Work of the Conference*, Volume II（Annexes）, Geneva, International Committee of the Red Cross, 1972.

45. International Military Tribunal, *Trial of the Major War Criminals before the International Military Tribunal, Nuremberg, 14 November 1945-1 October 1946*, Nuremberg, International Military Tribunal, 1947.

46. James DeShaw Rae, *Analyzing the Drone Debates: Targeted Killing, Remote Warfare, and Military Technology*, New York, Palgrave Macmillan, 2014.

47. James Molony Spaight, *War Rights on Land*, London, Macmillan, 1911.

48. Jan Wouters, Philip De Man and Nele Verlinden, eds., *Armed Conflicts and the Law*, Cambridge, Intersentia, 2016.

49. Janina Dill, *Legitimate Targets? Social Construction, International Law and US Bombing*, Cambridge, Cambridge University Press, 2014.

50. Jean S. Pictet, ed., *The Geneva Conventions of 12 August 1949, Commentary I: Geneva Convention for the Amelioration of the Condition of the Wounded and Sick in Armed Forces in the Field*, Geneva, ICRC, 1952.

51. Jean S. Pictet, ed., *The Geneva Conventions of 12 August 1949, Commentary IV: Geneva Convention relative to the Protection of Civilian Persons in Time of War*, Geneva, ICRC, 1958.

52. Jean-Marie Henckaerts and Louise Doswald-Beck, eds., *Customary International Humanitarian Law: Rules*, Cambridge, Cambridge University Press, 2005.

53. Jean-Marie Henckaerts and Louise Doswald-Beck, eds., *Customary International Humanitarian Law: Practice*, Cambridge, Cambridge University Press, 2005.

54. Jennifer Pitts, *Boundaries of the International: Law and Empire*, Cambridge, Massachusetts, Harvard University Press, 2018.

55. Jens David Ohlin, ed., *Theoretical Boundaries of Armed Conflict and Human Rights*, Cambridge, Cambridge University Press, 2016.

56. Jens David Ohlin, Kevin Govern and Claire Finkelstein, eds., *Cyber War: Law and Ethics for Virtual Conflicts*, Oxford, Oxford University Press, 2015.

57. Johann-Christoph Woltag, *Cyber Warfare: Military Cross-Border Computer Network Operations under International Law*, Cambridge, Intersentia, 2017.

58. John Robb, *Brave New War: The Next Stage of Terrorism and the End of Globalization*, Hoboken, New Jersey, John Wiley & Sons, Inc., 2007.

59. John Westlake, *International Law*, Cambridge, Cambridge University Press, 1910.

60. Keith L. Shimko, *The Iraq Wars and Americas Military Revolution*, Cambridge, Cambridge University Press, 2010.

61. Kenneth Watkin, *Fighting at the Legal Boundaries: Controlling the Use of Force*

in Contemporary Conflict, New York, Oxford University Press, 2016.

62. L. Oppenheim, ed., *The Collected Papers of John Westlake on Public International Law*, Cambridge, Cambridge University Press, 1914.
63. Larissa van den Herik and Nico Schrijver, eds., *Counter-Terrorism Strategies in a Fragmented International Legal Order: Meeting the Challenges*, Cambridge, Cambridge University Press, 2013.
64. Linda Laucella, *Assassination: The Politics of Murder*, Los Angeles, Lowell House, 1998.
65. Marco Roscini, *Cyber Operations and the Use of force in International Law*, Oxford, Oxford University Press, 2014.
66. Mark B. Salter, *Barbarians and Civilization in International Relations*, London, Pluto Press, 2002.
67. Mark Osiel, *The End of Reciprocity: Terror, Torture, and the Law of War*, Cambridge, Cambridge University Press, 2009.
68. Markus Gunneflo, *Targeted Killing: A Legal and Political History*, Cambridge, Cambridge University Press, 2016.
69. Martin van Creveld, *Technology and War: From 2000 B.C. to the Present*, New York, The Free Press, 1989.
70. Martin van Creveld, *The Transformation of War*, New York, The Free Press, 1991.
71. Martti Koskenniemi, *From Apology to Utopia: The Structure of International Legal Argument*, Cambridge, Cambridge University Press, 2006.
72. Martti Koskenniemi, *The Gentle Civilizer of Nations: The Rise and Fall of International Law 1870—1960*, Cambridge, Cambridge University Press, 2001.
73. Mary Kaldor, *New and Old Wars*, Second Edition, Standford, Standford University Press, 2007.
74. Michael N. Schmitt, ed., *Tallinn Manual 2.0 on the International Law Applicable to Cyber Operations*, Cambridge, Cambridge University Press, 2017.
75. Michael N. Schmitt, ed., *Tallinn Manual on the International Law Applicable to*

Cyber Warfare, Cambridge, Cambridge University Press, 2013.

76. Michael Roberts, *The Military Revolution, 1560—1660*, Belfast, M. Boyd, 1956.
77. Michael Walzer, *Just and Unjust Wars: A Moral Argument with Historical Illustrations*, Fourth Edition, New York, Basic Books, 2006.
78. Nehal Bhuta et al., eds., *Autonomous Weapons Systems: Law, Ethics, Policy*, Cambridge, Cambridge University Press, 2016.
79. Neil L. Whitehead and Sverker Finnström, eds., *Virtual War and Magical Death: Technologies and Imaginaries for Terror and Killing*, Durham and London, Duke University Press, 2013.
80. Nils Melzer, *Targeted Killing in International Law*, Oxford, Oxford University Press, 2008.
81. Noam Lubell, *Extraterritorial Use of Force against Non-State Actors*, Oxford, Oxford University Press, 2010.
82. Onuma Yasuaki, *A Transcivilizational Perspective on International Law*, Leiden, Brill, 2010.
83. P. W. Singer, *Wired for War: Robotics Revolution and Conflict in the 21st Century*, New York, Penguin Press, 2009.
84. Paolo Tripodi and Jessica Wolfendale, eds., *New Wars and New Soldiers: Military Ethics in the Contemporary World*, Farnham, Ashgate, 2011.
85. Paul Brooker, *Modern Stateless Warfare*, London, Palgrave Macmillan UK, 2010.
86. Paul N. Edwards, *Artificial Intelligence and High Technology War: The Perspective of the Formal Machine*, Santa Cruz, Silicon Valley Research Group, University of California at Santa Cruz, 1986.
87. Peter L. Bergen and Daniel Rothenberg, eds., *Drone Wars: Transforming Conflict, Law, and Policy*, New York, Cambridge University Press, 2015.
88. Peter Maguire, *Law and War: An American Story*, New York, Columbia University Press, 2001.
89. Philip Alston and Euan Macdonald, eds., *Human Rights, Intervention, and the Use*

of Force, Oxford, Oxford University Press, 2008.

90. Rene Provost, *International Human Rights and Humanitarian Law*, Cambridge, Cambridge University Press, 2002.
91. Robert M. Cassidy, *Counterinsurgency and the Global War on Terror: Military Culture and Irregular War*, Westport, Connecticut, Praeger Security International, 2006.
92. Ronald Arkin, *Governing Lethal Behavior in Autonomous Robots*, Boca Raton, Chapman & Hall/CRC Press, 2009.
93. Ruth Lapidot, Yuval Shany and Ido Rosenzweig, *Israel and the Two Protocols Additional to the Geneva Conventions*, December 2011, The Israel Democracy Institute.
94. Sean T. Lawson, *Nonlinear Science and Warfare: Chaos, Complexity and the U.S. Military in the Information Age*, London and New York, Routledge, 2014.
95. Simon Bronitt, Miriam Gani and Saskia Hufnagel, eds., *Shooting to Kill: Socio-Legal Perspectives on the Use of Lethal Force*, Oxford and Portland, Oregon, Hart Publishing, 2012.
96. Stefan T. Possony and J. E. Pournelle, *The Strategy of Technology: Winning the Decisive War*, Cambridge, Massachusetts, University Press of Cambridge, 1970.
97. Sven Lindqvist, *A History of Bombing*, trans. by Linda Haverty Rugg, London, Granta Books, 2002.
98. Swiss Federal Council, *Official Records of the Diplomatic Conference on the Reaffirmation and Development of International Humanitarian Law Applicable in Armed Conflicts*（*Geneva, 1974—1977*）, Vol. I, Bern, Federal Political Department, 1978.
99. Swiss Federal Council, *Official Records of the Diplomatic Conference on the Reaffirmation and Development of International Humanitarian Law Applicable in Armed Conflicts*（*Geneva, 1974—1977*）, Vol. VI, Bern, Federal Political Department, 1978.

100. The Program on Humanitarian Policy and Conflict Research at Harvard University, *HPCR Manual on International Law Applicable to Air and Missile Warfare*, Cambridge, Cambridge University Press, 2013.

101. Theodor Meron, *The Humanization of the Law of War*, Leiden and Boston, Martinus Nijhoff Publishers, 2006.

102. Thomas Erskine Holland, *Lectures on International Law*, London, Sweet & Maxwell, Limited, 1933.

103. Thomas Erskine Holland, *Studies in International Law*, Oxford, Clarendon Press, 1898.

104. Thomas X. Hammes, *The Sling and the Stone: On War in the 21st Century*, St. Paul, Minnesota, Zenith Press, 2006.

105. United Nations War Crimes Commission, *Law Reports of Trials of War Criminals*, Volume IV, London, His Majesty's Stationery Office, 1948.

106. United Nations War Crimes Commission, *Law Reports of Trials of War Criminals*, Volume XII, London, His Majesty's Stationery Office, 1949.

107. Walter G. Sharp Sr., *Cyberspace and the Use of Force*, Falls Church, Virginia, Ageis Research Corp, 1999.

108. War Office, *Manual of Military Law 1914*, London, His Majesty's Stationery Office, 1914.

109. Ward Thomas, *The Ethics of Destruction: Norms and Force in International Relations*, Ithaca and London, Cornell University Press, 2001.

110. William Edward Hall, *A Treatise on International Law*, Oxford, Clarendon Press, 1890.

111. William Isaac Hull, *The Two Hague Conferences and Their Contributions to International Law*, Boston, Ginn & Company, 1908.

112. William J. Crotty, ed., *Assassinations and the Political Order*, New York, Harper & Row, 1972.

113. Yaroslav Radziwill, *Cyber-Attacks and the Exploitable Imperfections of*

International Law, Leiden, Brill/Nijhoff, 2015.

114. Yoram Dinstein, *The Conduct of Hostilities under the Law of International Armed Conflict*, Cambridge, Cambridge University Press, 2004.

115. Yves Sandoz, Christophe Swinarski and Bruno Zimmermann, eds., *Commentary on the Additional Protocols of 8 June 1977 to the Geneva Conventions of 12 August 1949*, Geneva, Martinus Nijhoff Publishers, 1987.

（二）论文类

1. Abraham D. Sofaer, "Agora: The U.S. Decision Not to Ratify Protocol I to the Geneva Conventions on the Protection of War Victims（Cont'd）", *American Journal of International Law* 82, 1988.

2. Afsheen John Radsan and Richard Murphy, "Measure Twice, Shoot Once: Higher Care for CIA-Targeted Killing", *University of Illinois Law Review* 2011, 2011.

3. Afsheen John Radsan and Richard Murphy, "The Evolution of Law and Policy for CIA Targeted Killing", *Journal of National Security Law & Policy* 5, 2012.

4. Alan Backstrom and Ian Henderson, "New Capabilities in Warfare: An Overview of Contemporary Technological Developments and the Associated Legal and Engineering Issues in Article 36 Weapons Reviews", *International Review of the Red Cross* 94, 2012.

5. Alan L. Schuller, "At the Crossroads of Control: The Intersection of Artificial Intelligence in Autonomous Weapon Systems with International Humanitarian Law", *Harvard National Security Journal* 8, 2017.

6. Alexander Fraser, "For the Sake of Consistency: Distinguishing Combatant Terrorists from Non-Combatant Terrorists in Modern Warfare", *University of Richmond Law Review* 51, 2017.

7. Alexi Franklin, "An International Cyber Warfare Treaty: Historical Analogies and Future Prospects", *Journal of Law & Cyber Warfare* 7, 2018.

8. Allyson Hauptman, "Autonomous Weapons and the Law of Armed Conflict",

Military Law Review 218, 2013.

9. Amnon Rubinstein and Yaniv Roznai, "Human Shields in Modern Armed Conflicts: The Need for a Proportionate Proportionality" , *Stanford Law & Policy Review* 22, 2011.

10. Antonio Cassese, "The Martens Clause: Half a Loaf or Simply Pie in the Sky?" , *European Journal of International Law* 11, 2000.

11. APV Rogers and Dominic McGoldrick, "Assassination and Targeted Killing—The Killing of Osama Bin Laden" , *International and Comparative Law Quarterly* 60, 2011.

12. Benjamin Kastan, "Autonomous Weapons Systems: A Coming Legal Singularity" , *University of Illinois Journal of Law, Technology & Policy* 2013, 2013.

13. Benjamin Weitz, "Updating the Law of Targeting for an Era of Cyberwarfare" , *University of Pennsylvania Journal of International Law* 40, 2019.

14. Bert Brandenburg, "The Legality of Assassination as an Aspect of Foreign Policy" , *Virginia Journal of International Law* 27, 1987.

15. Boyd M. III Johnson, "Executive Order 12,333: The Permissibility of an American Assassination of a Foreign Leader" , *Cornell International Law Journal* 25, 1992.

16. Brad Allenby, "How to Manage Drones: Transformative Technologies, the Evolving Nature of Conflict, and the Inadequacy of Current Systems of Law" , in Peter L. Bergen and Daniel Rothenberg, eds., *Drone Wars: Transforming Conflict, Law, and Policy*, New York, Cambridge University Press, 2015.

17. Bradan T. Thomas, "Autonomous Weapon Systems: The Anatomy of Autonomy and the Legality of Lethality" , *Houston Journal of International Law* 37, 2015.

18. Bradley Raboin, "Corresponding Evolution: International Law and the Emergence of Cyber Warfare" , *Journal of the National Association of Administrative Law Judiciary* 31, 2011.

19. Brett Epstein, "The Rules of Cyber-Warfare: What are the Issues with These Rules, How Can the United States Respond to an Attack When Applying These Rules, and

Should New Rules be Enacted", *Holy Cross Journal of Law and Public Policy* 18, 2014.

20. Brian M. Mazanec, "Constraining Norms for Cyber Warfare are Unlikely", *Georgetown Journal of International Affairs* 17, 2016.
21. Bruce Hoffman, "The Changing Face of Al Qaeda and the Global War on Terrorism", *Studies in Conflict and Terrorism* 27, 2004.
22. Carrie McDougall, "Autonomous Weapon Systems and Accountability: Putting the Cart before the Horse", *Melbourne Journal of International Law* 20, 2019.
23. Chantal Grut, "The Challenge to Autonomous Lethal Robotics to International Humanitarian Law", *Journal of Conflict and Security Law* 18, 2013.
24. Charles Garraway, "Armed Conflict and Terrorist Organizations", in Larissa van den Herik and Nico Schrijver, eds., *Counter-Terrorism Strategies in a Fragmented International Legal Order: Meeting the Challenges*, Cambridge, Cambridge University Press, 2013.
25. Charles Garraway, "The Application of Superior Responsibility in an Era of Unlimited Information", in Dan Saxon, ed., *International Humanitarian Law and the Changing Technology of War*, Leiden and Boston, Martinus Nijhoff Publishers, 2013.
26. Chris McGuffin and Paul Mitchell, "On Domains: Cyber and the Practice of Warfare", *International Journal* 69, 2014.
27. Christian Payne and Lorraine Finlay, "Addressing Obstacles to Cyber-Attribution: A Model Based on State Response to Cyber-Attack", *George Washington International Law Review* 49, 2017.
28. Christof Heyns, "Autonomous Weapons Systems: Living A Dignified Life and Dying A Dignified Death", in Nehal Bhuta et al., eds., *Autonomous Weapons Systems: Law, Ethics, Policy*, Cambridge, Cambridge University Press, 2016.
29. Christopher Fuller, "The CIA's Drone War and the Civilianization of Warfare", in Andrew Barros and Martin Thomas, eds., *The Civilianization of War: The*

Changing Civil-Military Divide, 1914-2014, Cambridge, Cambridge University Press, 2018.

30. Christopher Greenwood, "A Critique of the Additional Protocols to the Geneva Conventions of 1949" , in Helen Durham and Timothy L. H. McCormack, eds., *The Changing Face of Conflict and the Efficacy of International Law*, The Hague, Kluwer Law International, 1999.
31. Christopher M. Kovach, "Beyond Skynet: Reconciling Increased Autonomy in Computer-Based Weapons Systems with the Laws of War" , *Air Force Law Review* 71, 2014.
32. Christopher M. Sanders, "The Battlefield of Tomorrow, Today: Can a Cyberattack Ever Rise to an Act of War" , *Utah Law Review* 2018, 2018.
33. Christopher P. Toscano, "Friend of Humans: An Argument for Developing Autonomous Weapons Systems" , *Journal of National Security Law and Policy* 8, 2015.
34. Claus Kress, "Some Reflections on the International Legal Framework Governing Transnational Armed Conflicts" , *Journal of Conflict and Security Law* 15, 2010.
35. Collin Allan, "Direct Participation in Hostilities from Cyberspace" , *Virginia Journal of International Law* 54, 2013.
36. Colonel Mark "Max" Maxwell, "Rebutting the Civilian Presumption: Playing Whack-a-Mole without a Mallet?" , in Claire Finkelstein, Andrew Altman and Jens David Ohlin, eds., *Targeted Killings: Law and Morality in an Asymmetrical World*, Oxford, Oxford University Press, 2012.
37. Colton Matheson, "From Munitions to Malware: A Comparative Analysis of Civilian Targetability in Cyber Conflict" , *Journal of Law & Cyber Warfare* 7, 2019.
38. Cordula Droege, "Get Off My Cloud: Cyber Warfare, International Humanitarian Law, and the Protection of Civilians" , *International Review of the Red Cross* 94, 2012.

39. Corri Zoli, "The God Gap in International Affairs: Missing Cross-Cultural Conversations in International Humanitarian Law and Islamic Jurisprudence" , *Florida Journal of International Law* 28, 2016.

40. Dan Dickerson, "Jihadi Concept of Fourth Generation Warfare" , *Homeland Security Review* 5, 2011.

41. Dan Saxon, "Violations of International Humanitarian Law by Non-State Actors during Cyberwarfare: Challenges for Investigations and Prosecutions" , *Journal of Conflict and Security Law* 21, 2016.

42. Daniel A. G. Vallejo, "Electric Currents: Programming Legal Status into Autonomous Unmanned Maritime Vehicles" , *Case Western Reserve Journal of International Law* 47, 2015.

43. Daniel B. Pickard, "Legalizing Assassination? Terrorism, the Central Intelligence Agency, and International Law" , *Georgia Journal of International and Comparative Law* 30, 2001.

44. Daniel Brunstetter and Megan Braun, "State of the Union: A Decade of Armed Drones" , *The Brown Journal of World Affairs* 19, 2013.

45. Daniel N. Hammond, "Autonomous Weapons and the Problem of State Accountability" , *Chicago Journal of International Law* 15, 2015.

46. Daniel Rothenberg, "Drones and the Emergence of Data-Driven Warfare" , in Peter L. Bergen and Daniel Rothenberg, eds., *Drone Wars: Transforming Conflict, Law, and Policy*, New York, Cambridge University Press, 2015.

47. Darren M. Stewart, "New Technology and the Law of Armed Conflict" , *International Law Studies* 87, 2011.

48. Darren Stewart, "Maximising Compliance with IHL and the Utility of Data in an Age of Unlimited Information: Operational Issues" , in Dan Saxon, ed., *International Humanitarian Law and the Changing Technology of War*, Leiden and Boston, Martinus Nijhoff Publishers, 2013.

49. David A. Wallace and Shane R. Reeves, "Protecting Critical Infrastructure in

Cyber Warfare: Is It Time for States to Reassert Themselves”, *UC Davis Law Review* 53, 2020.

50. David Akerson, “The Illegality of Offensive Lethal Autonomy”, in Dan Saxon, ed., *International Humanitarian Law and the Changing Technology of War*, Leiden and Boston, Martinus Nijhoff Publishers, 2013.
51. David E Graham, “The 1974 Diplomatic Conference on the Law of War: A Victory for Political Causes and a Return to the Just War Concept of the Eleventh Century”, *Washington and Lee Law Review* 32, 1975.
52. David Kretzmer, “Targeted Killing of Suspected Terrorists: Extra-Judicial Executions or Legitimate Means of Defence?”, *European Journal of International Law* 16, 2005.
53. David Kretzmer, “The Legal Regime Governing the Use of Lethal Force in the Fight against Terrorism”, in Larissa van den Herik and Nico Schrijver, eds., *Counter-Terrorism Strategies in a Fragmented International Legal Order: Meeting the Challenges*, Cambridge, Cambridge University Press, 2013.
54. David P. Forsythe, “The 1974 Diplomatic Conference on Humanitarian Law: Some Observations”, *American Journal of International Law* 69, 1975.
55. David Turns, “Cyber War and the Concept of ‘Attack’ in International Humanitarian Law”, in Dan Saxon, ed., *International Humanitarian Law and the Changing Technology of War*, Leiden and Boston, Martinus Nijhoff Publishers, 2013.
56. David Turns, “Cyber Warfare and the Notion of Direct Participation in Hostilities”, *Journal of Conflict and Security Law* 17, 2012.
57. David Turns, “Droning on: Some International Humanitarian Law Aspects of the Use of Unmanned Aerial Vehicles in Contemporary Armed Conflicts”, in Caroline Harvey, James Summers and Nigel D. White, eds., *Contemporary Challenges to the Laws of War: Essays in Honour of Professor Peter Rowe*, Cambridge, Cambridge University Press, 2014.

58. David Wallace and Shane R. Reeves, "The Law of Armed Conflict's Wicked Problem: Levee en Masse in Cyber Warfare" , *International Law Studies* 89, 2013.

59. Delbert Tran, "The Law of Attribution: Rules for Attribution the Source of a Cyber-Attack" , *Yale Journal of Law and Technology* 20, 2018.

60. Djemilia Carron, "Transnational Armed Conflicts" , *Journal of International Humanitarian Legal Studies* 7, 2016.

61. Donald J. Reed, "Beyond the War on Terror: Into the Fifth Generation of War and Conflict" , *Studies in Conflict & Terrorism* 31, 2008.

62. Eduard Hovsepyan, "Legality of Attacks against Human Shields in Armed Conflict" , *UCL Journal of Law and Jurisprudence* 6, 2017.

63. Edward Kwakwa, "Belligerent Reprisals in the Law of Armed Conflict" , *Stanford Journal of International Law* 27, 1990.

64. Elbridge Colby, "How to Fight Savage Tribes" , *American Journal of International Law* 21, 1927.

65. Eliav Lieblich and Eyal Benvenisti, "The Obligation to Exercise Discretion in Warfare: Why Autonomous Weapons Systems are Unlawful" , in Nehal Bhuta et al., eds., *Autonomous Weapons Systems: Law, Ethics, Policy*, Cambridge, Cambridge University Press, 2016.

66. Elinor June Rushforth, "There's an App for That: Implications of Armed Drone Attacks and Personality Strikes by the United States against Non-Citizens, 2004-2012" , *Arizona Journal of International and Comparative Law* 29, 2012.

67. Elizabeth Fuzaylova, "War Torts, Autonomous Weapon Systems, and Liability: Why a Limited Strict Liability Tort Regime Should be Implemented" , *Cardozo Law Review* 40, 2019.

68. Elizabeth Mavropoulou, "Targeting in the Cyber Domain: Legal Challenges Arising from the Application of the Principle of Distinction to Cyber Attacks" , *Journal of Law & Cyber Warfare* 4, 2015.

69. Emanuel Gross, "Use of Civilians as Human Shields: What Legal and Moral

Restrictions Pertain to a War Waged by a Democratic State against Terrorism?” , *Emory International Law Review* 16, 2002.

70. Emily Crawford, “Virtual Backgrounds: Direct Participation in Cyber Warfare” , *I/S: A Journal of Law and Policy for the Information Society* 9, 2013.
71. Eric Boylan, “Applying the Law of Proportionality to Cyber Conflict: Suggestions for Practitioners” , *Vanderbilt Journal of Transnational Law* 50, 2017.
72. Eric Talbot Jensen, “Cyber Attacks: Proportionality and Precautions in Attack” , *International Law Studies* 89, 2013.
73. Eric Talbot Jensen, “Cyber Warfare and Precautions against the Effects of Attacks” , *Texas Law Review* 88, 2010.
74. Eric Talbot Jensen, “The Future of the Law of Armed Conflict: Ostriches, Butterflies, and Nanobots” , *Michigan Journal of International Law* 35, 2014.
75. Eric Talbot Jensen, “Unexpected Consequences from Knock-on Effects: A Different Standard for Computer Network Operations” , *American University International Law Review* 18, 2003.
76. Erik M. Mudrinich, “Cyber 3.0: The Department of Defense Strategy for Operating in Cyberspace and the Attribution Problem” , *Air Force Law Review* 68, 2012.
77. Eyal Benvenisti, “Rethinking the Divide between Jus ad Bellum and Jus in Bello in Warfare against Nonstate Actors” , *Yale Journal of International Law* 34, 2009.
78. Eyal Benvenisti, “The Legal Battle to Define the Law on Transnational Asymmetric Warfare” , *Duke Journal of Comparative & International Law* 20, 2010.
79. F. Kalshoven, “Belligerent Reprisals” , *Military Law and Law of War Review* 12, 1973.
80. Francois-Bernard Huyghe, “The Impurity of War” , *International Review of the Red Cross* 91, 2009.
81. Francoise J. Hampson, “Belligerent Reprisals and the 1977 Protocols to the Geneva Conventions of 1949” , *International and Comparative Law Quarterly* 37,

1988.

82. Frederic Megret, "From 'Savages' to 'Unlawful Combatants': A Postcolonial Look at International Humanitarian Law's 'Other'", in Anne Orford, ed., *International Law and Its Others*, Cambridge, Cambridge University Press, 2006.
83. G. I. A. D. Draper, "Grotius's Place in the Development of Legal Ideas about War", in Hedley Bull, Benedict Kingsbury and Adam Roberts, eds., *Hugo Grotius and International Relations*, Oxford, Clarendon Press, 1990.
84. Gabor Rona, "Interesting Times for International Humanitarian Law: Challenges from the War on Terror", *Fletcher Forum of World Affairs* 27, 2003.
85. Gary D. Brown, "International Law Applies to Cyber Warfare: Now What", *Southwestern Law Review* 46, 2017.
86. Gary D. Solis, "Cyber Warfare", *Military Law Review* 219, 2014.
87. Geoffrey Corn and Chris Jenks, "Two Sides of the Combatant Coin: Untangling Direct Participation in Hostilities from Belligerent Status in Non-International Armed Conflicts", *University of Pennsylvania Journal of International Law* 33, 2011.
88. Geoffrey Corn and Eric Talbot Jensen, "Transnational Armed Conflict: A Principled Approach to the Regulation of Counter-Terror Combat Operations", *Israel Law Review* 42, 2009.
89. Geoffrey S. Corn and Eric Talbot Jensen, "Untying the Gordian Knot: A Proposal for Determining Applicability of the Laws of War to the War on Terror", *Temple Law Review* 81, 2008.
90. Geoffrey S. Corn, "Autonomous Weapons Systems: Managing the Inevitability of 'Taking the Man out of the Loop'", in Nehal Bhuta et al., eds., *Autonomous Weapons Systems: Law, Ethics, Policy*, Cambridge, Cambridge University Press, 2016.
91. Geoffrey S. Corn, "Thinking the Unthinkable: Has the Time Come to Offer Combatant Immunity to Non-State Actors", *Stanford Law & Policy Review* 22,

2011.

92. Geoffrey S. Corn, “Unarmed but How Dangerous? Civilian Augmentees, the Law of Armed Conflict, and the Search for a More Effective Test for Permissible Civilian Battlefield Functions” , *Journal of National Security Law & Policy* 2, 2008.

93. George H. Aldrich, “Prospects for United States Ratification of Additional Protocol I to the 1949 Geneva Conventions” , *American Journal of International Law* 85, 1991.

94. Gerald L. Neuman, “Counter-terrorist Operations and the Rule of Law” , *European Journal of International Law* 15, 2004.

95. Gerald L. Neuman, “Humanitarian Law and Counterterrorist Force” , *European Journal of International Law* 14, 2003.

96. Grant Hodgson, “Cyber Attack Treaty Verification” , *I/S: A Journal of Law and Policy for the Information Society* 12, 2016.

97. Gregory S. McNeal, “Targeted Killing and Accountability” , *Georgetown Law Journal* 102, 2014.

98. Gwendelynn Bills, “LAWS unto Themselves: Controlling the Development and Use of Lethal Autonomous Weapons Systems” , *George Washington Law Review* 83, 2014.

99. H. Lauterpacht, “The Limits of the Operation of the Law of War” , *British Year Book of International Law* 30, 1953.

100. Hans-Georg Dederer and Tassilo Singer, “Adverse Cyber Operations: Causality, Attribution, Evidence, and Due Diligence” , *International Law Studies* 95, 2019.

101. Hans-Peter Gasser, “Acts of Terror, ‘Terrorism’ and International Humanitarian Law” , *International Review of the Red Cross* 84, 2002.

102. Heather Harrison Dinniss, “Participants in Conflict – Cyber Warriors, Patriotic Hackers and the Laws of War” , in Dan Saxon, ed., *International Humanitarian Law and the Changing Technology of War*, Leiden and Boston, Martinus Nijhoff

Publishers, 2013.

103. Heather M. Roff, "Lethal Autonomous Weapons and Jus Ad Bellum Proportionality", *Case Western Reserve Journal of International Law* 47, 2015.

104. Hedley Bull, "The Importance of Grotius in the Study of International Relations", in Hedley Bull, Benedict Kingsbury and Adam Roberts, eds., *Hugo Grotius and International Relations*, Oxford, Clarendon Press, 1990.

105. Hensey A. III Fenton, "Proportionality and Its Applicability in the Realm of Cyber-Attacks", *Duke Journal of Comparative and International Law* 29, 2019.

106. Hin-Yan Liu, "Categorization and Legality of Autonomous and Remote Weapons Systems", *International Review of the Red Cross* 94, 2012.

107. Hin-Yan Liu, "Refining Responsibility: Differentiating Two Types of Responsibility Issues Raised by Autonomous Weapons Systems", in Nehal Bhuta et al., eds., *Autonomous Weapons Systems: Law, Ethics, Policy*, Cambridge, Cambridge University Press, 2016.

108. Ian Henderson and Kate Reece, "Proportionality under International Humanitarian Law: The Reasonable Military Commander Standard and Reverberating Effects", *Vanderbilt Journal of Transnational Law* 51, 2018.

109. Ido Kilovaty, "Cyber Warfare and the Jus Ad Bellum Challenges: Evaluation in the Light of the Tallinn Manual on the International Law Applicable to Cyber Warfare", *National Security Law Brief* 5, 2014.

110. Ido Kilovaty, "ICRC, NATO and the U.S.—Direct Participation in Hacktivities—Targeting Private Contractors and Civilians in Cyberspace under International Humanitarian Law", *Duke Law & Technology Review* 15, 2017.

111. Ingrid Detter, "The Law of War and Illegal Combatants", *George Washington Law Review* 75, 2007.

112. J. de Preux, "The Geneva Conventions and Reciprocity", *International Review of the Red Cross* 25, 1985.

113. Jack M. Beard, "Autonomous Weapons and Human Responsibilities",

Georgetown Journal of International Law 45, 2014.

114. James D. Fry, "Contextualized Legal Reviews for the Methods and Means of Warfare: Cave Combat and International Humanitarian Law", *Columbia Journal of Transnational Law* 44, 2006.

115. James Emory Jr. Tucker, "The Targeting of Non-State-Affiliated Civilians in Cyberspace: Lagging LOAC Principles Cause Uncertainty on Both Sides", *North Carolina Journal of International Law* 42, 2017.

116. James Foy, "Autonomous Weapons Systems: Taking the Human out of International Humanitarian Law", *Dalhousie Journal of Legal Studies* 23, 2014.

117. James J. Wirtz, "Politics with Guns: A Response to T. X. Hammes", *Contemporary Security Policy* 26, 2005.

118. James P. Rowles, "Military Responses to Terrorism: Substantive and Procedural Constraints in International Law", *American Society of International Law Proceedings* 81, 1987.

119. Jami Melissa Jackson, "The Legality of Assassination of Independent Terrorist Leaders: An Examination of National and International Implications", *North Carolina Journal of International Law and Commercial Regulation* 24, 1999.

120. Jan Klabbers, "Rebel with a Cause? Terrorists and Humanitarian Law", *European Journal of International Law* 14, 2003.

121. Jason Barkham, "Information Warfare and International Law on the Use of Force", *New York University Journal of International Law and Politics* 34, 2001.

122. Jason D. Wright, " 'Excessive' Ambiguity: Analysing and Refining the Proportionality Standard", *International Review of the Red Cross* 94, 2012.

123. Jason S. DeSon, "Automating the Right Stuff - The Hidden Ramifications of Ensuring Autonomous Aerial Weapon Systems Comply with International Humanitarian Law", *Air Force Law Review* 72, 2015.

124. Jay Logan Rogers, "Legal Jugement Day for the Rise of the Machines: A National

Approach to Regulating Fully Autonomous Weapons”, *Arizona Law Review* 56, 2014.

125. Jeffrey A. Sluka, “Virtual War in the Tribal Zone: Air Strikes, Drones, 171 Civilian Casualties, and Losing Hearts and Minds in Afghanistan and Pakistan”, in Neil L. Whitehead and Sverker Finnström, eds., *Virtual War and Magical Death: Technologies and Imaginaries for Terror and Killing*, Durham and London, Duke University Press, 2013.
126. Jeffrey T. Biller and Michael N. Schmitt, “Classification of Cyber Capabilities and Operations as Weapons, Means, or Methods of Warfare”, *International Law Studies* 95, 2019.
127. Jeffrey T. G. Kelsey, “Hacking into International Humanitarian Law: The Principles of Distinction and Neutrality in the Age of Cyber Warfare”, *Michigan Law Review* 106, 2008.
128. Jens David Ohlin, “The Combatant's Stance: Autonomous Weapons on the Battlefield”, *International Law Studies* 92, 2016.
129. Jeremy Rabkin, “The Strange Pretensions of Contemporary Humanitarian Law”, in Christopher Ford and Amichai Cohen, eds., *Rethinking the Law of Armed Conflict in an Age of Terrorism*, Lanham, Lexington Books, 2011.
130. Jessica Wolfendale, “‘New Wars’, Terrorism, and Just War Theory”, in Paolo Tripodi and Jessica Wolfendale, eds., *New Wars and New Soldiers: Military Ethics in the Contemporary World*, Farnham, Ashgate, 2011.
131. Joel Hood, “The Equilibrium of Violence: Accountability in the Age of Autonomous Weapons Systems”, *Brigham Young University International Law & Management Review* 11, 2015.
132. Johannes van Aggelen, “A Response to John C. Yoo, ‘The Status of Soldiers and Terrorists under the Geneva Conventions’”, *Chinese Journal of International Law* 4, 2005.
133. John Lewis, “The Case for Regulating Fully Autonomous Weapons”, *Yale Law*

Journal 124, 2015.

134. John C. Yoo and James C. Ho, “The Status of Terrorists” , *Virginia Journal of International Law* 44, 2003.

135. John C. Yoo, “The Status of Soldiers and Terrorists under the Geneva Conventions” , *Chinese Journal of International Law* 3, 2004.

136. John Dever and James Dever, “Cyberwarfare: Attribution, Preemption, and National Self Defense” , *Journal of Law & Cyber Warfare* 2, 2013.

137. John F. Murphy, “International Law in Crisis: Challenges Posed by the New Terrorism and the Changing Nature of War” , *Case Western Reserve Journal of International Law* 44, 2011.

138. John Richardson, “Stuxnet as Cyberwarfare: Applying the Law of War to the Virtual Battlefield” , *John Marshall Journal of Computer and Information Law* 29, 2011.

139. John Westlake, “The Native States of India” , in L. Oppenheim, ed., *The Collected Papers of John Westlake on Public International Law*, Cambridge, Cambridge University Press, 1914.

140. John Yoo, “Assassination or Targeted Killings after 9/11” , *New York Law School Law Review* 56, 2011—2012.

141. Jonathan David Herbach, “Into the Caves of Steel: Precaution, Cognition and Robotic Weapon Systems under the International Law of Armed Conflict” , *Amsterdam Law Forum* 4, 2012.

142. Jonathan Horowitz, “Ending the Global War: The Power of Human Rights in a Time of Unrestrained Armed Conflict” , in Jens David Ohlin, ed., *Theoretical Boundaries of Armed Conflict and Human Rights*, Cambridge, Cambridge University Press, 2016.

143. Jörg Fisch, “Power or Weakness? On the Causes of the Worldwide Expansion of European International Law” , *Journal of the History of International Law* 6, 2004.

144. Joseph B. Kelly, "Assassination in War Time" , *Military Law Review* 30, 1965.

145. Joseph P. Bialke, "Al-Qaeda & Taliban - Unlawful Combatant Detainees, Unlawful Belligerency, and the International Laws of Armed Conflict" , *Air Force Law Review* 55, 2004.

146. Joshua Raines, "Osama, Augustine, and Assassination: The Just War Doctrine and Targeted Killings" , *Transnational Law & Contemporary Problems* 12, 2002.

147. Karl Harter, "Political Crime in Early Modern Europe: Assassination, Legal Responses and Popular Print Media" , *European Journal of Criminology* 11, 2014.

148. Kelisianna Tynne, "Targeting the Terrorist Enemy: The Boundaries of an Armed Conflict against Transnational Terrorists" , *Australian International Law Journal* 16, 2009.

149. Kelly Cass, "Autonomous Weapons and Accountability: Seeking Solutions in the Law of War" , *Loyola of Los Angeles Law Review* 48, 2015.

150. Kenneth Anderson, "Why the Hurry to Regulate Autonomous Weapon Systems-But Not Cyber-Weapons" , *Temple International & Comparative Law Journal* 30, 2016.

151. Kenneth Anderson, Daniel Reisner and Matthew Waxman, "Adapting the Law of Armed Conflict to Autonomous Weapon Systems" , *International Law Studies* 90, 2014.

152. Kevin Jon Heller, " 'One Hell of a Killing Machine' : Signature Strikes and International Law" , *Journal of International Criminal Justice* 11, 2013.

153. Kimberly Trapp, "Great Resources Mean Great Responsibility: A Framework of Analysis for Assessing Compliance with API Obligations in the Information Age" , in Dan Saxon, ed., *International Humanitarian Law and the Changing Technology of War*, Leiden and Boston, Martinus Nijhoff Publishers, 2013.

154. Kjolv Egeland, "Lethal Autonomous Weapon Systems under International Humanitarian Law" , *Nordic Journal of International Law* 85, 2016.

155. Knut Dormann, “The Legal Situation of Unlawful/Unprivileged Combatants” , *International Review of Red Cross* 85, 2003.

156. Konstantin Kakaes, “From Orville Wright to September 11: What the History of Drone Technology Says about Its Future” , in Peter L. Bergen and Daniel Rothenberg, eds., *Drone Wars: Transforming Conflict, Law, and Policy*, New York, Cambridge University Press, 2015.

157. Kristen E. Eichensehr, “Decentralized Cyberattack Attribution” , *AJIL Unbound* 113, 2019.

158. Kristina Benson, “Kill’em and Sort it out Later: Signature Drone Strikes and International Humanitarian Law” , *Pacific McGeorge Global Business & Development Law Journal* 27, 2014.

159. Kubo Macak, “Decoding Article 8 of the International Law Commission’s Articles on State Responsibility: Attribution of Cyber Operations by Non-State Actors” , *Journal of Conflict and Security Law* 21, 2016.

160. Larry May, “The Nature of War and the Idea of ‘Cyberwar’ ” , in Jens David Ohlin, Kevin Govern and Claire Finkelstein, eds., *Cyber War: Law and Ethics for Virtual Conflicts*, Oxford, Oxford University Press, 2015.

161. Laurie R. Blank, “Cyberwar versus Cyber Attack: The Role of Rhetoric in the Application of Law to Activities in Cyberspace” , in Jens David Ohlin, Kevin Govern and Claire Finkelstein, eds., *Cyber War: Law and Ethics for Virtual Conflicts*, Oxford, Oxford University Press, 2015.

162. Lawrence J. Trautman, “Is Cyberattack the Next Pearl Harbor” , *North Carolina Journal of Law & Technology* 18, 2016.

163. Lesley Wexler, “The Vietnamization of the Long War on Terror: An Ongoing Lesson in International Humanitarian Law Non-Compliance” , *Boston University International Law Journal* 30, 2012.

164. Levi Grosswald, “Cyberattack Attribution Matters under Article 51 of the U.N. Charter” , *Brooklyn Journal of International Law* 36, 2011.

165. Liliana Obregón Tarazona, "The Civilized and the Uncivilized", in Bardo Fassbender and Anne Peters, eds., *The Oxford Handbook of the History of International Law*, Oxford, Oxford University Press, 2012.

166. Lindsay Moir, " 'It's A Bird! It's A Plane! It's A Non-International Armed Conflict!' : Cross-border Hostilities between States and Non-state Actors", in Caroline Harvey, James Summers and Nigel D. White, eds., *Contemporary Challenges to the Laws of War: Essays in Honour of Professor Peter Rowe*, Cambridge, Cambridge University Press, 2014.

167. Logan Liles, "The Civilian Cyber Battlefield: Non-State Cyber Operators' Status under the Law of Armed Conflict", *North Carolina Journal of International Law and Commercial Regulation* 39, 2014.

168. Lorraine Finlay and Christian Payne, "The Attribution Problem and Cyber Armed Attacks", *AJIL Unbound 113*, 2019.

169. Louis R. Beres, "The Permissibility of State-Sponsored Assassination during Peace and War", *Temple International and Comparative Law Journal* 5, 1991.

170. Louis Rend Beres, "On International Law and Nuclear Terrorism", *Georgia Journal of International and Comparative Law* 24, 1994.

171. Louis Rene Beres, "After Osama Bin Laden: Assassination, Terrorism, War, and International Law", *Case Western Reserve Journal of International Law* 44, 2011.

172. Louis Rene Beres, "Assassinating Saddam: A Post-War View from International Law", *Denver Journal of International Law and Policy* 19, 1991.

173. Louis Rene Beres, "On Assassination as Anticipatory Self-Defense: The Case of Israel", *Hofstra Law Review* 20, 1991.

174. M. Cherif Bassiouni, "The New Wars and the Crisis of Compliance with the Law of Armed Conflict by Non-State Actors", *Journal of Criminal Law and Criminology* 98, 2008.

175. Marco Sassoli, "Autonomous Weapons and International Humanitarian Law:

Advantages, Open Technical Questions and Legal Issues to be Clarified", *International Law Studies* 90, 2014.

176. Marco Sassoli, "The Implementation of International Humanitarian Law: Current and Inherent Challenges", *Yearbook of International Humanitarian Law* 10, 2007.

177. Margaret T. Artz, "Chink in the Armor: How a Uniform Approach to Proportionality Analysis Can End the Use of Human Shields", *Vanderbilt Journal of Transnational Law* 45, 2012.

178. Marie Jacobsson, "Modern Weaponry and Warfare: The Application of Article 36 of Additional Protocol I by Governments", *International Law Studies* 82, 2006.

179. Mark V. Vlasic, "Assassination & Targeted Killing–A Historical and Post-Bin Laden Legal Analysis", *Georgetown Journal of International Law* 43, 2012.

180. Markus Wagner, "Autonomy in the Battlespace: Independently Operating Weapon Systems and the Law of Armed Conflict", in Dan Saxon, ed., *International Humanitarian Law and the Changing Technology of War*, Leiden and Boston, Martinus Nijhoff Publishers, 2013.

181. Markus Wagner, "Taking Humans Out of the Loop: Implications for International Humanitarian Law", *Journal of Law, Information and Science* 21, 2011/2012.

182. Markus Wagner, "The Dehumanization of International Humanitarian Law: Legal, Ethical, and Political Implications of Autonomous Weapon Systems", *Vanderbilt Journal of Transnational Law* 47, 2014.

183. Martti Koskenniemi, "The Politics of International Law–20 Years Later", *European Journal of International Law* 20, 2009.

184. Mary Ellen O'Connell, "Attribution and Other Conditions of Lawful Countermeasures to Cyber Misconduct", *Notre Dame Journal of International & Comparative Law* 10, 2020.

185. Mary Ellen O'Connell, "Unlawful Killing with Combat Drones: A Case Study of Pakistan, 2004—2009", in Simon Bronitt, Miriam Gani and Saskia Hufnagel,

eds., *Shooting to Kill: Socio-Legal Perspectives on the Use of Lethal Force*, Oxford and Portland, Oregon, Hart Publishing, 2012.

186. Matt C. C. III Bristol, "The Laws of War and Belligerent Reprisals against Enemy Civilian Populations" , *Air Force Law Review* 21, 1979.
187. Matthew Hoisington, "Cyberwarfare and the Use of Force Giving Rise to the Right of Self-Defense" , *Boston College International and Comparative Law Review* 32, 2009.
188. Matthew J. Greer, "Redefining Perfidy" , *Georgetown Journal of International Law* 47, 2015.
189. Matthew Rinear, "Armed with a Keyboard: Presidential Directive 20, Cyber-Warfare, and the International Laws of War" , *Capital University Law Review* 43, 2015.
190. Maura Riley, "Killer Instinct: Lethal Autonomous Weapons in the Modern Battle Landscape" , Texas Law Review 95, 2016.
191. Maxwell Montgomery, "Proliferation of Cyberwarfare under International Law: Virtual Attacks with Concrete Consequences" , *Southern California Interdisciplinary Law Journal* 28, 2019.
192. Melanie J. Foreman, "When Targeted Killing is Not Permissible: An Evaluation of Targeted Killing under the Laws of War and Morality" , *University of Pennsylvania Journal of Constitutional Law* 15, 2013.
193. Metodi Hadji-Janev and Kiril Hristovski, "Beyond the Fog: Autonomous Weapon Systems in the Context of the International Law of Armed Conflicts" , *Jurimetrics* 57, 2017.
194. Michael A. Newton, "Back to the Future: Reflections on the Advent of Autonomous Weapons System" , *Case Western Reserve Journal of International Law* 47, 2015.
195. Michael E. Guillory, "Civilianizing the Force: is the United States Crossing the Rubicon?" , *Air Force Law Review* 51, 2001.

196. Michael Gervais, "Cyber Attacks and the Laws of War" , *Berkeley Journal of International Law* 30, 2012.

197. Michael H. Hoffman, "Quelling Unlawful Belligerency: The Juridical Status and Treatment of Terrorists under the Laws of War" , *Israel Yearbook on Human Rights* 31, 2001.

198. Michael H. Hoffman, "Terrorists Are Unlawful Belligerents, Not Unlawful Combatants: A Distinction with Implications for the Future of International Humanitarian Law" , *Case Western Reserve Journal of International Law* 34, 2002.

199. Michael N. Schmitt and Jeffrey S. Thurnher, "Out of the Loop: Autonomous Weapon Systems and the Law of Armed Conflict" , *Harvard National Security Journal* 4, 2013.

200. Michael N. Schmitt and Sean Watts, "The Decline of International Humanitarian Law Opinio Juris and the Law of Cyber Warfare" , *Texas International Law Journal* 50, 2015.

201. Michael N. Schmitt, "Computer Network Attack and the Use of Force in International Law: Thoughts on a Normative Framework" , *Columbia Journal of Transnational Law* 37, 1999.

202. Michael N. Schmitt, "Cyber Operations and the Jus in Bello: Key Issues" , *International Law Studies* 87, 2011.

203. Michael N. Schmitt, "Human Shields in International Humanitarian Law" , *Columbia Journal of Transnational Law* 47, 2009.

204. Michael N. Schmitt, "Rewired Warfare: Rethinking the Law of Cyber Attack" , *International Review of the Red Cross* 96, 2014.

205. Michael N. Schmitt, "State-Sponsored Assassination in International and Domestic Law" , *Yale Journal of International Law* 17, 1992.

206. Michael N. Schmitt, "Targeting and Humanitarian Law: Current Issues" , *International Law Studies* 80, 2006.

207. Michael N. Schmitt, "The Law of Cyber Warfare: Quo Vadis" , *Stanford Law & Policy Review* 25, 2014.

208. Michael N. Schmitt, "Wired Warfare 3.0: Protecting the Civilian Population during Cyber Operations" , *International Review of the Red Cross* 101, 2019.

209. Michael Press, "Of Robots and Rules: Autonomous Weapon Systems in the Law of Armed Conflict" , *Georgetown Journal of International Law* 48, 2017.

210. Michael W. Lewis, "Drones and Transnational Armed Conflicts" , *St. John's Journal of International & Comparative Law* 3, 2012.

211. Michelle Mallette-Piasecki, "Missing the Target: Where the Geneva Conventions Fall Short in the Context of Targeted Killing" , *Albany Law Review* 76, 2012/2013.

212. Nada Al-Duaij, "The Volunteer Human Shields in International Humanitarian Law" , *Oregon Review of International Law* 12, 2010.

213. Nazanin Baradaran and Homayoun Habibi, "Cyber Warfare and Self-Defense from the Perspective of International Law" , *Journal of Politics and Law* 10, 2017.

214. Nehal Bhuta, "States of Exception: Regulating Targeted Killing in a 'Global Civil War' " , in Philip Alston and Euan Macdonald, eds., *Human Rights, Intervention, and the Use of Force*, Oxford, Oxford University Press, 2008.

215. Nicholas Onuf, "Eurocentrism and Civilization" , *Journal of the History of International Law* 6, 2004.

216. Nicholas W. Mull, "The Roboticization of Warfare with Lethal Autonomous Weapon Systems（LAWS）: Mandate of Humanity or Threat to It" , *Houston Journal of International Law* 40, 2018.

217. Nicole Softness, "How Should the U.S. Respond to a Russian Cyber Attack" , *Yale Journal of International Affairs* 12, 2017.

218. Noam Lubell, "Lawful Targets in Cyber Operations: Does the Principle of Distinction Apply" , *International Law Studies* 89, 2013.

219. Noel E. Sharkey, “Grounds for Discrimination: Autonomous Robot Weapons” , *RUSI Defence Systems* 11, 2008.

220. Noel E. Sharkey, “The Evitability of Autonomous Robot Warfare” , *International Review of the Red Cross* 94, 2012.

221. Oliver Kessler and Wouter Werner, “Expertise, Uncertainty, and International Law: A Study of the Tallinn Manual on Cyberwarfare” , *Leiden Journal of International Law* 26, 2013.

222. Om M. Jahagirdar, “Targeted Killing, not Assassination: The Legal Case for the United States to Kill Terrorist Leaders” , *Journal of Islamic Law & Culture* 10, 2008.

223. Oona A. Hathaway et al., “The Law of Cyber-Attack” , *California Law Review* 100, 2012.

224. P. W. Singer, “The Five Deadly Flaws of Talking about Emerging Military Technologies and the Need for New Approaches to Law, Ethics, and War” , in Peter L. Bergen and Daniel Rothenberg, eds., *Drone Wars: Transforming Conflict, Law, and Policy*, New York, Cambridge University Press, 2015.

225. Pablo Kalmanovitz, “Judgment, Liability and the Risks of Riskless Warfare” , in Nehal Bhuta et al., eds., *Autonomous Weapons Systems: Law, Ethics, Policy*, Cambridge, Cambridge University Press, 2016.

226. Patricia Zengel, “Assassination and the Law of Armed Conflict” , *Military Law Review* 134, 1991.

227. Peter Asaro, “On Banning Autonomous Weapon Systems: Human Rights, Automation, and the Dehumanization of Lethal Decision-Making” , *International Review of the Red Cross* 94, 2012.

228. Peter B. Postma, “Regulating Legal Autonomous Robots in Unconventional Warfare” , *University of St. Thomas Law Journal* 11, 2014.

229. Peter C. II Combe, “Autonomous Doctrine: Operationalizing the Law of Armed Conflict in the Employment of Lethal Autonomous Weapons Systems” , *St.*

Mary's Law Journal 51, 2019.

230. Peter Margulies, "Sovereignty and Cyber Attacks: Technology's Challenge to the Law of State Responsibility", *Melbourne Journal of International Law* 14, 2013.

231. Peter Rowe, "The Use of Special Forces and the Laws of War - Wearing the Uniform of the Enemy or Civilian Clothes and of Spying and Assassination", *Military Law and Law of War Review* 33, 1994.

232. Peter Z. Stockburger, "Known Unknowns: State Cyber Operations, Cyber Warfare, and the Jus Ad Bellum", *American University International Law Review* 31, 2016.

233. Philip Alston, "Lethal Robotic Technologies: The Implications for Human Rights and International Humanitarian Law", *Journal of Law, Information and Science* 21, 2011/2012.

234. Priyanka R. Dev, "Use of Force and Armed Attack Thresholds in Cyber Conflict: The Looming Definitional Gaps and the Growing Need for Formal U.N. Response", *Texas International Law Journal* 50, 2015.

235. R. R. Baxter, "Humanitarian Law or Humanitarian Politics—the 1974 Diplomatic Conference on Humanitarian Law", *Harvard International Law Journal* 16, 1975.

236. Rebecca Crootof, "The Killer Robots Are Here: Legal and Policy Implications", *Cardozo Law Review* 36, 2015.

237. Rebecca Crootof, "War, Responsibility, and Killer Robots", *North Carolina Journal of International Law and Commercial Regulation* 40, 2015.

238. Reese Nguyen, "Navigating Jus Ad Bellum in the Age of Cyber Warfare", *California Law Review* 101, 2013.

239. Rene Provost, "The International Committee of the Red Widget—the Diversity Debate and International Humanitarian Law", *Israel Law Review* 40, 2007.

240. Rewi Lyall, "Voluntary Human Shields, Direct Participation in Hostilities and the

International Humanitarian Law Obligations of States", *Melbourne Journal of International Law* 9, 2008.

241. Rex Hughes, "A Treaty for Cyberspace", *International Affairs* 86, 2010.

242. Richard Shelly Hartigan, "Saint Augustine on War and Killing: The Problem of the Innocent", *Journal of the History of Ideas* 27, 1966.

243. Robert F. Teplitz, "Taking Assassination Attempts Seriously: Did the United States Violate International Law in Forcefully Responding to the Iraq Plot to Kill George Bush", *Cornell International Law Journal* 28, 1995.

244. Robert F. Turner, "It's Not Really Assassination: Legal and Moral Implications of Intentionally Targeting Terrorists and Aggressor-State Regime Elites", *University of Richmond Law Review* 37, 2003.

245. Robert Sparrow, "Killer Robots", *Journal of Applied Philosophy* 24, 2007.

246. Robert Sparrow, "Twenty Seconds to Comply: Autonomous Weapons Systems and the Recognition of Surrender", *International Law Studies* 91, 2015.

247. Robin Geib and Henning Lahmann, "Cyber Warfare: Applying the Principle of Distinction in an Interconnected Space", *Israel Law Review* 45, 2012.

248. Robin Geib, "Asymmetric Conflict Structures", *International Review of the Red Cross* 88, 2006.

249. Roni A. Elias, "Facing the Brave New World of Killer Robots: Adapting the Development of Autonomous Weapon Systems into the Framework of the International Law of War", *Trinity Law Review* 21, 2016.

250. Rosa Ehrenreich Brooks, "War Everywhere: Rights, National Security Law, and the Law of Armed Conflict in the Age of Terror", *University of Pennsylvania Law Review* 153, 2004.

251. Roy S. Schondorf, "Extra-State Armed Conflicts: Is There a Need for a New Legal Regime?", *New York University Journal of International Law and Politics* 37, 2004.

252. Rudiger Wolfrum and Dieter Fleck, "Enforcement of International Humanitarian

Law”, in Dieter Fleck, ed., *The Handbook of International Humanitarian Law*, Second Edition, Oxford, Oxford University Press, 2008.

253. Rupert Ticehurst, “The Martens Clause and the Laws of Armed Conflict”, *International Review of the Red Cross* 37, 1997.
254. Russell Buchan, “Cyber Warfare and the Status of Anonymous under International Humanitarian Law”, *Chinese Journal of International Law* 15, 2016.
255. Ryan J. Hayward, “Evaluating the Imminence of a Cyber Attack for Purposes of Anticipatory Self-Defense”, *Columbia Law Review* 117, 2017.
256. Ryan J. Vogel, “Drone Warfare and the Law of Armed Conflict”, *Denver Journal of International Law and Policy* 39, 2010.
257. Ryan Patterson, “Silencing the Call to Arms: A Shift away from Cyber Attacks as Warfare”, *Loyola of Los Angeles Law Review* 48, 2015.
258. Sarah Kreps and John Kaag, “The Use of Unmanned Aerial Vehicles in Contemporary Conflict: A Legal and Ethical Analysis”, *Polity* 44, 2012.
259. Sean Watts, “Combatant Status and Computer Network Attack”, *Virginia Journal of International Law* 50, 2010.
260. Sean Watts, “Reciprocity and the Law of War”, *Harvard International Law Journal* 50, 2009.
261. Seumas Miller, “The Ethics of Assassination and Targeted Killing”, *Jahrbuch fur Recht und Ethik* 19, 2011.
262. Shane Darcy, “The Evolution of the Law of Belligerent Reprisals”, *Military Law Review* 175, 2003.
263. Shane R. Reeves and William J. Johnson, “Autonomous Weapons: Are You Sure Those Are Killer Robots—Can We Talk about It”, *Army Lawyer* 2014, 2014.
264. Shannon Bosch, “Targeting Decisions involving Voluntary Human Shields in International Armed Conflicts in Light of the Notion of Direct Participation in Hostilities”, *The Comparative and International Law Journal of Southern Africa* 46, 2013.

265. Shannon Bosch, "Voluntary Human Shields: Status-less in the Crosshairs?" , *The Comparative and International Law Journal of Southern Africa* 40, 2007.

266. Shaun Roberts, "Cyber Wars: Applying Conventional Laws to War to Cyber Warfare and Non-State Actors" , *Northern Kentucky Law Review* 41, 2014.

267. Sigrid Redse Johansen, "So Man Created Robot in His Own Image: The Anthropomorphism of Autonomous Weapon Systems and the Law of Armed Conflict" , *Oslo Law Review* 5, 2018.

268. Stein Tonneson, "A Global Civil War?" , *Security Dialogue* 33, 2002.

269. Sten Verhoeven, "International and Non-International Armed Conflicts" , in Jan Wouters, Philip De Man and Nele Verlinden, eds., *Armed Conflicts and the Law*, Cambridge, Intersentia, 2016.

270. Stéphanie Bouchié de Belle, "Chained to Cannons or Wearing Targets on Their T-Shirts: Human Shields in International Humanitarian Law" , *International Review of the Red Cross* 90, 2008.

271. Stephen Knoepfler, "Dead or Alive: The Future of U.S. Assassination Policy under a Just War Tradition" , *New York University Journal of Law & Liberty* 5, 2010.

272. Stephen Moore, "Cyber Attacks and the Beginnings of an International Cyber Treaty" , *North Carolina Journal of International Law and Commercial Regulation* 39, 2013.

273. Stephen Petkis, "Rethinking Proportionality in the Cyber Context" , *Georgetown Journal of International Law* 47, 2016.

274. Steven R. David, "If Not Combatants, Certainly Not Civilians" , *Ethics & International Affairs* 17, 2003.

275. Steven R. David, "Israel's Policy of Targeted Killing" , *Ethics & International Affairs* 17, 2003.

276. Steven R. David, "Targeted Killing: The Israel Experience" , in Christopher Ford and Amichai Cohen, eds., *Rethinking the Law of Armed Conflict in an Age of*

Terrorism, Lanham, Lexington Books, 2011.

277. Susan W. Brenner and Leo L. Clarke, "Civilians in Cyberwarfare: Conscripts", *Vanderbilt Journal of Transnational Law* 43, 2010.
278. Swati Malik, "Autonomous Weapon Systems: The Possibility and Probability of Accountability", *Wisconsin International Law Journal* 35, 2018.
279. Sylvain Vite, "Typology of Armed Conflicts in International Humanitarian Law: Legal Concepts and Actual Situations", *International Review of the Red Cross* 91, 2009.
280. Tetyana Krupiy, "Of Souls, Spirits and Ghosts: Transposing the Application of the Rules of Targeting to Lethal Autonomous Robots", *Melbourne Journal of International Law* 16, 2015.
281. Tetyana Krupiy, "Regulating a Game Changer: Using a Distributed Approach to Develop an Accountability Framework for Lethal Autonomous Weapon Systems", *Georgetown Journal of International Law* 50, 2018.
282. Tetyana Krupiy, "Unravelling Power Dynamics in Organizations: An Accountability Framework for Crimes Triggered by Lethal Autonomous Weapons Systems", *Loyola University Chicago International Law Review* 15, 2017.
283. Theodor Meron, "The Humanization of Humanitarian Law", *American Journal of International Law* 94, 2000.
284. Thomas P. Jordan, "The Law of Armed Conflict, Unconventional Warfare, and Cyber Attacks", *National Security Law Brief* 6, 2016.
285. Thompson Chengeta, "Accountability Gap: Autonomous Weapon Systems and Modes of Responsibility in International Law", *Denver Journal of International Law and Policy* 45, 2016.
286. Thompson Chengeta, "Dignity, Ubuntu, Humanity and Autonomous Weapon Systems（AWS）Debate: An African Perspective", *Brazilian Journal of International Law* 13, 2016.
287. Thompson Chengeta, "Measuring Autonomous Weapon Systems against

International Humanitarian Law Rules", *Journal of Law & Cyber Warfare* 5, 2016.

288. Tim McFarland and Tim McCormack, "Mind the Gap: Can Developers of Autonomous Weapons Systems be Liable for War Crimes", *International Law Studies* 90, 2014.
289. Timothy Coughlin, "The Future of Robotic Weaponry and the Law of Armed Conflict: Irreconcilable Differences", *UCL Jurisprudence Review* 17, 2011.
290. Titus Hattan, "Lethal Autonomous Robots: Are They Legal under International Human Rights and Humanitarian Law", *Nebraska Law Review* 93, 2015.
291. Tom Ruys, "License to Kill—State-Sponsored Assassination under International Law", *Military Law and Law of War Review* 44, 2005.
292. Toni Pfanner, "Asymmetrical Warfare from the Perspective of Humanitarian Law and Humanitarian Action", *International Review of the Red Cross* 87, 2005.
293. Tony Gillespie and Robin West, "Requirements for Autonomous Unmanned Air Systems Set by Legal Issues", *The International C2 Journal* 4, 2010.
294. Tyler D. Evans, "At War with the Robots: Autonomous Weapon Systems and the Martens Clause", *Hofstra Law Review* 41, 2013.
295. Tyler J. Harder, "Time to Repeal the Assassination Ban of Executive Order 12,333: A Small Step in Clarifying Current Law", *Military Law Review* 172, 2002.
296. U. C. JHA, "Lethal Autonomous Weapon Systems and International Humanitarian Law", *ISIL Yearbook of International Humanitarian and Refugee Law* 16~17, 2016—2017.
297. Vijay M. Padmanabhan, "Cyber Warriors and the Jus in Bello", *International Law Studies* 89, 2013.
298. Vik Kanwar, "The Post-Human Humanitarian Law: The Law of War in the Age of Robotic Weapons", *Harvard National Security Journal* 2, 2011.
299. Vincnet-Joel Proulx, "Babysitting Terrorists: Should States be Strictly Liable for

Failing to Prevent Transborder Attacks", *Berkeley Journal of International Law* 23, 2005.

300. W. Hays Parks, "Memorandum of Law: Executive Order 12333 and Assassination", *Army Lawyer* 1989, 1989.

301. W. Michael Reisman, "Assessing Claims to Revise the Laws of War", *American Journal of International Law* 97, 2003.

302. W. Michael Reisman, "Some Reflections on International Law and Assassination under the Schmitt Formula", *Yale Journal of International Law* 17, 1992.

303. Waseem Ahmad Qureshi, "Cyberwarfare: A Tortuous Problem for the Law of Armed Conflict", *Tulane Journal of International and Comparative Law* 28, 2019.

304. Waseem Ahmad Qureshi, "Fourth and Fifth-Generation Warfare: Technology and Perceptions", *San Diego International Law Journal* 21, 2019.

305. Werner J. A. Dahm, " 'Drones' Now and What to Expect over the Next Ten Years", in Peter L. Bergen and Daniel Rothenberg, eds., *Drone Wars: Transforming Conflict, Law, and Policy*, New York, Cambridge University Press, 2015.

306. William Boothby, "Some Legal Challenges Posed by Remote Attack", *International Review of the Red Cross* 94, 2012.

307. William C. Banks, "The Bumpy Road to a Meaningful International Law of Cyber Attribution", *AJIL Unbound* 113, 2019.

308. William C. Marra and Sonia K. McNeil, "Understanding the Loop: Regulating the Next Generation of War Machines", *Harvard Journal of Law & Public Policy* 36, 2013.

309. William J. Crotty, "Assassinations and their Interpretation within the American Context", in William J. Crotty, ed., *Assassinations and the Political Order*, New York, Harper & Row, 1972.

310. William S. Lind et al., "The Changing Face of War: Into the Fourth Generation",

Marine Corps Gazette 73, 1989.

311. Yael Stein, "By Any Name Illegal and Immoral" , *Ethics & International Affairs* 17, 2003.

312. Yoram Dinstein, "Computer Network Attacks and Self-Defense" , *International Law Studies* 76, 2002.

313. Yoram Dinstein, "Direct Participation in Hostilities" , *Tilburg Law Review* 18, 2013.

314. Yoram Dinstein, "The Principle of Distinction and Cyber War in International Armed Conflicts" , *Journal of Conflict and Security Law* 17, 2012.

三、网络资源

（一）新闻

1. "Department of Justice Withdraws 'Enemy Combatant' Definition for Guantanamo Detainees" , https://www.justice.gov/opa/pr/department-justice-withdraws-enemy-combatant-definition-guantanamo-detainees, March 15, 2020.

2. "Designing Agile Human-Machine Teams" , https://www.darpa.mil/program/2016-11-28, September 6, 2018.

3. "Gaddafi forces using human shields, Libya rebels claim" , https://www.theguardian.com/world/2011/aug/28/gaddafi-forces-human-shields-libya, March 1, 2018.

4. "Israel 'thought building was empty' before launching airstrike that killed five children in Gaza" , https://www.independent.co.uk/news/world/middle-east/israel-gaza-airstrike-family-children-deaths-empty-house-a9204816.html, March 11, 2020.

5. "Libyans form human shield at Gaddafi's compound" , https://www.reuters.com/article/us-libya-humanshield/libyans-form-human-shield-at-gaddafis-compound-idUSTRE72I3NB20110319, March 1, 2018.

6. "NATO says Gaddafi forces use human shields" , https://www.washingtonpost.

com/world/nato-says-gaddafi-forces-use-human-shields/2012/04/01/AFlj5qrC_story.html?utm_term=.debdd5535c95, March 1, 2018.

7. “Remarks by the President at the National Defense University”, https://obamawhitehouse.archives.gov/the-press-office/2013/05/23/remarks-president-national-defense-university, March 11, 2020.
8. “Taliban using human shields, says Afghan army general”, https://www.theguardian.com/world/2010/feb/17/taliban-human-shields, March 1, 2018.
9. “Trump Administration Wants to Increase CIA Drone Strikes”, https://www.nbcnews.com/news/military/trump-admin-wants-increase-cia-drone-strikes-n802311, March 11, 2020.
10. “Trump scraps requirement to report some air strikes”, https://www.politico.com/story/2019/03/06/trump-civilian-deaths-drone-strikes-1207409, March 11, 2020.
11. Adam Entous, “Special Report: How the White House learned to love the drone”, https://www.reuters.com/article/us-pakistan-drones/special-report-how-the-white-house-learned-to-love-the-drone-idUSTRE64H5SL20100518, March 11, 2020.
12. Adam Entous, Siobhan Gorman and Julian E. Barnes, “U.S. Tightens Drone Rules”, https://www.wsj.com/articles/SB10001424052970204621904577013982672973836, March 11, 2020.
13. AFP, “Pentagon Calls off New Medal for Drone, Cyber Warriors”, https://www.securityweek.com/pentagon-calls-new-medal-drone-cyber-warriors, April 12, 2020.
14. António Guterres, “Address to the General Assembly”, https://www.un.org/sg/en/content/sg/speeches/2018-09-25/address-73rd-general-assembly, April 15, 2020.
15. António Guterres, “Allocution du Secrétaire général au Forum de Paris sur la paix”, https://www.un.org/sg/en/content/sg/statement/2018-11-11/allocution-du-secr%C3%A9taire-g%C3%A9n%C3%A9ral-au-forum-de-paris-sur-la-paix, April 15, 2020.
16. Associated Press, “‘Distinguished Warfare Medal’ created for cyber, drone

wars", https://www.politico.com/story/2013/02/distinguished-warfare-medal-created-for-cyber-drone-wars-087595, April 12, 2020.

17. BBC, " 'Human shields' head for Iraq", http://news.bbc.co.uk/1/hi/uk/2693289.stm, March 1, 2018.

18. BBC, "1990: Iraq frees British hostages", http://news.bbc.co.uk/onthisday/hi/dates/stories/december/10/newsid_2544000/2544281.stm, March 1, 2018.

19. BBC, "1990: Outrage at Iraqi TV hostage show", http://news.bbc.co.uk/onthisday/hi/dates/stories/august/23/newsid_2512000/2512289.stm, March 1, 2018.

20. BBC, "Estonia fines man for 'cyber war' ", http://news.bbc.co.uk/2/hi/technology/7208511.stm, May 7, 2020.

21. David E. Sanger, "Obama Order Sped up Wave of Cyberattacks against Iran", https://www.nytimes.com/2012/06/01/world/middleeast/obama-ordered-wave-of-cyberattacks-against-iran.html?_r=1, May 7, 2020.

22. David Isenberg, "Predator Military Contractors: Privatizing the Drones", https://www.huffpost.com/entry/contractors-privatizing-the-drones_b_1976650, March 11, 2020.

23. Eric Bland, "Robot warriors will get a guide to ethics", http://www.nbcnews.com/id/30810070/ns/technology_and_science-science/t/robot-warriors-will-get-guide-ethics/#.Xoa9KogzZPY, April 3, 2020.

24. Gideon Alon and Amos Harel, "IDF Lawyers Set 'Conditions' for Assassination Policy", https://www.haaretz.com/1.5315476, March 11, 2020.

25. Greg Miller, "At CIA, a convert to Islam leads the terrorism hunt", https://www.washingtonpost.com/world/national-security/at-cia-a-convert-to-islam-leads-the-terrorism-hunt/2012/03/23/gIQA2mSqYS_story.html, March 11, 2020.

26. Harold Hongju Koh, "The Obama Administration and International Law", https://2009-2017.state.gov/s/l/releases/remarks/139119.htm, March 11, 2020.

27. Jane Mayer, "The Predator War: What are the Risks of the C.I.A.'s Covert Drone

Program?”, https://www.newyorker.com/magazine/2009/10/26/the-predator-war, April 3, 2020.

28. Jo Becker and Scott Shane, “Secret ‘Kill List’ Proves a Test of Obama’s Principlesand Will”, https://www.nytimes.com/2012/05/29/world/obamas-leadership-in-war-on-al-qaeda.html, March 12, 2020.
29. John Markoff, “Before the Gunfire, Cyberattacks”, https://www.nytimes.com/2008/08/13/technology/13cyber.html, May 7, 2020.
30. Joshua Davis, “Hackers Take Down the Most Wired Country in Europe”, https://www.wired.com/2007/08/ff-estonia/, May 7, 2020.
31. Mark Prigg, “Who goes there? Samsung unveils robot sentry that can kill from two miles away”, https://www.dailymail.co.uk/sciencetech/article-2756847/Who-goes-Samsung-reveals-robot-sentry-set-eye-North-Korea.html, April 3, 2020.
32. Scott Shane, “C.LA. to Expand Use of Drones in Pakistan”, https://www.nytimes.com/2009/12/04/world/asia/04drones.html, March 11, 2020.
33. Scott Shane, “Election Spurred a Move to Codify U.S. Drone Policy”, https://www.nytimes.com/2012/11/25/world/white-house-presses-for-drone-rule-book.html, March 11, 2020.
34. Spencer Ackerman, “Air Force Chief: It’ll Be ‘Years’ Before We Catch Up on Drone Data”, https://www.wired.com/2012/04/air-force-drone-data/, March 12, 2020.
35. Thom Shanker and Matt Richtel, “In New Military, Data Overload Can Be Deadly”, https://www.nytimes.com/2011/01/17/technology/17brain.html, March 23, 2020.
36. Thomas Darnstädt, Marc Hujer and Gregor Peter Schmitz, “Are Obama’s Efforts to Justify Drone Warfare Aimed at Iran?”, https://www.spiegel.de/international/world/obama-drone-rationale-hints-at-war-with-iran-a-821151.html, March 13, 2020.

（二）其他

1. "Deed of Commitment under Geneva Call for Adherence to a Total Ban on Anti-personnel Mines and for Cooperation in Mine Action", https://www.genevacall.org/wp-content/uploads/2019/07/DoC-Banning-anti-personnel-mines.pdf, May 10, 2020.

2. "Deed of Commitment under Geneva Call for the Protection of Children from the Effects of Armed Conflict", https://www.genevacall.org/wp-content/uploads/dlm_uploads/2013/12/DoC-Protecting-children-in-armed-conflict.pdf, May 10, 2020.

3. "Deed of Commitment under Geneva Call for the Protection of Health Care in Armed Conflict", https://www.genevacall.org/wp-content/uploads/2019/07/Deed-of-Commitment-for-the-protection-of-health-care-in-armed-conflict-final-version-4.pdf, May 10, 2020.

4. "IRON DOME™ Family", https://www.rafael.co.il/worlds/air-missile-defense/short-range-air-missile-defense/, April 3, 2020.

5. "Memorandum, Feb. 7, 2002, signed by President Bush", https://nsarchive2.gwu.edu/NSAEBB/NSAEBB127/02.02.07.pdf, April 3, 2020.

6. "Rise of the Drones: Unmanned Systems and the Future of War", http://www.fas.org/irp/congress/2010_hr/drones1.pdf, April 3, 2020.

7. "The Third Meeting of Signatories to Geneva Call's Deeds of Commitment, Summary Report, 17– 20 November 2014", https://www.genevacall.org/wp-content/uploads/2019/02/3rd-Meeting-of-Signatories-Report.pdf, May 10, 2020.

8. "United States Air Force Unmanned Aircraft Systems Flight Plan 2009—2047", https://fas.org/irp/program/collect/uas_2009.pdf, April 16, 2020.

9.《关于在战争中使用潜水艇和有毒气体的条约》，载红十字国际委员会网站：https://www.icrc.org/zh/doc/resources/documents/misc/treaty-submarine-gases-06021922.htm，2020年4月2日最后访问。

10. Alberto R. Gonzales, "Decision re Application of the Geneva Convention on Prisoners of War to the Conflict with Al Qaeda and the Taliban, 25 January 2002",

https://nsarchive2.gwu.edu/NSAEBB/NSAEBB127/02.01.25.pdf, April 3, 2020.

11. Depeartment of Justice, “Lawfulness of a Lethal Operation Directed Against a U.S. Citizen Who Is a Senior Operational Leader of Al-Qa’ida or An Associated Force”, https://fas.org/irp/eprint/doj-lethal.pdf, May 10, 2020.
12. Human Rights Watch, “Losing Humanity: The Case against Killer Robots”, https://www.hrw.org/report/2012/11/19/losing-humanity/case-against-killer-robots, April 15, 2020.
13. Human Rights Watch, “Why They Died: Civilian Casualties in Lebanon during the 2006 War”, https://www.hrw.org/sites/default/files/reports/lebanon0907.pdf, March 1, 2018.
14. International Committee of the Red Cross, “Autonomous weapon systems: Is it morally acceptable for a machine to make life and death decisions?”, https://www.icrc.org/en/document/lethal-autonomous-weapons-systems-LAWS, April 15, 2020.
15. International Committee of the Red Cross, “Fully autonomous weapon systems”, https://www.icrc.org/en/doc/resources/documents/statement/2013/09-03-autonomous-weapons.htm, April 15, 2020.
16. International Criminal Tribunal for the former Yugoslavia, “Final Report to the Prosecutor by the Committee Established to Review the NATO Bombing Campaign Against the Federal Republic of Yugoslavia”, https://www.icty.org/en/press/final-report-prosecutor-committee-established-review-nato-bombing-campaign-against-federal, April 18, 2020.
17. Kenneth Anderson, “Targeted Killing in U.S. Counterterrorism Strategy and Law”, A Working Paper of the Series on Counterterrorism and American Statutory Law, May 11, 2009, https://digitalcommons.wcl.american.edu/cgi/viewcontent.cgi?referer=&httpsredir=1&article=1007&context=fac_works_papers, March 11, 2020.
18. Peter Bergen et al., “Drone Strikes: Pakistan”, https://www.newamerica.org/in-

depth/americas-counterterrorism-wars/pakistan/, March 11, 2020.

19. Reuven Erlich, “Hezbollah’s Use of Lebanese Civilians as Human Shields: The Extensive Military Infrastructure Positioned and Hidden in Populated Areas. From Within the Lebanese Towns and Villages Deliberate Rocket Attacks were Directed against Civilian Targets in Israel” , http://www.terrorism-info.org.il/en/19120/, March 1, 2018.

20. Steven R. David, “Fatal Choices: Israel’s Policy of Targeted Killing” , https://besacenter.org/mideast-security-and-policy-studies/fatal-choices-israels-policy-of-targeted-killing-2-2/, January 16, 2019.

后　记

本书是在我2015年国家社科基金项目最终成果的基础上修改而来的，在完稿之际，必须写点什么，为过去的五年做个注脚。记得2014年冬天我曾翻来覆去地修改申请书，并为找不到参考模板而苦恼；也记得2015年夏天得知立项后的喜悦，以及随后研究受阻带来的压力与焦虑。书稿的主要部分完成于2017年9月至2018年9月我受国家留学基金委资助前往剑桥大学劳特派特国际法中心访学的一年，剑桥大学的学校图书馆、法学院图书馆和国际法中心图书馆为研究提供了极大的便利。然而，人生往往充满了悖论，读太少没勇气下笔，读太多又没信心下笔，越读越觉得自己无知，再加上大概潜意识里觉得"破"太多而"立"不足，既然做不到"有破有立"，索性不下笔了。巨大的阅读量没有转化为与之相匹配的研究进展，这是我应该吸取的主要教训。

要感谢太多人。感谢我所供职的首都经济贸易大学法学院张世君、米新丽等领导对我的支持，以及谢海霞、金晓晨等教授对我的关心。感谢国家高端智库武汉大学国际法研究所所长肖永平教授、副所长邓朝晖老师，感谢导师黄德明教授对我一直以来的关心。感谢联合国国际法委员会委员、中国外交部国际法咨询委员会主任委员、武汉大学国际法研究所特聘教授黄惠康老师对我的鼓励和对书稿鞭辟入里的修改意见。感谢国家社科基金项目匿名评审专家对书稿的肯定和中肯的修改建议。感谢我的妻子毫无怨言地支持我，她除了繁忙的工作，还承担了大部分家事，十分辛苦。感谢我的父母对我无私的爱与奉献。还有更多需要感谢的人，恕我不再一一列举，但我铭记在心。

完成一天的工作后，我会边听歌边开车回家，因为路途遥远，每次在路上都能听完一张专辑，在最紧张的那几个月，我听了Radiohead的OK Computer

和R.E.M.的Out of Time无数遍，这些音乐是我调整心情的最佳方法。有时我看着天上的云和街边的万家灯火，想起剑桥几乎每晚都有的壮丽晚霞，想起古人和今人在同样的天空下，境遇虽然不同，却是否会对人生和世界有同样的感慨。贾雷德·戴蒙德（Jared Diamond）断言人类在大约700万年前与其他动物分道扬镳，其后只是芸芸众生中的普通一员，但4万年前发生了人类的进化“大跃进”，之后人类成为地球生命史中第一个有能力毁灭所有生物的物种。伊恩·莫里斯（Ian Morris）根据战争从类人猿到机器人的演变，预言了碳基智能（人类）和硅基智能（电脑）将合并为一个单一的全球意识，其思维能力将使历史上出现过的一切相形见绌。大概正是这些，以及20年前的《黑客帝国》三部曲，潜移默化地强化了我对未来的反乌托邦（dystopia）看法，我在书稿中也以较为悲观的基调讨论了自主武器系统和网络攻击，甚至禁不住猜测，如果700万年前非洲猿有一支演化为人类，50万年前有了智人，为什么再过几千几万年，不能出现碳基和硅基结合得更高等级的人类呢？这个想法以及本书中其他论述或结论，可能都存在或多或少的缺陷，我欢迎批评，也期待自己能因此而受益。

朱 路

2020年7月10日